俗文化学（新修）

MINSU WENHUAXUE XINXIU

陈华文 著

浙江工商大學出版社
ZHEJIANG GONGSHANG UNIVERSITY PRESS

图书在版编目(CIP)数据

民俗文化学：新修 / 陈华文著. —杭州：浙江工商大学出版社，2014.2(2023.1 重印)

ISBN 978-7-5178-0430-7

Ⅰ. ①民… Ⅱ. ①陈… Ⅲ. ①民俗学－文化学－研究－中国 Ⅳ. ①K892

中国版本图书馆 CIP 数据核字(2014)第 017838 号

民俗文化学(新修)

陈华文 著

责任编辑 郑 建

责任印制 包建辉

封面设计 王妤驰

出版发行 浙江工商大学出版社

(杭州市教工路 198 号 邮政编码 310012)

(E-mail:zjgsupress@163.com)

(网址:http://www.zjgsupress.com)

电话:0571-88904980,88831806(传真)

排　　版 杭州朝曦图文设计有限公司

印　　刷 广东虎彩云印刷有限公司绍兴分公司

开　　本 710mm×1000mm 1/16

印　　张 16

字　　数 286 千

版 印 次 2014 年 2 月第 1 版 2023 年 1 月第 6 次印刷

书　　号 ISBN 978-7-5178-0430-7

定　　价 36.00 元

浙江工商大学出版社营销部邮购电话 0571-88904970

目　录

第一章

概　述

在现实生活中，“文化”一词在人们的口头中出现和使用的频率已经越来越高，不仅仅因为文化几乎成了传统的一个代名词，而且还意味着文化是一种民族特色或现代时髦，是一种潮流、一种时尚和一种流行方式。最近的现实已然证明，分类的文化细小到了一种具体的行为和方式：穿是文化，吃是文化，住是文化，行同样是文化。然而，这儿的文化仅仅是一种表象或话语，缺乏严格学术意义的界定。我们下文所要探讨的民俗文化则不是一般的表述，而是一种学术的讨论，它的范围更侧重于传统的、经典的和重复的前提。它不仅是过去对现在的延伸，同时也是过去对现在的一种深层的支配，一种现代生活方式对传统和过去这种概念无法摆脱的“母系和父系”的“血缘”。

第一节 民俗文化的概念

“民俗文化”是20世纪80年代中后期提出来的一个崭新概念,在理解这一概念之前,也许更重要的是厘清“民俗”和“文化”这两个概念。因为前者既是后两者的一种复合,也是对后两者的一种全新的界定。民俗是一种自在的存在,在它的表象之后,是民俗学家正在揭示的深刻的文化意象——一种民族的、区域的集体无意识。所以,当我们从文化这一视角去审视民俗时,它就不仅仅是民俗与文化的结合,而是一种对生存方式的解读和进入了。在这里,民俗之所以重要,就在于民俗是我们研究文化的重要中介之一。因此,对于“民俗”“民俗学”“文化”和“民俗文化”等概念,我们首先必须了解其来龙去脉,否则,我们的研究就可能偏离中心而失去学术价值。

一、民 俗

民俗就是民间的风俗习惯,是一个国家或民族在长期的历史生活过程中形成,并不断重复传承下来的生活文化。目前国际上通用的专门术语是“Folklore”,它是英国人类学家威廉·汤姆斯(William Thoms)于1846年写给《雅典娜神庙》杂志的一封信当中首先提出的,他建议用撒克逊语的合成词“Folklore”来替代以往的各种术语,后来逐渐为国际学术界所接受。它的含义是“民间的知识”“民间的学问”“民间的智慧”。专门研究“Folklore”传承、演变的科学,我们称之为“民俗学”。

自从1878年10月在英国成立了第一个“民俗学会”之后,它很快得到了国际上的认可,并被广泛传播,在芬兰、德国、意大利、法国相继展开了这方面的研究。但当时欧洲国家研究民俗学,其目的是更好地统治本国人民,尤其是奴役治理殖民地人民,这种倾向在英国早期的民俗学研究中十分明显。博尔尼(C. S. Burne)女士的《民俗学手册》[①]就持这一观点。她在第3页引言中说,民俗研究的实用价值“就是统治国族改善对待它统治的从属种族的方法”。她引理查德·登普尔爵士的话说:“如果我们不深入地研究从属种族,我们就无法正

① 1995年上海文艺出版社翻译了1914年的版本。

确地了解他们；必须记住，亲密的交往和正确的了解才能产生同情，同情才能产生完善的统治；科学研究促进此事并确实在相当程度上使其成为可能，谁能说它是没有实用价值的呢?"观点非常明确。

在日本，"民俗"中的"民"是指庶民，即普通百姓。这与欧洲"民俗"中的"民"是指没有文字的民族或下层百姓是一样的。在我国，"民"是"官"的对立概念。"民"指百姓、民间，它包含身份和阶层两个意思，同时，它还可以延伸出地位低下、普通、大量的和被支配的等含义。"俗"则是指一种存在状态，这里主要是指它的普遍性、通俗性和全面性。

"民俗"这一名词在中国早已出现。《礼记·缁衣》："故君民者，章好以示民俗，慎恶以御民之淫，则民不惑矣。"《史记·循吏列传》有"楚民俗好庳车"之说。《汉书·董仲舒传》："变民风，化民俗。"……后来的许多笔记、杂记中还把"民俗"单列为一条，如《东京梦华录》《梦粱录》等。另外，还有一些相近意义的词，如"习俗""民风""风俗"等，其中，"风俗"一词运用得也极早，《毛诗序》中说："美教化，移风俗。"《汉书·地理志》解释说："凡民禀五常①之性，而有刚柔缓急音声不同，系水土之风气，故谓之风；好恶取舍动静无常，随君上之情欲，故谓之俗。"说明"民俗"及与之相近的用词是非常丰富的，而且其意义基本相近，没有原则上的歧义。这种现象，一方面，使我们理解民俗可以从更广的视角切入，以更丰富的语言表述；另一方面，则使我们的研究存在一些细节性方面的差异，在对于民俗概念的使用上，存在更广泛而可能又是细小的差异，由此带来不必要的争议。

不管怎么说，民俗是在老百姓生活中传承的一种独特的生活方式。注意："老百姓"同样是一个不确定的、内涵非常广泛的名词，有时也可以用"民众"替代。"老百姓"一词的特点，一个是它的时代性，一个是它的角色转换。时代性是指"老百姓"一词，在不同时代会有一些差异，在封建社会，与官不同阶级的基本上就属于老百姓，但实际上却又存在一些诸如读书人等特殊的阶层；而在社会主义时代，老百姓主要是指工人、农民、知识分子等从事劳动的人员。然而，不管在哪个时代，老百姓都是一个挺有意思、有多重含义或者说歧义的词。尤其是它的角色转换特性，更是让我们在使用"老百姓"时须极其小心：一个领导，下班回家可能就仅仅是一个丈夫或父亲、儿子、女婿、姐夫、小弟等等。对于妻子来说，他就是一个丈夫；对于儿子来说，他就是一个父亲……一个教授也是这样。事实上，社会中的所有人都充当着不同的角色。

另外一个要注意的是，民众包括所有不同阶层的人员，有农民、工人、领导、

---

① 此处"五常"指父义、母慈、兄友、弟恭、子孝，不是仁义礼智信。

商人、学生、士兵等等,他们中有接受过高等教育的人,也有文盲;有官员,更多的是普通的老百姓。最近,学界也有人提出使用"公民"一词来替代"老百姓"或"民众",其实公民所涵盖的群体,与老百姓、与民众差异并不太大,只是后者更具有现代性,范围更广,包括了一个国家中拥有国籍的所有国民。从我个人的认知来看,我更倾向于使用"民众"一词来限定一区域、一族或一国之具有民俗主体的群体。

所以,我们可以给民俗下这样一个定义:民俗是一种在历史过程中创造,在现实生活中不断重复,并得到民众认同的、成为群体文化标志的独特的生活方式。为什么这样定义?第一,民俗是现实生活当中的一种存在。当然,有人会说民俗是历史的,但作为一种活态的民俗,如果不以当下的现实为依据,它就仅仅是一种历史,是一种历史文化现象。因此,脱离现实生活就不称其为民俗,民俗都是在现实生活中存在的。第二,民俗具有重复性。民俗都是重要的,并因其重要才成为区域或民族之中共同认同的文化。如节日出现于每一自然年的时间过程中,婚丧等出现于个体的人生过程中,信仰祭礼出现于生活需要的重复时间过程中,等等。没有重复,它就可能中断,就没有现实生活的活态性,也就没有存在的意义。第三,是指民众认同。这是一种文化的特性,民俗作为一种文化而存在,让使用这种文化的人,具有一种文化的认同,一种心灵的依托,一种精神的皈依。民众通过参与民俗而认识并认同自己的文化从而达到一种文化自觉、文化自愿和文化皈依。第四,群体文化标志。群体可能是一个区域的民众,也可能是一个民族或一个国家的民众,甚至可能超越国家,诸如几个国家拥有相同的民俗等。所谓标志是指一个地区或民族或国家具有象征意义的、独特的民俗存在,因这种民俗存在而使其他区域或民族或国家的人知道、认同这种民俗是他们的文化象征,一看见或一谈论这种民俗就想起这一区域或民族或国家,从而使一种民俗可以替代一个区域或民族或国家的形象。基于上述限定,我们说民俗是一种独特的生活方式,它存在于生活,重复于生活。换句话说,就是它活态地存活于生活同时又活态地传承于生活,只不过它不是生活的全部,而仅仅是一些重复进行的、具有独特意义和价值的、活态的民俗文化。

二、民俗学

民俗学产生于欧洲,这是有其客观的历史原因的。工业革命给欧洲带来了一个新的世纪,它在改变传统的生产方式同时,也极大地提高了生产力。产品极大地丰富，对于资源的需要极大地增加，开拓世界的能力也极大地提高。自从哥伦布发现美洲新大陆之后，作为欧洲最早实现工业革命的英国，从17世纪就开始向世界扩张。它不仅建立了号称“日不落”的大英帝国，而且将工业和文化带到世界各地。有意思的是，大英帝国在治理它庞大的殖民地过程中发现，由传教士和相关学者记录的世界各国文化，与英国本土文化差异巨大。而英国殖民者在治理各个不同种族的人民时，也发现他们对于英国法律的接受和适应是各不相同的。有些治理措施甚至引起了殖民地人民的极大反感和反抗。于是他们认为应该研究殖民地的文化，为有效治理服务，这就形成了早期对于殖民地所谓落后种族或民族民俗的记录和研究。有着相同发展经历的欧洲各国，对于起源于英国的民俗学研究，深有同感，也纷纷仿效，于是，在19世纪的欧洲就最早出现并形成了民俗学的研究热潮。这当中虽然有的国家有些差异，如德国就更侧重于民族的研究，后来欧洲国家也扩展到了对本国民族中没有文字的群体进行文化研究，但有一个指向是非常明显的，那就是对于所谓没有文字的、落后民族的群体文化研究。所以，民俗学在早期是一门应用性很强的科学，是与国家政治和殖民地治理关系密切的科学，也是一门欧洲文化中心或至高无上思想指导下的科学。

在亚洲的日本，明治维新使欧洲的科学大量涌入，民俗学便是其中之一。早期它以坪井正五郎为代表，主要进行的是“土俗研究”。坪井正五郎说：“所谓土俗即土地的风俗之意。我把那些各地居民根据现时的风俗习惯而使用的物品，称之为土俗品。锅、釜、筷、碗、短褂、裙裤、伞、木屐、棉被、枕、笔、砚等，即为日本之土俗品。”[①]同时，日本学术界把“Folklore”译作“俚谚学”或“俗说学”。20世纪初，日本的“民俗学之父”柳田国男把“民俗学”这个名词固定下来，并成为日本学术界的通用术语。

在我国，民俗学一词是从日本转译进来的，最早使用现代意义“民俗学”一词的是1914年1月周作人写的《儿歌之研究》一文[②]；而最早以学术面貌出现的民俗学一词，则是1922年12月17日北京大学的《歌谣》周刊的发刊词：“本会汇集歌谣的目的共有两种，一是学术的，一是文艺的。我们相信民俗学的研究在现今的中国确是很重要的一件事业，虽然还没有学者注意及此，只靠几个有志未逮的人是做不出什么来的，但是也不能不各尽一分的力，至少去供给多少材料或引起一点兴味。歌谣是民俗学上的一种重要的资料，我们把他辑录起

① 转引自水野祐：《“文化”的定义》，庄锡昌等编：《多维视野中的文化理论》，浙江人民出版社1987年版，第367页。

② 此文原载《绍兴县教育会月刊》第4号，1914年1月20日。

来,以备专门研究……”①

由于中国人对民俗理解的多样性,早期有人将民俗学称之为“谣俗学”“歌谣学”“民学”“民间文学”或“风俗学”。② 北大1918年组织学生进行歌谣调查,民俗学的研究以民间文学为主,后来以调查基础为主而出版的刊物就叫《歌谣》周刊。而北大1923年时成立的专门机构则叫“风俗调查会”。直到1927年在中山大学成立了我国第一个“民俗学会”,并出版《民俗》周刊后,“民俗学”这一称谓才逐渐得到学术界的承认。1930年,钟敬文、娄子匡、钱南扬等学者在浙江杭州成立学术组织“杭州中国民俗学会”,它使民俗学成为采风调查与研究共存的现代科学,并因为在全国各地成立了大量的分会而一时影响极大。学会同时出版《民俗学集镌》,使民俗学成为许多学者瞩目的科学,一种研究中国民间文化并使之登上大雅之堂,进入高校教育的科学。但这种良好的势头被日本的入侵所阻扼和切断,压倒一切的民族救亡使刚刚兴旺的民俗学研究几乎熄火。

1949年后,由于受苏联老大哥的影响,民俗学被列入资产阶级的学问,只有它的一个分支——民间文学,由于它的劳动阶级属性而得以保存。直到1978年,由于钟敬文等教授的奔走呼号,民俗学得以恢复并出现蓬勃发展的势头。进入20世纪80年代之后,一是1983年中国民俗学会成立,各省市的民俗学会或相关组织也得以建立;二是各种概论性的著作陆续出版,各种研究性的著作不断出现,成果相当丰硕;三是高校开始招收民间文学、民俗学的硕士与博士研究生,接受过高等教育民间文学与民俗学专门训练和从事这方面研究的人才队伍不断扩大;四是通过三套集成(民间故事、民间传说和民间谚语三种集成书)和非物质文化遗产的工作,民俗学地位不断提高,在国家建设与发展中的话语权明显提高。

不过,我们依然需要注意的是,民俗学从整体上看还是一个小学科,有关民俗学的概念或定义,几乎没有权威的界定。但在本质指向上还是相当一致的,即民俗学是关于研究民俗事象的科学。从我本人的理解来看,民俗学是人文社

---

① 不过据钟敬文先生的公子钟少华先生研究,民俗学的概念在1885年时即已经被译介到中国,只是译为“风俗学”而已。1885年英人艾约瑟应赫德请求,编译出版了《西学启蒙十六种》,其中《西学述略》一卷中就有一节为“风俗学”,正文为“风俗一学,乃近泰西格致家所草创。原以备徼诸荒岛穷边,其间土人,更无文字书契,莫识其始者皆可,即其风俗,而较定其源流也。此学起于好游之人,或传教之士,深入荒岛,远至穷遽。见有人民,衣食皆异,兼之言语难通,无缘谘访。似此日记既富,要皆返国印售。格致家取而为之互参慎选,勒部成书。皆各即其婚食丧祭讳算起居,以测定其或为今盛于昔,或为昔盛于今……近英人鲁伯格与戴乐耳,皆喜访查此学,大著声称。”原文见艾约瑟编译《西学述略》卷七,税务总署活版印,光绪乙酉年(1885),上海著易书堂,光绪丙申(1896)年重印,第55页。上文转引自钟少华:《中文概念史论》,中国国际广播出版社2012年版,第209页。

② 杨成志:《现代民俗学》,见《民俗》周刊复刊号,中山大学1936年9月15日,第1—12页。

会科学，是理论性和应用性相结合，基于一个区域或一个民族，甚至是对一个国家的民间生活文化进行研究的科学。所以，可以这样来界定民俗学，即它是一门基于民俗生活研究，探讨其发生、发展和演变规律，从而获得一地区、一民族，乃至一国地方文化及其特点、特色的科学。一方面，它的对象是独特的生活文化，是民众重复进行的、具有民族特色或标志意义的生活文化；另一方面，它通过研究来确认这种文化的独特性和发展规律，并为现实生活的传承、为民族自信心和自豪感的建立、为民族凝聚力和文化认同服务。

三、文　化

文化(Culture)是一个颇多争议的概念，美国文化人类学家克罗伯和克拉克洪在《文化，概念和定义中的检讨》一书中，收录了1871年到1952年间的西方有关文化的定义160多种。事实上这些定义还在不断增加。而且，非常有趣的是，到今天为止，文化并没有权威的界定。各国学者常常都是根据自己的政治需要、学术习惯或研究侧重给文化下定义，不仅形成众多的文化定义，而且形成了众多的学术流派，如进化学派、传播学派、社会学派、功能学派、心理学派、结构学派、符号学派、象征学派、未来学派等等，文化学的研究呈现出一派异彩纷呈的景象。

英国文化人类学家泰勒是最早给文化下定义的学者，他在《原始文化》(1871)这一本后来被文化人类学界认定为里程碑式的著作中，第一章就开宗明义地说：

> 文化，或文明，就其广泛的民族学意义来说，是包括全部的知识、信仰、艺术、道德、法律、风俗以及作为社会成员的人所掌握和接受的任何其他的才能和习惯的复合体。①

这个定义强调的是人类文明进展所需维持和生活下去的所有知识、能力和经验。泰勒的《原始文化》出版于1871年，在这之前，人们对于“文化”(Culture)的含义是在不断的演进中才逐渐形成。“Culture”一词源于拉丁语“Cultura”，意为“耕耘”或“掘种土地”。这种用法在今天仍然在“农业”(Agriculture)和“园艺”(Horticulture)两词中保留着。后来，耕耘之意被引入到精神领域，因此具有了我们现在所说的“教养、培养”的含义。18世纪时，法国的伏尔泰等在运用

---

① [英]爱德华·泰勒：《原始文化》，上海文艺出版社1992年版，连树声译，第1页。

“文化”一词时，主要是指训练或修炼心智的结果和状态，如一个人有良好的风度，文学、艺术修养和科学知识，就常常用“文化”一词加以形容，因为它们都是经过教育能够获得的。19世纪中叶，“文化”在克莱姆这位人类学奠基人的著作中，具有了民族社会生活中所有方面的含义，包括“习俗、工艺和技巧，和平和战争时期的家庭生活和公共生活，宗教、科学和艺术”等。[①] 菲利普说：“泰勒正是从克莱姆处借用该词的，并且首先给它以今天英语国家人类学家所用的含义。”[②]泰勒这种对文化的总体把握思维，在后来的许多西方学者，尤其是美国的文化人类学家的文化界定中得到体现。斯普拉德利·麦迪克指出：“文化就是人们用来计划自己的行为和解释他人行为的有系统的知识。”[③]D. G. 蒙德尔勃姆也这样说，文化是“包括某一群体中人们所共有的和他们的后代将要学习到的所有知识、相互理解和继承传统的愿望”[④]。这种理论在S. 南达的学说中已发展为将文化包容于全部生活方式这一观点之中，她强调说，“文化是人类与其环境相适应的主要方式”[⑤]。这些观点能让我们非常清晰地感受到，文化作为一种习得的生活知识或作为一种使本体文化得以不间断延续的生活方式的现实意义。我们所指的文化模式，其实就是按习得的生活方式划分的，不同的生活方式可产生不同的文化模式。

这种习得的生活方式，按照美国文化人类学新进化学派的代表怀特的观点，被认为“是一个组织起来的一体化的系统”，它们包括三个亚系统，即技术系统、社会系统和意识形态系统。三个系统互相贯通、互相影响，构成一个统一的文化整体。[⑥] 正是这种理论，使我们今天在对文化进行定义的同时，还可以将文化划分成不同的类型，如物质型文化、精神型文化、制度型文化等等。

“文化”一词在中国历史上很早就已使用。汉代刘向在《说苑·武指》中说：“圣人之治天下也，先文德而后武力。凡武之兴，为不服也。文化不改，然后加诛。夫下愚不移，纯德之所不能化，而后武力加焉。”王融在《三月三日曲水诗序》中也说：“设神理以景俗，敷文化以柔远。”这里所说的文化就是文治教化，与武力相对应，和文明具有某种联系。中国历史上对于文化的认识各不相同，有的认为文化是模仿自然的结果。《易·系辞下》载：“古者庖牺氏之王天下也，仰

---

①② ［美］菲利普·巴格比：《文化：历史的投影》，上海人民出版社1987年版，第89页。

③ ［美］斯普拉德利·麦克迪：《文化与当今世界》，见冯利、覃光广编：《当代国外文化学研究（译文集）》，中央民族学院出版社1986年版，第35页。

④ ［美］D. G. 蒙德尔勃姆：《文化人类学》，见冯利、覃光广编：《当代国外文化学研究（译文集）》，中央民族学院出版社1986年版，第44页。

⑤ ［美］S. 南达：《文化人类学》，陕西人民教育出版社1987年版，第3页。

⑥ ［美］怀特（White L. A.）：《文化的科学》，沈原等译，山东人民出版社1988年版，第350—351页。

则观象于天，俯则观法于地，观鸟兽之文与地之宜。近取诸身，远取诸物，于是始作八卦，以通神明之德，以类万物之情，作结绳而为网罟……庖牺氏殁，神农氏作，斫木为耜，揉木为耒，耒耨之利，以教天下，盖取诸益。”明确说，文化是人受到自然的启示之后，进行模仿，从而创造了器物和一些精神制度等内容的，这与老子的“人法地，地法天，天法道，道法自然”的思想极其相近。而荀子则竭力强调“人定胜天”，与老子的顺天意，道法自然形成鲜明对比。

不过，值得注意的是，现代文化学中的“文化”与古代的“文化”概念并不相等同，他们存在着本质上的差异。《辞海》是这样给文化下定义的：文化“通常指人民群众在社会历史实践过程中所创造的物质财富和精神财富的总和……文化是一种历史现象，每一社会都有与其相适应的文化，并随着社会物质生产的发展而发展”。《社会学简明辞典》也说：“从广义来说，文化是指人类在社会历史实践过程中所创造的物质财富和精神财富的总和。从狭义来说，文化是一定物质资料生产方式基础上的精神财富的总和。”这与苏联的定义，如 1953 年版《苏联百科全书》认为，文化是“社会在教育、科学、艺术及其他精神生活领域所取得的成就的总和……”。1956 年《现代俄语标准辞典》(多卷本)对文化的解释是：“文化是人类社会在生产、社会生活和精神生活中所取得的成就的总和。”及 1973 年《苏联大百科全书》给文化所下的定义：“文化是社会和人在历史上一定的发展水平，它表现为人们进行生活和活动的种种类型和形式，以及人们所创造的物质和精神财富……文化这个术语从狭义来看，仅指人们的精神生活领域。”以及与苏联学者在文化上的定义，即“文化是人在自己的社会改造活动(物质的和精神的)各种具体形式中的自我创造和自我生产”[①]有着本质上的相似性。

不管中西文化观念存在多大的差异，但有一点是统一的，那就是，文化是人类创造、并为人类所享用的。因此，不管是重大的历史事件、重要的历史创造，还是生活中的细节性的文化，都是人类历史进程中根据不同的时代和生活需要而创造的。人类历史上的重大成就，如埃及的金字塔、中国的长城、荷兰的围海造田等确实无比辉煌；而一些重大历史事件诸如欧洲的文艺复兴、宗教改革，中国的新文化运动、辛亥革命等，也确实在人类的历史进程中具有新纪元的价值和作用。但它们同样属于人类生活历史进程中的事项，只不过它是人类生活历史进程中的重要一环而已。如果说重大事件的突变，来自于日常生活的些微量变，那么，我们就决不应该忽视些微量变，不应该忽视生活现实细节性的、生活性

---

① 见冯利、覃光广编：《当代外国文化学研究(译文集)》一书中《哲学问题》编辑部：《文化—人—哲学：关于整体化和发展问题》一文。

的各种文化事象。我们相信只有人类历史的全部文明成就,才构成了人类的完整文化现实。我们进行民俗文化探讨或研究,我们从现实生活中去提取材料,目的就在于,生活是最真实的,民众的生活是最能反映历史发展的客观风貌的。

为此,我们给文化下一个这样的定义:"所谓文化就是人类在存在过程中为了维护人类有序的生存和持续的发展所创造出来的关于人与自然、人与社会、人与人之间各种关系的有形无形的成果。"[①]突出的是创造的主体与所创造的内容及最终的成果,因为它是成果,文化总是可以被解读和被传承,也可以被积累和被传播。

四、民俗文化

把民俗作为一种文化的观念,在20世纪80年代中期,我国掀起文化的大讨论时便已经产生,有人也已提出了民俗文化的概念。但这是一种不自觉的概念,至少没有提出要建立民俗文化学这一崭新的学科。因此,真正从民俗文化学学科角度出发提出对民俗从文化视角进行研究,并旨在建立民俗文化学的民俗文化概念,是钟敬文先生于1989年首先提出来的。当时,鉴于对"五四"新文化运动中民俗学研究所具有的特殊历史意义并不限于民俗本身,事实上还拥有更为深远、更为广泛的社会文化意义,即"重视口头文学,宣传通俗文艺,提倡白话和推行国语,以及收集整理一般民俗资料这四种事实,要比单纯民间文艺学的范围远为宽泛"[②]。为此,他写了一篇题为《"五四"时期民俗文化学的兴起》的论文,提出了民俗文化这一概念。[③] 但是,它基本上还是限于"五四"新文化运动中民俗学的研究所具有的意义,并不仅仅在民俗学本身,而在于它是一种文化的认识。但这种认识,后来有了学科意识的提升。

1991年钟敬文先生在北京师范大学的民间文化讲习班上作了《民俗文化学发凡》讲演,提出民俗文化学的概念、性质、范围、特点、体系构想、方法论等多方面的问题,其中一个非常重要的观念就是民俗与文化的结合。但钟敬文先生更重视民俗,他说:"民俗文化,简要地说,是世间广泛流传的各种风俗习尚的总称。"[④]与此同时,将民俗作为文化来认识的一些研究,也与中国整个社会从80年代中期之后特别重视文化的研究一样,勃然地被提出和兴起。一时之间,民

① 陈华文主编:《文化学概论新编》,首都经贸大学出版社2009年版,第12页。
② 钟敬文:《民俗文化学发凡》,载《民俗文化学:梗概与兴起》,中华书局1996年版,第5页。
③ 钟敬文的该文刊载于《北京师范大学学报》1989年第3期。
④ 同②,第9页。

俗作为文化研究的一种视角或作为文化研究的一种内容，成为学术界的时髦。就我个人的认识来说，民俗文化就是从文化角度去研究民俗学，将民俗作为整个文化背景下的一个内容去考察，从而使民俗不单单作为一个孤立的事项，而是作为民族文化的有机组成部分去认识，使它的价值、作用、意义都得到了重新定位和确认。

因此，民俗文化学是一门以研究中国乃至世界上存在的各种风俗习惯为内容的人文社会科学。它所牵涉的民俗事象非常繁杂，从衣食住行到人们的社会交往，从家庭组织到乡里习俗，从器物文化到民间信仰，从婚丧喜庆到语言民俗等，几乎囊括了民间生活的所有方面。钟敬文先生说，它"大体上包括存在于民间的物质文化、社会组织、意识形态和口头语言等各种社会习惯、风尚事物"①，应该是恰当的。

民俗文化是用一种怎样的方式存在的呢？这个问题关系到对民俗文化的本质认识。钟敬文先生特别提出了对文化的三分法，即上层文化、中层文化和下层文化。他认为这是传统文化的三条干流，"第一条是上层文化，从阶级上说，它主要是封建地主阶级所创造和享用的文化。第二条是中层文化的干流，它主要是市民文化。第三条干流是下层文化，即由广大农民及其他劳动人民所创造和传承的文化。中、下层文化就是民俗文化"②。这是一种非常明晰的带有时代性和创造性的提法，对于民俗文化性质的界定有着指导意义。但是，"三分法"在一定程度上过于强调三者的相异性。事实上，作为民俗文化本身，它并不存在个人身份之间的差异，民俗的传承者是一个复杂的群体。打个比方说，一个人他是封建时代的品官，按阶级成分来划分，他属于上层文化。但他的身份却随着他的角色的变换而随时不同。当他从品官的衙门退堂回家之后，他可能立即变成了一个儿子，同时兼有丈夫或父亲的身份（当然也可能是祖父或孙子）。在与人交往中他可能是对方的连襟、外孙（甥），也可能是姑夫、姨夫、妹夫、舅父或者外公、姑（姨）表兄弟等，也可能是朋友、同窗、师长、同事等等。这种身份的转换，也就意味着他所面对的社会角色是多重的，而更多的是世俗的角色。如果一个人仅仅以自己的品官身份去对待所有他所面对的人，那就非得闹笑话甚至出问题不可。

因此，就像这种个人的身份常常是不确定的一样，不同层次文化之间，并不存在绝对的隔绝和对立；相反，它总是处于不断的交流和碰撞之中。古人常说"礼失求之于野"，原因就在于"野"这种老百姓生活的层次，不仅仅传承着

① 钟敬文：《民俗文化学发凡》，载《民俗文化学：梗概与兴起》，中华书局1996年版，第9页。

② 同①，第15页。

“礼”这种上层文化的事项,而且从根本上它也是“礼”形成的土壤。所以,上层文化也就并不总是由封建地主阶级所创造和享用,而下层文化也并不总是由劳动人民所创造和享用。至于市民文化,只不过是主体所生存的环境不同、所从事的生产劳动方式不同而已。他们所传承的民俗文化,可能在技术、形态等方面有所变革,但本质上与城市之外的社区中所传承的民俗文化并无质的区别。这一点在称谓、婚丧礼仪等方面表现得尤为明显。我们后面的论述,将证明民俗文化这种所谓不同层次之间的划分,实际上并不存在完全的分隔。

第二节　民俗文化的分类

民俗文化的分类其实也就是对民俗的分类。鉴于民俗学研究的历史和世界各国学者从自己的不同学术习惯和认识出发,对民俗的分类有不同的观点,甚至存在很大的差异。如英国的前民俗学会会长博尔尼女士在她的《民俗学手册》一书中将民俗界定为信仰及行为、习俗、故事歌谣及俗语三个方面。①

信仰与行为部分包括:(1)大地和天空;(2)植物界;(3)动物界(兽类、鸟类、爬虫、鱼类、昆虫);(4)人类;(5)人工制品;(6)灵魂与冥世;(7)超人的神灵(神、小神及其他);(8)预兆和占卜;(9)巫术;(10)疾病和民间医术。

习俗部分包括:(1)社会制度和政治制度;(2)人生礼仪(出生、成年、结婚和死亡);(3)职业和工艺;(4)历法、斋戒和节庆;(5)游戏、体育和娱乐。

故事歌谣及俗语部分包括:(1)故事;(2)歌曲和民谣;(3)谚语和谜语;(4)有韵的俗语和俚语。

柯克士(M. R. Cox)则将民俗分为:

(1)序论:带有总论的意义,总述各种风俗习惯;

(2)可离灵魂:灵魂的神秘感和祭祀等;

(3)动物的祖先:关于自然的解释和故事传说;

(4)灵魂论——鬼与神:万物有灵和信仰;

(5)第二世界:未来的传说和信仰;

(6)魔术:巫术及医术,与灵魂论有关;

(7)神话、民间故事等。②

---

① 参见程德祺等译:《民俗学手册》,上海文艺出版社1995年版。

② 参见郑振铎译:《民俗学浅说》,商务印书馆1934年版,冒号后面部分为引者根据上书扼要概述。

如果说，这种分类还是过于抽象的话，那么，法国的塞比约(Paul Sebillot)则比较直观。他将民俗分为四大类，在第一类“天与地”下又分为：

(1)天：A. 星；B. 天象。

(2)夜与空中的精灵：A. 夜；B. 空中的迹象或声音。

(3)地：A. 地；B. 山岳；C. 森林；D. 岩与石。

(4)地下世界：A. 地下；B. 洞穴。

在第二类“海洋与江湖等”下分为：

(1)海洋：A. 海面与海底；B. 海洋的侵灌；C. 岛屿；D. 海岸；E. 海洞；F. 水滨；G. 传说中的船；H. 海洋崇拜。

(2)江湖等：A. 泉；B. 泉的威权；C. 井；D. 河流；E. 湖水。

在第三类“动物与植物”下分为：

(1)动物：A. 哺乳类野兽；B. 哺乳类家畜；C. 野鸟；D. 家禽；E. 爬虫；F. 昆虫；G. 鱼类。

(2)植物：A. 树木；B. 花草。

在第四类“人类与史实”下分为：

(1)史前时代：A. 立石；B. 石坟；C. 石冢；E. 石器；F. 巨石崇拜。

(2)纪念物：A. 建筑的仪式；B. 石迹；C. 教堂；D. 石堡；E. 城市。

(3)人民与历史：A. 教会中人；B. 贵族及第三阶级；C. 战争；D. 民间传说中的法国历史。[①]

事实上，从中国人的习惯分类和新中国成立后的学术用语来看，法国的山狄夫(P. Saintyves)的分类更接近我们的期待。他把民俗分为物质生活、精神生活和社会生活三大类，在这三大类下面，又具体分出若干小类。这种划分很符合中国人的口味。

物质生活包括：(1)经济的物质(土地或城市、食料、居住)；(2)生态的方式(劳动)；(3)营利与财富。

精神生活包括：(1)语言；(2)民间知识及运用；(3)民间睿智；(4)美学；(5)神秘观念及活动。

社会生活包括：(1)血缘关系；(2)地缘关系；(3)特殊联盟(经济的、政治的、竞技的)等内容。[②]

山狄夫的分类对中国民俗学的分类具有很大的影响。除此之外，对中国民

---

① 详见林惠祥：《民俗学》，商务印书馆1934年版的有关内容。

② 钟敬文：《民俗学与民间文学》，载《钟敬文民间文学论集(上)》，上海文艺出版社1982年版，第179页。

俗分类的影响非常大的是日本的学者。柳田国男将民俗分类为：(1)有形文化（住、食、衣、生活资料的取得，交通、劳动、社会组织、婚姻、诞生、死亡、节日活动及祭礼等）；(2)语言艺术（故事、传说、民谣、谜语、谚语等）；(3)心意现象（知识、生活、技术、生活目的）。[①] 后滕兴善的分类更具有代表性，他将民俗概括为四个大类：有形物质民俗，社会集团民俗，口传语言民俗，无形心意民俗。[②] 这种分类，我们在后面对中国学者的有关分类引述中，可以明显地感受到前者的影响。

就像中国民俗学的建立是受国外民俗学影响的结果一样，中国学者对民俗学的分类基本上也都受到各种外国分类法的影响。乌丙安的分类是四个大类：(1)经济的民俗；(2)社会的民俗；(3)信仰的民俗；(4)游艺的民俗。[③] 陈勤建的分类也是四类：(1)有形物质民俗；(2)人生社会民俗；(3)心意信仰民俗；(4)游艺竞技民俗。[④] 以上两个分类，在很大程度上受到了法国、日本等外国民俗学分类的影响，甚至一些术语如"经济""社会""有形物质""无形心意"则完全相同。

不过张紫晨在《中国民俗与民俗学》一书中的分类则较侧重具体习俗内容，它将民俗直接分为十类：(1)巫术民俗；(2)信仰民俗；(3)服饰、饮食、居住之民俗；(4)建筑民俗；(5)制度民俗；(6)生产民俗；(7)岁时节令民俗；(8)人生仪礼民俗；(9)商业贸易民俗；(10)文艺游艺民俗。[⑤]

具有代表性的是钟敬文先生于 1998 年 12 月上海文艺出版社出版的《民俗学概论》一书的分类（高等教育出版社 2010 年 8 月出版了第二版）。它将民俗分为物质生产民俗、物质生活民俗、社会组织民俗、岁时节日民俗、人生仪礼、民俗信仰、民间科学技术、民间口头文学、民间语言、民间艺术、民间游戏娱乐十一类，其中物质生产民俗，包括农业民俗，狩猎、游牧和渔业民俗，工匠民俗，商业与交通民俗四个二级分类；物质生活民俗，包括饮食民俗，服饰民俗，居住建筑民俗三个二级分类；社会组织民俗包括宗族组织民俗，社团和社区组织民俗两

---

① 关敬吾：《民俗学》，中国民间文艺出版社 1986 年版，第 24 页。

② ［日］后滕兴善等：《民俗学入门》，中国民间文艺出版社 1984 年版，参见有关正文目录。

③ 参见乌丙安：《中国民俗学》，辽宁大学出版社 1985 年版。其经济民俗的二级分类是：物质生产民俗、交易和运输民俗、消费生活民俗等；社会民俗的二级分类是：家族、亲族的民俗，乡里社会的民俗，个人生活礼仪民俗，婚姻的民俗等；信仰民俗与游艺民俗并未按二级分类，而是根据研究来设置内容。

④ 参见陈勤建：《中国民俗》，中国民间文艺出版社 1989 年版，第七章，其中，有形物质民俗包括衣、食、住、行；人生社会民俗包括个体人生社会民俗、小群体人生社会民俗、大群体人生社会民俗；心意信仰民俗包括崇祀、禁忌、兆卜、巫蛊等；游艺竞技民俗下则未加细分。

⑤ 参见张紫晨：《中国民俗与民俗学》，浙江人民出版社 1985 年版，希望更进一步了解分类情况的可参阅拙作《试论民俗学的分类法》，《浙江民俗》1983 年第 3 期，1991 年 11 月，上海文艺出版社影印之八十八本。

个二级分类；岁时节日民俗没有进行二级分类；人生仪礼包括诞生仪礼，成年仪礼，婚姻仪礼，丧葬仪礼四个二级分类；民俗信仰没有二级分类；民间科学技术包括民间科学知识，民间工艺技术，民间医学三个二级分类；民间口头文学包括口头散文叙事文学，民间诗歌两个二级分类；民间语言包括常用型民间俗语，特用型民间俗语两个二级分类；民间艺术包括民间音乐，民间舞蹈，民间戏曲，民间工艺美术四个二级分类；民间游戏娱乐包括民间游戏，民间竞技，民间杂艺三个二级分类。这个分类既较好地照顾了中国传统的分类思考，同时也吸收了国际上相关的民俗的分类研究成果。从今天的评价来看，它将 2003 年之后的非物质文化遗产的代表性项目名录的申报与确定及代表性传承人的申报与确定相关范围都纳入了民俗的范围，成为民俗学研究的一个具有特别意义和值得借鉴的分类。

这些分类不管优劣如何，它们都曾经在某些方面对我们民俗学的研究和发展产生过一定的影响。因此，恰如其分地对民俗文化进行一些分类，能使我们快速有效地掌握民俗文化的范围和概念，并从本质上把握民俗文化。当然，介绍上述分类并不是为了欣赏，而是为了学习和借鉴。为此，我根据自己的理解和对民俗的研究，在上述分类的基础上提出下面分类：

第一，物质民俗文化。它主要是指人们所创造的物质财富和在生命延续期间用以消费物质财富的独特方式。比如农牧渔匠作商贸民俗文化、人们的衣食住行居室民俗文化等等内容，这些民俗文化的生成，主要是为了人们的生活能过得更好、更有秩序。

第二，社会民俗文化。它是指人生过程中相关的礼俗，诸如诞生、结婚、丧葬等礼俗，以及调节生活节奏的节日习俗和寿诞习俗等内容，在这基础上延伸的家庭、家族和乡里、社会民俗文化，包括血缘关系、地缘关系和业缘关系等各个方面。社会民俗文化重在它的习惯性和制度化作用，它对阶级的产生、国家的形成，具有积极的意义。

第三，精神民俗文化。这是一种以信仰为主要内容的民俗文化形式，包括人们对大自然的崇拜、对祖先的崇拜、现实生活当中的禁忌和神秘莫测的迷信习俗等内容，是人们在生存过程中对于不可逆转事件、不可预测事件、不可解事件经常发生的一种防范、乞求和无奈的表达，有时也具有积极意义，但更多的是消极作用。

第四，娱乐民俗文化。这是一种让生活充满快乐和色彩的民俗文化样式。它包括节日娱乐型、日常娱乐型、竞技娱乐型、杂要娱乐型等内容，原始目的有娱神与娱人的区别，以娱神为主。但发展到最后则以调节人们的生活节奏、提高人们的生活质量和增加人们的幸福快乐为终极目的。

考虑到中国民间文学的特殊性，本来应该涵盖在民俗文化学研究范畴之中的口头文学，在本概论中没有列入，原因是民间文学自新中国成立之后已经发展成为一门与民俗学几乎同等重要的学科。虽然民俗文化学中对口头文学有所侧重，钟敬文先生的《民俗学概论》拥有上下两章内容，但我们还是将它视之为文学的内容而割舍。

需要进行一些说明的是，民俗文化是一个整体，我们的分类只是为了研究或考察它时比较方便。在现实生活中，有些民俗文化内容是有机地结合在一起的，比如有些娱俗内容与节日习俗是一个整体，而社会民俗当中则有明显的精神民俗文化形式等。因此，我们在实际把握民俗文化时，应该认识到各个内容之间是相互联系、相互融合、互相制约、互相影响和互相促进的。其中，需要特别指出的是，娱乐民俗文化一项，有人会说，它应该属于精神民俗文化。事实上，这是一种过于强调娱乐的精神内涵造成的片面认识。娱乐有精神方面的满足感，同时也有体力方面的满足感，而对于民俗娱乐来说，特殊的器械要求、特殊的时间要求和特殊的技能和规范要求，都是必须予以遵守的。它与以信仰为主的精神民俗文化，从内容到形式等方面，都有着极大的差异。因此，娱乐民俗文化应该成为一种独立的民俗文化类别，而且从今后的发展情况来看，民俗的娱乐价值将越来越突出，越来越占有重要的位置。

第三节　民俗文化的研究方法

民俗文化是一种侧重于人们生存需要的行为模式和规范，有时它用文字给以模写，使之具有制度化倾向，但更多的是存在于我们的日常生活之中，存在于人们的社会交往和习惯确认之中。

基于民俗文化的这种独特存在方式，对于民俗文化的研究方法，也就具有自己的独特个性而区别于其他的一些社会科学。因此，在民俗文化学的研究过程中，更多地采用以下几种方式方法。

一、田野作业的方法

这是一种民俗文化获取研究资料的方法，也称实地调查法。这种方法的使用完全是由民俗文化中的“民俗”的独特存在方式决定的。民俗文化相对于其他学科来说，它的研究对象是社会或群体中的活生生的人，并且是这种活生生的人的一种流动的行为模式或规范，当然它是一种重复进行的行为模式或规范。而这种行为模式或规范则以群体的行为和口传方式，一代一代地传承于日常或特定的行为模式之中。非群体中的人，并不获得这种行为模式或规范的传承。因此，要获取这种行为模式或规范，除了直接到这一群体之中进行调查了解之外，并无其他科学方法。民俗学的研究、民间文学及相关的民族学、文化人类学的研究已经证明这一点是行之有效的，并且，在田野作业中获得了许多宝贵的资料和宝贵的经验。[①]

但是，应该引起高度重视的是，田野作业并不是一种简单观察记录或是对当地文化的模写。殖民扩张时期的那种旅行者或传教者的异文化眼光，除了告诉人们奇风异俗之外，实际上在民俗文化研究方面只能起一种辅助的作用。尽管现在技术手段方面对于田野作业来说，已经完全不成问题，照相机、摄影机、录音机、摄像机可以直观地、写实地记录调查对象的生活片断，然而，它的局限性依然不可否认。因为你记录的调查对象生活的一瞬间，可能是无与伦比的准确的，但那仅仅是一种外在感受，你无法记录的是他此时的心理活动和对某种文化的虔诚和归化，以及他紧接着的需要和以后的其他生活方式。因为生活是连贯的不间断的，行为模式或规范之间有其内在的自然联系。董晓萍曾说："不错，这些资料具有相当的参考价值、保存下来将成为珍贵的历史文物，但它们无法揭示对象的内心经历和个人感受，不能揭示在这些镜头的背后和下一步将要发生什么，既然如此，也就很难估价它们的学术可靠性程度。有的学者不无偏激地指出，'谁理会这种资料，它们只能证明田野工作者本人在场而已'。"[②]这正是简单地理解田野作业的结果。

因此，田野作业除了需要具有专业技能之外，还在于对某种文化的进入和理解，而事实上后者则更为重要。没有对某种文化的理解，你就很难进入其中，而不进入一种文化，要做好田野作业是不可能的。任何浅尝辄止和走马观花式的采风，在民俗文化研究上都不可能有科学的资料，当然也就不可能有科学的结论。所以，我以为，田野作业应该是一个过程而不是一个片断，对于一个民俗内容的调查，更在于参与式的进入而不是旁观式的询问或仅仅靠自己的观察。从这个角度来看，田野作业就不仅仅是一种搜集民俗材料的方法，而且是研究者的一个研究的完整的过程，是研究方法的潜在延伸了。

---

① 如钟敬文主编的《民间文学概论》中有专门的搜集整理一章，其他许多人的著作也都有相关的内容；在民俗学方面，张紫晨曾专门选编有《民俗调查与研究》一书，江帆则写有《民俗学田野作业研究》一书，杨堃著有《民族学调查方法》等，对田野作业不仅给予高度重视，而且进行了各种技术性问题的研究，是非常有益的经验成果。

② 董晓萍：《民俗学导游》，中国工人出版社1995年版，第34—35页。

二、钩沉文献的方法

民俗文化除了生存于现实生活中之外,也大量地记载于古代的典籍文献之中。从一般的民俗学研究角度来看,文献中的民俗材料有待于研究者的科学甄别。其中,一个最大的原因就是古代文献中的民俗材料是由士大夫等上层文化人士,根据自己的观察或经历而记载下来的,主观性、随意性和片面性,以及随意的取舍和根据自己的好恶来判断民俗的优劣,是这类文献民俗材料的普遍特性。然而,民俗文化的层次性变换,即个人角度的转换,使民俗文化具有更大的适应面。因此,上层文化中的"礼",不仅是民俗文化的参照体系,同时也是民俗的另一个侧面或影子。"礼"与"俗"是一对相伴生的,有时是相转换的形态。"俗"可以升华为"礼","礼"也可以演化为"俗"——一种民众共同需要的文化形式。而礼俗之间的习俗内容,不仅在老百姓那儿是被认同的,在上层文化之中也是被认同的。如拜堂习俗,司马光就认为是一种可以接受的俗,因而被他写进了"礼"之中。这种情况在历史上并不少见,使我们的民俗文化从一开始就成了典籍文化记录的对象。尤其是上层同样认同的礼俗之间的民俗文化内容,就更是如此。因此,对于民俗文化来说,文献钩沉不仅是历史民俗文化研究非常重要的一种方法,同时,它也给现实民俗的研究,提供一种发展的参照,使我们对民俗的认识不限于一个点,而是作为一个过程,一个流动的、发展变化的过程。

而对于一个历史悠久的文明古国来说,钩沉文献的方法更为重要的是,我们国家的典籍极其丰富,不仅有无意间记载下来的民俗材料,而且也有自觉地记录和保存下来的民俗材料。其中,一些专门性的书籍如《荆楚岁时记》《岁华纪丽》《东京梦华录》《梦粱录》等,都具有非常高的借鉴和研究价值。因此,钩沉文献的方法,对于民俗文化学的研究,至少两个方面是直接的和至关重要的:一个方面是对于民俗文化作为一个发展的过程来认识,文献的钩沉可以使我们明确民俗文化的来龙去脉,使民俗文化的研究具有历史的深度感和层次感;另一个方面是对于建立历史民俗文化学这一独立的分支,使民俗文化的研究开拓新的领域,是不可或缺的。

三、历史地理研究法

这是一种采取历史的发展线索与地理的分布相结合的方式来考察和研究民俗文化的方法。它的一个最大的特点,就是能在历史发展过程的重建与现实存在的民俗之间，有效地架起一种逻辑上或学术上的联系，使民俗文化的脉络清晰，发展演变过程突出。

历史地理研究法，其实是历史研究法加上地理分布特征的一种综合的方法。这种方法形成的主要原因是，民俗在许多社会学科的人看来，是一种文化的残余，一种历史发展之后的“遗留物”。19 世纪芬兰学派的历史地理研究法的定型，为民俗学的历史地理法的形成，提供了最直接的思维方法。这种强调故事异文的搜集和比较研究的方法，要求最大限度地收罗各种故事文本，以便寻找故事的原型和历史发展变化的规律。[①] 这种研究方法，在我国早期的研究中获得最成功的例子是顾颉刚的《孟姜女故事研究》。他采用历史地理研究法，使孟姜女故事从发生、发展、演变到各地的流布情况，明晰地展示在我们的眼前，给我们的民俗学研究提供了范例。

历史地理研究法在我国特别值得注意和运用的一个重要原因，不仅在于我国地大物博、民族众多，更在于我国历史悠久，而且是一以贯之的继承和发展的，中间并无实际上的缺环和严重的断裂。

四、比较研究法

民俗文化的发展除了继承性之外，文化的碰撞和交流是非常重要的动力，这是被世界整个文化的发展历史所证明了的，民俗文化也不例外。因此，比较研究法能使我们明晰不同民俗文化之间所存在的异同、优劣，有时还可以找到民俗文化之间互相影响或作用的痕迹，以及传承的路线等内容。比较研究法是民族学、文化人类学和民俗学最常见的一种研究方法，在民俗学进入我国之后，便在民间文学和民俗学的研究中得到广泛的运用。

所谓比较研究法，是在民俗文化的“研究中将不同民族，不同地区，不同国度的民俗事象拿来作比较，从而找出各类民俗事象之间的纵的和横的联系，探讨某一民族民俗产生、发展和演变规律的方法”[②]。其实，比较研究法最看重的是不同国度和不同民族间的民俗文化的研究。这种研究从相似性到相异性，从发展到传播，从固定形式到演化、融合、变异等各个方面，其中，互相影响是比较研究中非常重要的一个方面。

有时比较研究法也限于区域之间的民俗内容，但这种研究往往更注重不同区域之间民俗文化的相异性和造成这种相异性的历史或现实的原因。

---

① [日]荒木博之：《民间故事的历史地理学研究》，林相泰译，载《民间文学论坛》1983 年第 1 期。

② 陶立璠：《民俗学概论》，中央民族学院出版社 1987 年版，第 75 页。

除了以上几种方法之外,对于民俗文化学的研究来说,只要是对学术发展有益的研究方法都可以采用。其中,我们尤其应该注重综合方法的运用,就像社会本来就并不是可以由人条块分割的一样,单一方法并不适合所有学术研究的需要,综合才是解决问题的最后钥匙。

第二章

民俗文化的本质

我们在多大意义上认识了民俗文化，就能在多大程度上把握民俗文化。因此，对于民俗文化本质的讨论和认识，能在更深层次上使我们对民俗文化的描述符合我们对民俗文化的整体期待和观照。对于民俗文化的本质认知，一方面是对于民俗与民俗学认知的深化和拓展，另一方面也是我们从具体民俗到民俗文化整体认知的深化和拓展。将独特生活文化的概念引入民俗文化学的研究之中，能极大地帮助我们提高对于民俗及民俗文化和民俗文化学从不同角度切入的必要性和重要性的认识。

第一节　民俗及其本质的认知

早期的民俗学家更多地注重于民俗所表现出来的民族的、集团的心理、行为、性格特征，因而，他们注意的“不是耕犁的形状，而是用耕田者推犁入土时举行的仪式；不是渔网和渔叉的构造，而是渔夫入海时所遵守的禁忌；不是桥梁或房屋的建筑术，而是施工时的祭祀以及建筑物使用者的社会生活”①。而这些仪式、禁忌、祭献确实把生活的某个侧面升华到了精神文化的层次，但是，我们需要注意的是，仪式、禁忌和祭献等总是与某种特定的人、物、场所等紧密结合在一起，两者不可分离，忽略一方面会造成对另一方面认识的偏差和误读。事实上，前者正是在这样的意义上，几乎把研究的结果误以为是研究的内容，许多民俗学研究者因将民俗事象表现出来的民族的共性当作第一性的现象，从而忽视了共性之外存在的差异和细节性。如中国人过春节，春节的一整套方式方法是具体在各地表述的不同民俗事象，如吃鱼，是红烧、清蒸、醋熘还是油炸，其实都有着具体的规定。中国人要过春节是民族的共性，但我们不能仅着眼于中国人要过春节这一共性，而必须关注它的具体事象，从而确定中国人为什么要过春节和各个地方事实上在过着具有不同民俗细节的春节。后者才是最重要的。

从共性出发应该说也是一种视角，但事实上，人们常常因为着眼于民俗文化所具有的精神共性，把民俗文化当作了纯意识形态的结构，从而忽略了个性或地方性，简单地认为，“从人类社会的结构来看，它(民俗)不过是社会的上层建筑，是社会意识诸形态之一。民俗，作为社会意识诸形态其中的一种，这必然与道德、艺术、哲学、科学等意识形态有‘共性’，并相互作用。但是民俗乃是社会意识诸形态之一，因之其本身也有其‘个性’，它与道德、艺术、哲学、科学等有所差别”②。这时，个性仅仅是一种共性之外的附属内容，几乎也就可以忽略不计了。其他许多研究者也用同样的方式来表述对于民俗本质的认识，指出“风俗(民俗)是上层建筑，是一种意识形态，因而有相对的独立性，它不像国家政治制度、法律等上层建筑那样变化明显，因此，有些风俗，虽然经济基础变了，但仍

---

① [英]查·索·博尔尼：《民俗学手册》，上海文艺出版社1995年版，程德祺等译，第1页。

② 梁钊韬、张寿祺：《试论民俗形成的社会根源》，载《社会科学战线》1982年第2期。

然顽强地保留和传承下来"[①]。这种可能是、又好像不是的认识，是因为在概念上没有把握准确造成的。从逻辑学角度来说，是与不是应该是明确的。这种似乎是上层建筑，似乎又是经济基础的东西，并非是因为民俗本身具有双重性，而是我们在看到民俗的实体时，同时看到了它的投影，而把投影误以为是实体，就产生了似乎是又似乎不是的模棱两可的情况。1989 年，陈勤建在《中国民俗》一书中，提出了民俗是经济基础和上层建筑的中介说，认为"民俗是率先沟通经济基础和上层建筑文化意识的桥梁。……它在人类的文化意识框架里，处在最下层；在经济基础框架里，又居于最高的阶梯。民俗上沿，与人类文化意识相联，其下沿，又与经济基础相锲"[②]。这应该说是一个突破。但是，这种认识建立在民俗既表现为生活的特性又表现出文化意识的特征的双重性基础上，则又值得商榷。因为任何独特的生活样式都会带来文化意识特征，而任何文化意识也都可能形成新的生活样式。前者是决定性的，是产生文化意识的前提，而后者至多只有反作用。何况许多民俗事象经由统治者肯定而直接转化为上层建筑，像婚姻制度、村社制度等内容一经法律形式写定，就成为一种制度文化。因此，这种有时好像表现为上层建筑，有时又表现为生活方式的民俗文化中介说，自然还有值得完善的地方。

不管怎么说，将民俗文化归之于上层建筑之意识形态至少是一种片面的观点，在他们的研究中，重视了民俗文化作为制度、行为规范的作用，却忽略了民俗文化本身作为一种生活方式存在的前提。民俗文化在民族集团中所表现出来的超稳定性，绝不是随着经济基础的变化，迟早要发生质变的上层建筑所具有的。许多习俗在原始社会末期或奴隶社会初期即已产生，如买卖婚姻、厚葬死者的习俗等，经历了许多年代，也经历了不同的社会阶段，经济基础早已发生了质的变化，可这些习俗却仍然长久地活在民众的生活之中。这就提醒我们，上述对于民俗的论断，并未从本质上给以把握，因为它无法解释"经济基础"变了但"上层建筑"不变的现象。

民俗是一种独特的生活文化，它的生活性决定了文化的复杂性和多重复合，物质的和非物质的文化融合在一起是民俗生活性的最主要的呈现方式，因此，如果研究者将这种复合性的文化进行驳离并从一个视角看待问题，必然会得出偏差异的结论甚至是错误的结果。

不管是否发现了民俗文化的本质，学者们的研究都是卓有成效的，都在向

---

① 叶大兵：《试论风俗的基本特征》，载中国民间文艺研究会上海分会编：《民间文艺集刊》第三集，上海文艺出版社 1982 年版。

② 陈勤建：《中国民俗》，中国民间文艺出版社 1989 年版，第 35 页。

民俗或民俗文化的本质内核接近。为了阐明我们的观点,有必要对民俗文化的发生作一番考察。

第二节 民俗文化的发生

民俗文化的发生是关于民俗文化在什么样的状态下生成的问题,对于这个问题的研究,历来都不乏真知灼见。人们通过对历史的考察、民族地区间的比较,探索民俗文化的源头,给民俗文化产生以理论的概括。但是,人们往往忽略了这样一个问题,即民俗文化的发生是具有层次性的。

所谓民俗文化发生的层次性是指民俗文化在生成过程中的先后次序和构成问题。我们知道,文化发生的目的就是为了满足人类生活中的各种需要。为满足狩猎和生产的需要,人们发明了各种工具;由于男女具有不同生理特点,形成了最原始的分工;为保护未成年女性和避免近亲婚配,人们形成了各种婚姻习俗和制度,这些都是直接关系到生产和再生产的文化。民俗文化生成的目的也同样是为了人类的物质满足和自身再生产这两个最基本的目的服务的,因此,与人或人所在的群体的关系特别密切。第一性的也即第一层次的民俗文化的发生总是直接与人或人的群体生活发生直接的联系,居住于海边的形成了渔猎的生产方式、工具和与之相关的习惯性规定;居住在山区的则根据自己的需要,创造了狩猎工具、采集工具以及相关的习惯性规定。而人的自身再生产需要,尤其是保护未成年女性和对于近亲(血缘)结婚生育带来的可怕后果的观察,则创造了成年礼等限制性的规定及氏族外婚、同姓不婚等习惯性文化。因此,最早发生的民俗文化内容总是人们最基本或最需要的生活的组成部分,是对生活的简单概括、提炼和重复。所以,发生于第一层次的民俗文化内容总是直接再现人类的物质生产和规定人类自身的再生产,并在长期的实践过程中使它们成为约定俗成的最早的习惯法。

这种层次的结构和生成的变化可以用民俗发生层次示意图(图 2-1)简单地示意如下:

从图 2-1 中可以清楚地看到民俗文化的发生层次和构成形式。实际上,它原初只包含物质生产民俗文化和自身再生产民俗文化的两个原始层面,后来,由于传承中结构的变化,使民俗文化增生变异,产生了许多新的民俗文化形式,如民俗文化 A,民俗文化 B,民俗文化 C,民俗文化 D,以及民俗文化 A',AB',E,H 等等。当然,有时一种民俗文化可能会一成不变地传承下来。因此,所谓的

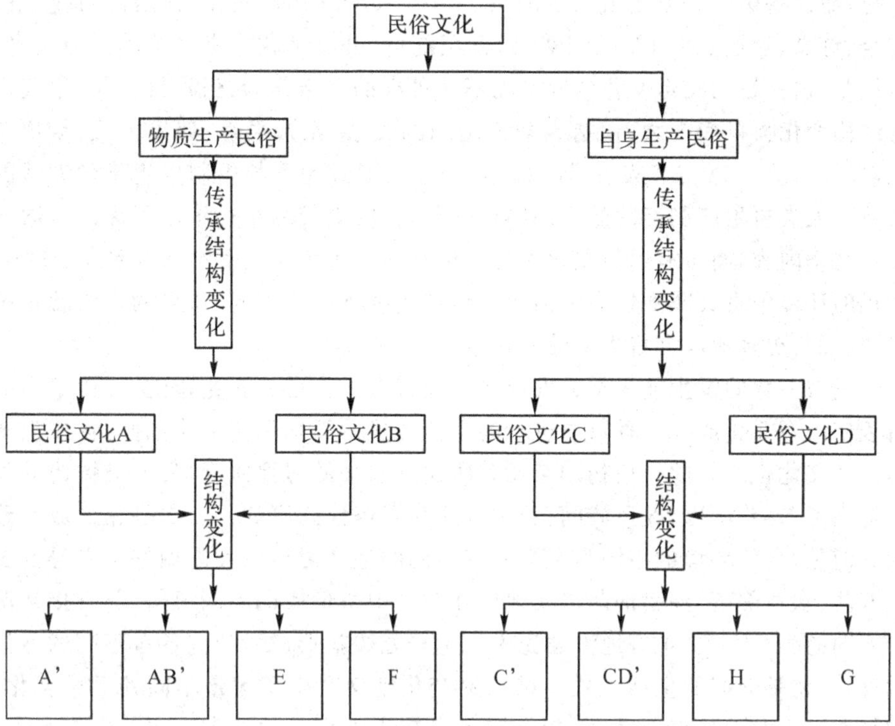

图 2-1　民俗发生层次示意图

传承结构变化，包括历史的迁延发展、生产的方式改变、产业的结构调整、工具的改进增加、各种文化因素的相互影响作用，以及科学的进步对社会、自然和自身价值的重新发现，社会变革和政治因素、统治者思想的影响等等方面的内容，这些内容使许多民俗文化的形成属于第二层次，带上更深更浓的文化意识。举例来说，婚俗是我们最常见的一种民俗文化形式，目前研究证实，在古代，人们曾实行过群婚形式。这种形式一方面是极度低下的生产力现实和人们对于生育科学知识的极度匮乏造成的；另一方面则是人类对种群繁衍的迫切需要和几乎是原始动物本能的驱使。生活的现实促成了人类最原始的婚姻形式——一种与原始人类的生活密不可分的方式，把人类与大自然中获得生机的机制紧密地结合在一起。如果说人类后来的婚姻制度保证了人类种族优势的延续，那么群婚更明白地表现了人类动物的本能，这是一种没有文化参与却又因之而开创了人类文化未来曙光的最伟大的种子。后来，由于传承结构的变化，群婚被对偶婚、专偶婚所取代，又由于生产方式、生产关系和其他因素的参与，群婚和对偶婚等较为自由的性关系受到了人类自身建立起来的“习惯法”的制约，形成了众多的婚姻形式和婚姻习俗，如服役婚、转房婚、童养婚、指腹婚、表亲婚、冥婚等等，而这些婚制又派生出无数的婚姻习俗，像古代的“六礼”并因此演化出的聘金、订婚、迎娶、回门及贴红双喜、喜用红色、分枣子花生喜糖等等。但是，归根结蒂，这一切的民俗文化内容又无不将种群的繁衍作为终极目的。如果我们将结构变化再扩而广之，包括人与人之间的关系、亲戚关系、邻里关系、乡里关系，以及家庭、家族、宗族、村社、部落、民族的形式无不与婚制发生千丝万缕的联系。人类再生产制度的建立因结构变化，在历史长河中衍生出了无以计数的民俗文化内容，而所有民俗文化内容的传承又无不为了人类自身在和平、安宁、幸福的环境中将文明的社会生活无终极地延续下去。因此，派生的习俗就是第二层次的，更多地蕴含着人类的文化意识。

民俗文化的发生使人类的发展更多地打上了自己的文化印记，而传承中的沿袭使民俗文化成为一种重复进行的生活方式。婚姻民俗文化如此，物质生产的民俗文化也是如此。最初的劳动和所建立起来的习惯制度，为人类模仿的天性提供了参照，所以，在民族间，劳动方式和习俗仪式等的要求都是相似或一致的。但是，自然环境的不同为人类向着不同的生产习俗的发展做好了引导。游牧部落、农业部落、渔猎部落以及他们在劳动中所形成的不同习俗，都直接来源于不同的生产方式，重复地沿袭先人的生产方式就形成了他们各自不同的习俗制度，这就是他们的生活方式。结构的变化则又产生了大量不同的民俗文化，使早期为生存而从事的劳动，后来竟可以演化为高尚的艺术。如狩猎岩画，它是原始社会时期狩猎生产方式过程中的一个有机组成部分，除了浓重的巫术氛围之外，原始人相信它是狩猎丰收时必不可少的部分。后来，当这种画面所表达的方式成为那些有天赋者的专利之后，绘制岩画以保证狩猎丰收，便成了这些天才的工作，并逐渐地演化为一种专门职业，最终形成了后来的绘画艺术。当然，后者都属于第二性，甚至与第一性的民俗文化具有了质的区别。如果我们混淆了民俗文化发生的层次属性，将直接从生产生活中产生、传承的民俗文化内容与派生的民俗文化内容一视同仁，势必对民俗文化的发生和它的本质认识发生偏差。

理解了这一点，我们对于民俗文化具有超稳定性的特点也就不会奇怪了。因为在现实的民俗文化传承中，任何时候它们都作为民族、地区或集团生活的一部分而不是其他的被人们所接受。江南的汉民族一日三餐，夏日农忙时外加一餐点心，并以大米为主食，这是一种几千年来甚至更悠久的传承而形成的民俗文化；与北方在冬日时一日两餐，以面食为主，都有自己的源起缘由。即使经济基础变革了，它们也不会变，因为它是一种生活方式，一种基于环境而形成的生存需要。

综上所述，我们可以对民俗文化的发生曾有的几个层次作一概述：

首先是人类为维护自身需要而进行物质生产和为种群的繁衍而进行的自身再生产中产生了第一层次上的民俗文化，这种民俗文化包括人类对于自然的征服、生产发展需要以及自我和社会的认识等方面所形成的内容。许多因传承中结构变化而直接从生产、生活中发生、衍化而来的民俗文化也属此列。

其次是社会发展的制约、不同文化间的相互影响，这种情况往往部分地改变原有民俗文化结构，并因此使民俗文化发生了质变。

再次是历史业绩的影响或统治者的提倡，思想的渗透。前者以纪念的形式出现，后者大都以时尚的形式成为一时一世的民俗文化内容。

后两方面大致处于民俗文化发展的第二层次。因此，在我们追溯民俗文化的源流并因此对民俗文化的本质进行考察时，是必须慎重对待的。

第三节　民俗文化的社会学意义

民俗文化的发生及层次不同的分析，使我们对于民俗文化是如何发展演变的有了一个粗略的认识。但是，在我们最后论证民俗文化的本质之前，对于民俗文化一般形态所具有的社会学意义作一个概貌性的阐释是非常必要的。这样，当我们对于民俗文化的本质作一规定时，就不会对民俗所表现出来的浓烈的文化意识产生歧义。因为它是一种生活的贡献，对这种贡献是从民俗文化本身的更高层面上去认识的。它将让我们看到民俗文化对于历史的发展、民族性格、行为规范、道德伦理、逻辑思维等等的作用，使我们对民俗文化的本质认识更为深刻。

民俗文化的社会意义具体表现在以下几个方面：

1. 民俗文化的精神表现了人类对于自然、社会的探索。因此，可以说民俗文化是一种科学知识。在爱斯基摩人（因纽特人）中，一年到头大部分时间都在眼眉处戴一块细长而有裂口的以兽骨或巨大的鱼骨制成的眼遮。因为生活在白雪皑皑北极的爱斯基摩人为了在阳光反射强烈的冰原上行走和狩猎时减少对眼睛的刺激，形成了不管是在狩猎时还是在日常生活中都戴眼遮的习俗。它的作用是直接服务于狩猎和日常生活。它说明，这是爱斯基摩人对于自然观察和无数生活经验总结的结果，是一种具有科学道理的知识。“同姓相婚，其生不蕃”，这是春秋战国以前就形成的一条准则，对于后来人也可以说是一个忠告，更寓含了古人对婚姻科学的直观经验。因为，在氏族部落社会，人们交往非常有限,同姓氏族聚居一起,如果相互形成婚配,往往因血缘极近而影响人口的繁衍质量和兴旺。于是,原始人就直观地形成了同姓即同氏族者不婚的禁忌,后来当氏族瓦解之后,则以姓氏相区别,便形成了同姓不婚的禁制。这种禁制在聚族而居的地方,依然具有习惯法的作用。现代科学研究也证实,近亲婚配所生的婴儿中痴呆、智力低下、不健康和早死的概率远比非近亲所生的婴儿高。古人根据自己观察所得出的经验性结论,居然与现代科学相一致,说明古代的民俗文化中确实包含着科学因素,是一种经验性的知识。

2. 民俗文化直接参与了人类社会秩序的建设。在早期的民俗文化的生成过程中,人类的社会秩序即已被孕育于其中了。民俗文化是为了人类生存而发展的。事实证明,人类在强大的自然力量威慑面前,必须结成群体才能有效地生存下来。因为"人不能个别的向自然去争取生存,而得在人群里谋生活"①。人群的分工协作以及约定俗成的习惯,形成了最原始的人与人之间的关系。由两性关系发展而来的家庭、亲缘关系,为人类社会秩序的建立提供了条件。我们都能理解这样的事实:在传统的封闭的社会,作为民事、刑事裁决的准绳并维护正常社会秩序的是家法、宗法和乡规民约。

民俗文化任何时候都表现出它的规约作用,它是集团群体共有的经验,为群体所认同,并支配群体成员的意识。正是这种意识使集团之间的成员和睦相处,拥有共同的荣誉感。比如成年礼习俗,它是一种关于性的限制的习俗,在古代汉族以行冠礼和笄礼为代表,在许多其他民族则有行文身、割礼、拔牙、凿齿等义项为标志的,但最终目的是为了让青年人成为一个成年社会标准的成员,并享有性、结婚和生儿育女的权利。因此,许多部落都以强有力的惩罚手段来制止那些破坏成年礼习俗的人。在这里,成年礼成了人人必须实行的一项准则,一种正常社会秩序所得以维持的手续。婚丧、生产或商业民俗文化也都有这种建设或维护社会秩序的功能,从而使一切情况在群体认同的条件下正常进行。

3. 民俗文化作为一种生活的积淀,它对民族文化的形成、发展具有巨大的影响。我们常说的民族性格、思维方式、伦理道德、善恶美丑标准,其实都是民俗不同造成的。匈奴因"随畜牧而转移""逐水草迁徙"的游牧生活,形成了"贵壮健、贱老弱"的习俗标准,②因而他们的民族也就剽悍尚武、勇敢善战,以至于形成"壮者食其肥美,老者食其余"③的习俗,与汉民族的尊老怜弱观念对照极为鲜明。原因就在于,汉民族所从事的农业生产需要经验,而经验是在长期的劳

---

① 费孝通:《生育制度》,天津人民出版社1981年版,第8页。

②③ 司马迁:《史记·匈奴列传》。

动、生活中获得的。“大家在同一环境里，走同一道路，他先走，你后走；后走的所踏的是先走的人的脚印。”[①]体力在巨大的自然力面前可以忽略不计，余下的便是年龄。年龄越长你的经验越足，便越受人尊敬。农业文化发展而来的社会，都有这种美德。又如汉民族对龙的崇拜，对整个民族的群体意识以及民族的凝聚和发展都有过不可低估的作用。统治者将自己美饰成真龙天子的思想，一方面迎合了民众的俗信，另一方面则为自己的统治找到了君权神授的依据。如今，龙的传人的观念不仅对于我们要奋起建设社会经济有激励作用，对于我们团结海外侨胞，对于国家的统一、整个民族的兴盛，同样具有不可忽视的作用。许多民族都有图腾崇拜，从他们后来的历史发展都证明，这种信仰的习俗对他们的民族文化的形成和发展，具有深远的影响。

4.民俗文化是统治者治理国家的第一手材料，有时对国家政治能产生直接影响。这种观点，早在春秋战国以前即已为统治者所掌握，因此，设立采诗官，为统治者搜集老百姓的喜怒哀乐，作为治理国家的依据。《周礼》直言不讳地说：“礼俗以驭其民。”汉代应劭认为：“为政之要，辨风正俗，最其上也。”[②]司马迁也在《史记》中说：“州异国殊，情习不同，故博采风俗，协比声律，以补短移化，助流政教。”[③]所以，统治者最好的治理方式就是顺应民俗，做到“因民而作，追俗为制”[④]。实际情况也确实如此。历史上赵武灵王曾巧妙地利用服饰改制（胡服骑射）所带来的生活上的便利，训练骑马射箭，健民强兵，终于北侵燕代，西掠云中、九原，最后吞并了中山国，成了民俗文化对政治产生鲜明效果的直接例证。相反，如果不能很好地引导民俗文化，政治上就会失败，甚至亡国。司马迁在追溯淮南王变乱的历史原因时说了以下一段话：

> 淮南、衡山亲为骨肉，疆土千里，列为诸侯，……仍父子再亡国，各不终其身，为天下笑。此非独王过也，亦其俗薄，臣下渐靡使然也。夫荆楚僄勇轻悍，好作乱，乃自古记之矣。[⑤]

在此，司马迁清楚地看到荆楚之地崇尚“僄勇轻悍”的民俗文化对淮南王作乱所起的推波助澜的不良作用；而从另一角度去看，则是因为淮南王没有导引好荆楚之地的民俗文化。可见，民俗文化对政治成败的影响之大。

---

① 费孝通：《乡土中国》，三联书店1985年版，第20页。

② 应劭：《风俗通义》。

③④ 司马迁：《史记·乐书》。

⑤ 司马迁：《史记·淮南衡山列传》。

民俗文化的社会学意义尚有多方面,如为制定政治、法律提供依据,为精神文明建设服务,对民族文学产生影响等,但我们以上分析更注重的是民俗内在机制所表现出来的社会学意义和文化价值。这种分析,对于我们理解民俗文化的本质将大有裨益。

第四节 民俗文化本质:一种独特的生活方式

其实,不管是对于民俗文化发生的研究还是对于民俗文化社会功能(意义)的认知,我们一直都在剥离掩埋着民俗文化的本质的外壳,并试图使这种剥离把民俗文化的本质展示在世人面前。

在民俗文化发生的讨论中,层次结构的分析使我们看到了民俗文化发生与人类生存及其采取的方式之间的紧密联系,这种联系不但使我们明白各地、各民族的不同民俗文化的产生是各自采取不同的生存手段造成的,同时也使我们看到不同生存手段的重复所形成的民俗文化,事实上就是各地、各民族民众的不同的生活方式。社会学意义上的多方面、多功能的复杂情形,说明民俗这一独特生活方式具有强烈的文化意识积淀,而这种具有文化意识积淀的民俗文化生活,使它区别于其他文化现象。

但是,民俗文化作为生活方式,绝不是用简单的、一般的、普通的定语即可修饰的。民俗文化是一种独特的生活方式,我们称之为民俗生活。民俗生活的最大特点就在于它是属于民众生活中不断被重复进行的部分,而且是特定集团或群体所共同需要重复进行的部分。就像春节,是汉民族共同过的,并且是重复过的节日,它像过日子、过活一样是属于“过”的生活的一部分,这部分需要每年重复进行。因此,对于民俗文化可以这样定义:民俗文化是在历史过程中形成的、群体中自觉或不自觉遵循和认同的、重复进行的生活方式。

这种独特的生活方式有以下几个层面:

1. 它的产生是为了生存(生活),这一点已不容置疑。即使如信仰的崇拜、祭祀,不管其对象是人创造的神还是自然物,原始人都将其作为一种谋生存的手段,而且是相信相当有效的手段被运用的。印第安人和澳大利亚的土著在举行狩猎前往往都举行虔诚的祭献活动,这种活动被认为是狩猎不可分割的一部分。汉民族的祭祀田公田婆则把祭祀、田间管理和风调雨顺等能使五谷丰登的手段直接联系在一起。马克思曾指出:“思想、观念、意识的生产最初是直接与人们的物质活动、与人们的物质交往、与现实生活的语言交织在一起的。观念、思维、人们的精神交往在这里还是人们物质关系的直接产物。”[1]祭祀、崇拜民俗文化作为直接的生存手段，正是这种“物质关系的直接产物”的表现。

2. 民俗文化在重复进行(传承)时也是以生活方式进行的。如称谓习俗，其出发点是建立在家庭、家族、邻里等基础之上的，虽然它沿袭旧有的称谓方式，但基点却在现世社会的现实生活人与人之间的关系中。又如节日民俗文化中的食俗，人们重复进行的是一种群体认同的民族生活方式，这种方式使之区别于不同的民族或文化集团，成为某个群体独有的文化积淀。其他如人生礼仪、生产民俗文化等无不如此。可以毫不怀疑地说，正是重复进行的民俗生活形成了多姿多彩的民族文化样式，给我们的世界带来文化碰撞和再生的机会。

3. 民俗文化即使在传承中忘却原初的含义，仍能保持独有的生活方式。换言之，民俗文化的内涵可以不断变异，重复的生活方式却很少变动。如竞龙舟原为纪念屈原而组织的一项水上活动，缘起的目的十分明确，如今只剩下竞龙舟这一形式而舍去了原初的含义。又如贴春联习俗，原为驱邪避祟，而今则为讨个吉祥如意和审美装饰了。如此等等，变异中失去的仅为原初含义，保存的却是旧有形式，这种形式乃是生活中必不可少的一部分，原因就在于已形成的生活方式总是很少被人忘却或舍弃的。

4. 民俗文化以群体认同、个体实行，并以强烈的独立性的生活方式展现自己的风采。事实上，每一项民俗文化内容都是一个独立的系统，有自己一整套完整的结构。比如，流行于浙江省温岭黄岩玉环等地的结婚唱“洞房经”民俗，它在迎娶阶段有一整套仪式来保证婚礼按常规举行。像仪式中有人传唱，有人对唱等，完全循自身的方式进行，不受唱“洞房经”以外形式的干扰。[2] 最简单也是最能说明问题的是节俗，一般它们都以家庭的形式传承群体所认同的程序，且有鲜明的时间限制。举行的程序，包括开始和结束的各项内容都是约定俗成，不容更改的。如春节、元宵节、清明节、中秋节等，各司其职，内容泾渭分明，在具体时间和独立空间单独完成。因此，在不同群体看来所谓的奇风异俗，其实不过是系统结构中不同内容造成的。所以说，民俗生活的独立性，构成了群体生活的共性，成为区别不同群体生活方式的标志。

5. 民俗文化作为一种独特的生活方式还表现在它时常显示出文化意识的积淀，我以为这是民俗生活的影子。“我们知道，民俗生活是一个历史范畴，一

---

① 中共中央马克思恩格斯列宁斯大林著作编译局：《马克思恩格斯选集》第一卷，人民出版社 1972 年版，第 30 页。

② 陈华文：《“洞房经”的仪式及象征研究》，载《浙江民俗研究》，浙江人民出版社 1992 年版，第 201—220 页。

个发展的概念。在漫长的传承中,被积淀的民俗生活由于对民众循环往复的刺激,往往潜藏着很强的心理意识。随着历史的变更,这种意识被继承下来,便形成一种民族的或地域的民俗心理。"[①]由此可知,民俗生活所表现出来的文化意识不是民俗生活同值的另一个方面,而是附着于民俗生活的一种心理定式,它源于民俗生活又迟于民俗生活。我们前面谈到民俗的社会学意义,其实就是民俗生活具有文化意识积淀的总体表现,许多时候,这种文化意识的积淀往往让人误以为是民俗文化本身具有二重结构,即民俗既表现为生活又表现为文化意识。我们的探讨证明这是一种误解。

从以上叙述和分析中,我们可以清楚地看到,民俗文化是一种独特的生活方式,它在不断的循环往复中得到群体的认同而被保存下来,并成为代表群体文化标志的一种生活方式。民俗文化的本质也就在于此。

① 陈华文:《民俗心理初探》,载《当代中国民俗学》,上海文艺出版社 1988 年版。

第三章

民俗文化的特征和功能

事物的特征总是从外部得到表现，而功能则常常通过内在的本质与外部的表象加以表达，因此，后者是前者的一种更为广泛且全面的表现形式，具有更为强烈的社会意义和价值，与人们的关系也就更为密切。民俗文化是一种生活中存在具体且完整的文化结构，在这种完整的文化结构中，表现出明显的外在特征和内部本质意义上的不同功能，从而构成了我们可以把握的一种民俗文化的基本要素，使我们在认知民俗文化时更为深刻也更为全面和更具有整体性。

第一节　一般的论述

民俗文化的特征和功能，是一个许多学者都进行过探讨，但又似乎都没有给予让人信服的解答的问题，原因就在于民俗文化本身存在的复杂性。其中传承性(变异性)、集体性和规范性或模式性等是人们常提的特征或功能。

为了对这一问题的认识更为深刻和具有可比较性，我们不妨介绍几位学者对民俗文化特征或功能的概括，以期有一个感性的认识。

乌丙安在《中国民俗学》中将民俗特征分为内部和外部两个方面，其内部特征概括为三方面：(1)民族的区别；(2)阶级的差异；(3)全人类的共通性。其外部特征则概括为四个方面：(1)历史性；(2)地方性；(3)传承性；(4)变异性。事实上这儿所概括的所谓的民俗的内部特征并不仅仅限于民俗文化所具有，一般的文化事象都有民族的区别、阶级的差异和全人类的共通性，只不过有些表现得明显一些，而有些则淡弱一些，因此，还没有从根本上解决这个问题。而外部特征虽然有所涉及，但有一些概括，如历史性等同样也是所有文化形态都有的，抽象性还不够。

陈勤建在《中国民俗》一书中将民俗的一般特征概括为三点：(1)不成文(法)的规矩；(2)程序化的规矩；(3)民众群体的规矩。另外，在该书的第三章“民俗的性能”中将之概括为法约性、软控性和本位偏移性三个方面。法约性是指它的约定俗成的规范作用；软控性是指它不像国家法令、政令一样具有强制性，仅仅是一种潜移默化、循循诱导式的习惯作用，依靠舆论、家族、宗族等约束或制裁；本位偏移性，其意是本性难移，所有不同文化模式，都向本位文化模式靠拢、偏移，如将洗染店中洗衣叫“干洗”，东北把摩托车叫“屁驴子”，北方及南方一些缺水的地方有旱龙舟等。在该书的第六章中则给民俗概括了以下四个特点：(1)稚拙古朴，源远流长；(2)神秘奇异，巫术性强；(3)礼俗混同，封建味浓；(4)丰富多彩，注重实用。虽然没有明确地提民俗文化的功能，但事实上，它的特征和性能应该属于民俗文化功能的具体表现。

张紫晨在《中国民俗与民俗学》一书中，将民俗文化的特征和功能一起作为民俗的特点加以提炼，概括为七个方面：(1)民族性；(2)阶级性；(3)封建性；(4)原始性；(5)神秘性；(6)实用性；(7)地区性、传承性、融合性、变异性。事实上这是一种将共性和个性、思想性和阶级性一起作为区分民俗文化特征和功能的方式，好处是全面，缺点是缺乏逻辑性和科学性，对于民俗文化的把握没有深层次的意义。

陶立璠在《民俗学概论》中则很明确地提出民俗的特征和功能，前者概括为四个方面：(1)社会性和集体性；(2)类型性和模式性；(3)变异性；(4)传承性和播布性。后者则提三大功能：(1)历史功能；(2)教育功能；(3)娱乐功能。在很大程度上，上文的概括具有可信性，因为它已经明确将特征和功能这两者的不同加以区分。只是有些概括大约还可以用更为精确的语言加以涵盖，而有些概括则可以将数个特征加以合类，使之从本质上予以把握。比如，社会性和集体性可以用群体性替代，传承性和变异性可以合类从一个特征、两个方面去开掘，等等。

董晓萍在《民俗学导游》一书中没有论述民俗文化的功能，但她对民俗文化的基本特征则明确地概括为四个方面：(1)集体性；(2)模式性；(3)传承性；(4)轨范性。一方面，董晓萍更多的是承袭了其导师钟敬文先生的思想；另一方面，又有自己的一些提炼。从我个人观点来看，至少轨范性似乎可以作为民俗文化的功能而不是特征来认识。

非常有意思而且也非常具有指导意义的是钟敬文在《民俗文化学发凡》一文中给其特点所作的概括：(1)集体性；(2)类型性(或模式性)；(3)传承性和扩布性；(4)相对稳定性与变革性；(5)轨范性与服务性。从某种意义上说，它已经涵盖了民俗文化所拥有的所有特征。但是，钟敬文先生在《民俗学概论》中则对相关的特征进行了一些修订，同时，提出了社会功能的概括。其特征包括：(1)民俗的集体性；(2)民俗的传承性与扩布性；(3)民俗的稳定性与变异性；(4)民俗的类型性；(5)民俗的规范性与服务性。而社会功能方面则提出了四大功能：(1)教化功能；(2)规范功能；(3)维系功能；(4)调节功能。[①] 从中我们可以明确地感受到，钟敬文先生的民俗学理论是一种适时进行一些调整以适应学术发展需要的理论，也说明民俗学理论还处于不断完善的过程中。

以上的一些概括和分类，大致都从一定角度和一定的本质意义上把握和阐述了民俗文化的特征和功能，而且我们也可以发现，随着研究的进展，对民俗文化的特征和功能的把握已越来越明晰和确切，至少对特征或功能的单方面把握已经开始区别对待，功能或特征混淆的现象逐渐地消失。

事实上，我们确实应该明确，民俗文化学的特征和功能是有区别的，如果我们将它们混淆，并不是我们的疏漏，而是我们还未能抓住它们之间的本质内涵上的区别，存在理论的欠缺。为此，我们将根据自己对民俗文化的研究和认识，来概括其本质特征和它所具有的文化功能。

---

① 参见钟敬文主编：《民俗学概论》，高等教育出版社2010年第2版。

第二节 民俗文化的特征

民俗文化的特征是从民俗文化形式和内容中表现出来的,有别于其他文化样式的最基本的个性。换句话说,民俗文化特征是其他文化样式所不具备而只有在民俗文化中得到表达的"那一个"。

就我个人的认识来看,民俗文化的特征主要可以概括为以下几个方面,即群体性、区域性、承袭性(或重复性)、模式性(或类型性)。

一、群体性

群体性是指民俗文化总是依托一定的人群而存在,其民俗的具体义项总是为族群所共有:不仅共同创造,而且共同传承、共同维护、共同享用。在同一个民俗文化圈中,人们在生活中所施行的民俗文化,表现出同一的文化指向、愿望、仪式和心理特征。因此,民俗文化是族群所共有的文化样式,它通过个体或群体的协作共同完成某一个民俗文化义项,达到个体的满足和群体的和谐,因而,我们也可以称它为共有性。

民俗文化这种群体性的特征,在很早的时候就已经被统治者所认识,他们通过对表现群体意志的民俗文化即风俗习惯的搜集来达到了解、掌握老百姓意愿、需求和自己政治的得失的目的,并为统治者提供制定更好的治理老百姓政策的依据。这就是司马迁所概括的"州异国殊,情习不同,故博采风俗,协比声律,以补短移化,助流政教"①的所谓"因民而作,追俗为制"②。

事实上,民俗文化的所有事项,确实表现了群体性的特征。如家族民俗文化中的修族谱习俗,便表现出明显的群体共有行为,而且也是群体协作的结果。一是家族中的成员都以个体的形式参与修族谱的习俗活动;二是家族所有成员有力出力有钱出钱,分工协作,并聘请有关人员具体操作,共同完成;三是族谱完成之后,还需共同祭祀和按规定收藏。有时,对于族谱还有其他一些特殊的祭祀等活动仪式,如在浙江的衢州就有一种十年一次的祭谱活动,仪式十分隆重。人们"杀猪宰羊作祭品,合族男女老少共聚一堂,共吃斋饭,并请蛮师(巫师)打三天三夜的'清洁醮'。打醮时,竖一根带土的毛竹,俗叫'树竹',意思是

---

①② 司马迁:《史记·乐书》。

所谓给漏登记的阴间同宗列位登记名册。在附近的山头点起通天烛(大毛竹的竹梢塞入松明,点燃起来)”[①]。这种习俗直到1953年之后才停止,但近年又有恢复。

这种由群体参与或个体协作共同完成并表现为族群中共有的民俗文化的群体性特征,在物质民俗文化、社会民俗文化、精神民俗文化、娱乐民俗文化等所有民俗文化中都得到完整的体现。如物质民俗文化中劳动生产的各种季节性特征和禁忌,需要共同遵守;社会民俗文化中的婚丧礼俗,不仅需要大家共同遵守,也需要大家协作完成;精神民俗文化中的信仰是族群的;娱乐民俗文化中的迎龙灯、竞龙舟、拔河等更是需要群体参与的。不过,民俗文化中的群体性不是一个简单的概念,它所包含的层次和内容是多方面的。

首先,群体性是指群体的参与性,即民俗文化是一个需要族群中的大部分或所有人员都参与的活动。相对于一个民俗文化圈的群体来说,共同参与尤其重要。一些节日活动,便覆盖全体成员,包括男女老少都不可缺少,如春节、元宵节、中秋等。但有时,这种全体性也有一定的限制和相对性,如一些民俗文化义项,只限男性直接参加,女性只能观赏,像端午节竞龙舟习俗中的划龙舟便属于男性的义项;而有些民俗文化义项又大致限于女性直接参与,如荡秋千、乞巧等。因此,群体性参与总是相对的。

其次,群体性是指个体的协作性,即民俗文化必须由一个族群之内的大部分或所有成员共同协作予以完成。而这种协作所体现出来的最后指向是民俗文化的群体性特征,即某一个族群或民俗文化圈所共有的特征。村社集会、宗族祭祀、村落性的娱乐,如竞龙舟、演戏、迎龙灯、舞狮子等,便都是由族群中的个体共同协作完成的。人们有钱出钱,有力出力,共同协作,表现出同一民俗文化圈强大的凝聚力和人们的认同感。

第三,群体性是一种共同的民俗文化指向,即由同一民俗文化圈中的成员在施行同一民俗文化义项中所表达的共同的特征和心理趋向。因此,许多时候,就具体的民俗文化事项来说,它由家庭这一独特的群体去完成。这时,在同一民俗文化圈中往往同时施行着同一的民俗文化义项和内容,从而在本质上又体现出群体性的特征。如过年等节日民俗文化便是如此,许多民俗文化义项都由家庭去承担,所有同一民俗文化圈的家庭因为施行同一民俗文化义项,因而构成了民俗文化共有的趋向,相对于其他民俗文化圈或其他文化背景的人来说,便具有鲜明的群体性特征。

值得说明的是,不管用什么形式去体现民俗文化的群体性特征,它都不是

---

① 《衢州风俗简志》,内部印行,1984年,第113页。

各种形态的单独表达，而是由族群协作或家庭甚至由个体一起或单独或共同或混合去完成的。割裂地去理解群体性，不仅没有意义，而且将失去客观真实性，是不可取的。

二、区域性

如果说群体性特征是指民俗文化主体的参与性，那么区域性特征则指民俗文化的存在方式。这是一种具有时间和空间限制的、存在于区域之内的文化现象，它有自己的主体族群，也有自己存在的自然和地理环境背景。因此，有的学者也把它称为民族性特征，原因就在于，民族性和区域性的区别仅仅是在地域的大小和族群的限制方面。民族性在一定程度上大于区域性，所以，区域性的综合往往突出或体现民族性。但有时，相对于一些较小的而且聚族而居的民族来说，区域性也就等同于民族性。我们这里之所以用区域性而不用民族性或分而述之，就是基于两者的内涵指向大致是一致的，但其存在方式则更侧重于区域性特征的体现，因为有时用民族性加以概括会发现，它可能过于笼统而缺乏个性，因为同一民族之内不同区域之间存在的相异性，间或是非常巨大的。如我国的汉族，由于分布区域特别广阔，因而各个地区之间存在的差异性在许多时候甚至超过居住于同一区域的不同民族，表象上的认同感完全不存在。因此，相对于民俗文化来说，并不是民族性不重要，而是用区域性更能概括它的存在特征。所以，对于民俗文化的区域性我们可以下这样一个定义：它是指在一个特定的群体中存在的传承于一定的地域之中的独特民俗文化形态，它的范围可以圈定于一个民俗文化圈之中，它的主体则是一定的族群或民族。

对于民俗文化来说，区域性并不是一个可以简单且绝对确定地域范围的概念，至少在以下几个方面它是相对的。

第一，区域性的大小并不是固定不变的，没有完全的面积限定。换句话说，区域性只是一种相对的范围，一种相对于民俗文化圈或相同民俗文化内容存活的范围。这种范围，有时根据概括的粗细或角度的不同，而具有很大的差异性。如将南北民俗文化的区域性特征加以概括，它的范围就显得很大，其特征表现就只能是粗略的；将区域限制在一个省内，各个县市之间存在的民俗文化个性特征，就成为区域性特征的体现单位；将区域限定在一个县市之内，乡镇中的村落、家族、宗族民俗文化存在的个性特征，就显得特别重要。因此，区域性特征就像民俗文化于各地存在不同的义项一样，它是相对的。

第二，区域性特征是对具体存在的民俗文化形式相同或相似性的一种归类，其根本依据是不同地区存在不同的民俗文化内容，并由这些内容所表现出来的一种共性。如居住于福建山区的族群与居住于沿海的族群，他们在生活形态和民俗文化方面，由于自然和地理环境的差异，而形成区域性的差异。山区靠山生存，沿海靠海生存，山民和渔民在生产、信仰、娱乐、社会组织等方面，都存在明显的差异。这种差异，首先表现在生存方式方面，其次表现在由生存方式不同而导致的民俗生活方式方面。

第三，区域性的认同也存在着差异，这主要是相对于长期存在的民俗文化对于族群的影响而言。在现实生活中，同县市的民俗文化圈的认同与同省市的民俗文化的认同，需要有不同的条件或前提。如在外省市会出现同省市之间的民俗文化认同；在本省市之内，则只认同市县的民俗文化圈等。它表明，区域性是一种相对的概念，在许多情况下，我们也可以用民俗文化圈来替代，因为民俗文化圈也是一种民俗文化生存的方式，只是它更强调地方性特色而已。

区域性在很大程度上也是一种地方特色的表达。从本质上说，地方性与区域性是同义的，地方性突出的就是民俗文化的地方特色，即只有这里才有的特色；而区域性事实上也是强调该区域的民俗文化特色，只不过地方性更侧重民俗文化的个性，而区域性也包容民俗文化的共性。

三、承袭性

民俗文化是一种历史传承的文化，除了部分属于现实生活中形成的新的民俗文化内容之外，绝大多数都是从前人那儿承袭而来，因此，我们把这种从前人或历史上传承而来的特征，叫承袭性。许多人也把这种文化当中所共有的继承性特征叫作传承性，其意大致相同。我们之所以用“承袭性”这个词语，就在于它更侧重于对传统的继承和延续，每一次承袭都不过是整个民俗文化存在链之中的一个。传承则侧重于对传统的继承，而并不在乎它是否被延续。

承袭性，有时我们也把它叫作重复性，主要是指民俗文化的具体形态都是一种在人们的生活中不断重复进行的方式，对这种重复的传承，我们就称它为承袭性。

承袭性是民俗文化中一个非常重要的特征，不仅在于民俗文化本身是对历史生活的承袭，而且在于只有这种承袭才使民俗文化成为一种潜在的心理定式，对于族群起着导向和规约作用，使民俗文化成为公众共同遵守的规则。

民俗文化的承袭性表现为两种方式，一种是对前人或历史上曾有过的民俗文化不加改变的承袭，一种是在变异之后的承袭，虽然这种变异往往是渐变而不是剧变，但变异在民俗文化的承袭中占有最重要的位置。前一种形式如宗族习俗制度以及一些祭祀、礼仪、禁忌等，往往都是一成不变地承袭。如在汉代就存在婚礼当中驱邪求吉的撒帐习俗,到现代还被保存在婚礼仪式之中;汉代开始盛行的死者口含铜钱(以前基本上以含玉、贝为主)习俗,也是一直到近代还保存着。这种几乎一成不变的承袭大致仅仅限于一些民俗文化的义项,而整个民俗文化结构,则以后者即变异后的承袭为主。这种变异后的承袭,在民俗文化中比比皆是。如胡坐是对于接受胡床这一特定坐具并与汉族原有的床榻之类的坐卧具结合变异后的一种创新和承袭,而且,这种坐式后来对中国整个坐具、坐式、坐姿起了变革和创新的动力作用,不仅改变了中国传统的席地而坐的方式,而且还和胡服一道,改变了汉族的服制,使上衣下裳成了上衣下裤,以适应改变了的坐姿坐式。又如筷子的象征意义,从汉代之后,筷子一直叫箸,女子在出嫁时随嫁九箸以象征结婚后能在夫家"久住"。对于单方面要求妇女守贞操和妇道的社会来说,出嫁的妇女能在夫家久住而不被"出",是非常重要的。箸到明代之后改称为筷子,妇女在出嫁时依然陪嫁筷子,只是其象征意义已经改变为"快生贵子"了。这种变异之后的承袭,是为了更好地适应现实生活的需要,因而显出更为强劲的生命力。

承袭不仅是一种延续,也是一种传播,一种强调纵向形式的传播。这一点我们在"民俗文化的传播"一章中将进行介绍。

四、模式性

民俗文化的模式性特征是指民俗文化在承袭过程中,虽然各地文化背景不同、自然环境不同、生产方式不同,却因为各自出于对人类生存的共同需要而形成了相同的民俗文化程序和类型。因此,民俗文化的模式性更多的是表现为民俗的共性或特色,也可以称它为类型性。

文化模式概念被广泛运用是与美国文化人类学家本尼迪克特紧密联系在一起的。但她的文化模式更多的是从不同的文化形态中表现出来的民族的心理特征和性格特征。而文化类型的概念最早是由美国人类学家林顿在《人的研究》一书中提出,其意大致相当于现在的文化区域。我们在这里将模式和类型加以综合之后,侧重于民俗文化所表现的区域的和重复进行而形成的固定的仪式、程序等个性内容。因此,模式性有以下几层不同的含义:

其一,不同的区域存在相同的民俗文化内容,表现出人类共有的模式或类型。这种共有的模式和类型,使我们在研究民俗文化时,即使国度不同,学术传统不同,政治社会制度相异,却可以得出相同的民俗文化模式或类型的概括。如将一般的民俗分类为物质民俗文化、社会民俗文化、精神或信仰民俗文化及娱乐民俗文化等,从根本上认知民俗文化具有与其他文化样式不同的个性或共性，表现出独有的特色。

其二，出于不同的生活需要。人们虽生活于各地，却形成了相同的婚丧喜庆等民俗文化模式或类型。这种模式或类型，在A民族有，在B民族也存在，在C民族也同样实行。大多数情况下，喜庆就用歌舞等形式加以表达，悲痛用捶胸和哭泣等形式加以表达，相聚则用美酒加以庆贺，等等。这是一种人类共有心理和情绪的礼仪化和规范化，也是一种共同的模式和类型。

其三，相同的民俗文化内容，有着相同的程序模式或类型。比如传统的婚礼，除了亲迎之外，还有哭嫁、拦门、撒谷豆、上轿、拜堂、闹洞房等仪式，这是任何一个婚礼都必须有的程序，否则，婚礼就是残缺不全的。这种模式或类型，在A民俗文化圈存在，在B民俗文化圈也同样存在。其他像过年也是这样，不管是在南方还是在北方，都有贴春联、祭祖、吃团圆饭、守岁、放鞭炮及贺岁等习俗模式或类型，而且，这种模式或类型，现在是越来越趋向一致。

因此，从上述意义上来看，模式性或类型性，是指民俗文化所表现出来的人类的、民族的、地域的共性特征和相似的程序模式。这种相似的程序模式，构建了不同的生活方式，并有着相匹配的不同的民俗文化内容为之服务。

需要强调的是，民俗文化的各种特征并不是孤立存在的，它们相互之间拥有内在的联系。群体性是形成区域性特征的必然条件，因为如果没有人这一主体在区域之间的存在，也就不可能从区域性特征中找到群体性特征的存在，群体性是从主体角度出发的，而区域性则是从存在的空间出发的，两者互为关系。而承袭性同样也是形成模式性的内在前提，没有承袭的重复，就不可能形成具体的模式或类型；反过来，没有今天可以概括的类型，也就很难深刻地体味或领悟民俗文化所存在的承袭的意义和价值。因此，它们互相之间是不可或缺的。

第三节　民俗文化的功能

在许多情况下，人们将民俗文化的特征与功能视为同质或同一的东西，但事实上，特征与功能有着明显的分别。特征是从外在表现出来的个性特点，突出的是事物的基本属性和与其他事物相区别的无法取代的性征。作为民俗文化来说，它之所以成为民俗文化，就在于它所具有的特征是与其他文化样式不同的。而功能呢，则是从事物内部提炼出来的有用性或价值体系，它侧重的是该事物对于社会、自然或周围环境等有益的一面。民俗文化功能就是从民俗文化内容中传达出来的对于社会、族群具有的特殊功用。

文化功能的文本概念，来源于文化人类学中以马林诺夫斯基为代表的功能学派，强调的是所有的人类文化“部分”内容都是“整体”当中不可或缺的部分，具有自己的价值功能。不过我们在这里运用“功能”一词，并不分析部分与整体的关系问题，而是将民俗文化视为整体，并从中概括这一整体具有的对现实生活所起的各种积极的干预意义。因为民俗文化是作为一种独特的民众生活方式形态而存在的，所以，它的功能所涉及的面就相当广泛，对于所有的人都具有巨大的影响力。

我们将民俗文化功能概括为认同、教化、规范、维系、调控和记录六大功能。

一、认同功能

人类都对自己的族群有一种特别的认同感，不仅出于自身与族群之间所具有的血缘上联系，还在于自己与族群所具有的文化上的依附性。虽然后者是后天形成的，但对于只有依赖自己的族群才能生存下去的人类个体来说，血缘与文化或社会性的联系，至少具有同样的重要性。民俗文化作为人类族群之内在生活中累积起来的共同的习惯或制度，其族群或民俗文化圈之间的认同功能就表达得非常直观和富有建设性意义。因此，民俗文化的认同功能是一种具有文化归属与依附意义的民俗形式与价值认同，是一种心理的皈依，是一种对于共同文化的完全归顺。这种认同表现在多个方面。

首先，民俗文化有对自身族群存在的认同功能。这是一种最基本的认同，其前提是生于斯长于斯，因而，不仅在血缘上，在所有的文化习得上，都深深地打上了族群文化的烙印。这种认同方式就显得非常简单和直观，有时只要用类似于密码性质的一句话，便可以完成族群间个体归属的认同。如浙江省的武义人，只要说一句“擦桌布挂在桌档上”的武义话，认同便可以结束。能说标准的，便是地道的武义人无疑，能听懂的则至少与武义的民俗文化圈有一定的关联，否则便是“冒牌货”。

民俗文化对族群的认同，主要体现的是一种个体的生命归属感。

其次，民俗文化也存在一种地域和空间的认同功能。这是因为在相同或相近的地域空间生存的族群，在生产方式和生活方式方面总是最为相近，文化交往也最为直接和频繁，因而，形成一种特殊的地域生存情结。这种情结，不仅使民俗文化产生认同，而且能使其本身更趋相同或相近。

第三，民俗文化的认同是一种生存方式的认同，它更注重重复进行的生活方式的相同性。这种相同性，使族群的概念有时可以小到只有一个家族或宗族以及自然村落。因为只有生活于这样空间的族群，其重复的生活方式，包括行为模式才是完全一致的。他们有共同的生活空间，有共同的生产方式，用共同的迎神赛会活动和共同的节日习俗、娱乐方式和方言来表达共同的心理满足感和归属感，他们的生命纽带是完全联结在一起的。

民俗文化的认同功能，使每一个生命个体都拥有自己的“出处”和“身份”背景，如果用情感性较强的语句来概括的话，那就是，民俗文化的认同功能使每一个人都具有“回家”的轻松感觉。

二、教化功能

教化有两种意思，一是指政教风化的教育感化，一是指环境的影响。在古代，我们的祖先已经在用“教化”一词，《毛诗序》中说：“美教化，移风俗。”它所表达的就是通过教化来改变风俗的不良方面或倾向。

我们知道，人是社会文化的产物。民俗文化作为社会文化的一个组成部分，在人的社会化过程中起了非常重要的作用。人从出生到死亡都在特定的社会环境中完成，因此，民俗文化的教化在使一个人成为具体社会群体成员的过程中，起着其他任何文化事象都无法取代的作用。如称谓、节日习俗、人际交往礼仪以及婚丧等规范，都在生活过程中逐渐地从民俗文化中得到训练。正如本尼迪克特在《文化模式》中所说：“个人生活史的主轴是对社会所遗留下来的传统模式和准则的顺应。每一个人，从他诞生的那刻起，他所面临的那些风俗便塑造了他的经验和行为。到了孩子能说话的时候，他已成了他所从属的那种文化的小小造物了。待孩子长大成人，能参与各种活动时，该社会的习惯就成了他的习惯，该社会的信仰就成了他的信仰，该社会的禁忌就成了他的禁忌。”①因此，民俗文化的教化功能是一种个体在社会化过程中民俗的教育感化功能。因其民俗融入了环境因素而创造，所以民俗文化的教化功能是全方位的，也是具体而细致的对人的塑造和感化，具有多重价值和意义。

第一，具有塑造一个族群当中个体类型的作用。族群中存在的民俗文化，除了作为人们生存的规则或手段外，另一个作用就是塑造相同的个体，为族群文化的传承奠定主体基础。这种塑造是渐进式和潜移默化的，人们从长辈那里经过口耳相传的形式逐渐接受各种生活规则和行为范式，并在无数次重复中实践这些规则和范式，以至于使它进入你的血液成为你的生命组成部分，最终完成族群当中合格个体的塑造。因此，民俗文化对个体的塑造是一个长期的过

---

① [美]本尼迪克特：《文化模式》，张燕、傅铿译，浙江人民出版社1987年版，第2页。

程,它不可能一蹴而就。

第二,具有建立一种社会行为模式的作用。教化的原初意义就是教育感化,而教育感化的目的就是使不同的族群或个体,建立起一种统治者和族群期待的社会行为模式。这种行为模式,包括礼仪、道德感、处事原则、生产生活习惯等等,它最大限度地推动了人类的社会化进程,使人作为高等动物而区别于其他一切动物。为了保证这种行为模式不被破坏,各个族群常常采用一些强制性的行为规范来约束个体,如禁忌、惩罚制度,最后一直发展到法律。因此,社会行为模式也是一种习惯法。

第三,具有适应社会文化背景能力的作用。文化是习得的,这种习得只有在族群之内才能完成。因此,民俗文化的教化功能就在于使每一个族群成员都能够完全适应自己的文化背景或环境,使每一个个体以自己族群的习惯为习惯,以自己族群的信仰为信仰,以自己族群的禁忌为禁忌和以自己族群的语言为语言。

第四,具有建立不同的思维方式和价值体系的作用。这种作用一旦离开原生的民俗文化环境,就会明显地感受到与现实的冲突和不适。如当一个以缠足为美的社会,大脚就成为不可接受的存在物;同样,当一个以长辫为男性饰物的社会,剪去头发就与社会行为规范相悖。因此,民俗文化的教化就在一定意义上建立一种自身的思维和价值体系的同时,也建立一种防范的机制,以达到确保自己思维方式和价值体系的传承延续。

正是民俗文化这种广泛的社会化过程的功能,不仅使族群中的民众,也使统治者认识到它所具有的强大作用,从而都竭力加以利用,来达到各种不同的目的。

三、规约功能

规约就是规范约束,它的前提是一种规则、标准或法式,是一种族群内个体需要共同遵守的整齐划一的方式;它的后续则是一种约束力,一种获得族群力量保证的习惯法。因此,民俗文化的规约功能可以这样来界定,即它是一个族群通过民俗具体而施行的对于个体或群体的直接或间接规范和制约,是群体中的个体必须遵守的传统价值观念、伦理道德、思维方式等。因此,民俗文化的规约功能是一个非常现实而重要的功能。

民俗文化的规约功能,在民俗形成之初便已产生,或者说,族群需要规约便产生了民俗这一人们需要共同遵守的行为规范。我们大家都知道,自从人类脱离动物界,群居便是人类生活的最主要方式。事实上,原始人只有共同生活,才能对抗强大的自然力和各种无法预料的自然现象。这种共同生活，就必须有共同需要遵守的规则，这种规则的早期形式就是习俗，后来发展为法律。恩格斯说："在社会发展某个很早的阶段，产生了这样的一种需要：把每天重复着的生产、分配和交换产品的行为用一个共同规则概括起来，设法使个人服从生产和交换的一般条件。这个规则首先表现为习惯，后来便成了法律。"[①]这里的习惯，便是原始的民俗，功能是规约族群或族群间的行为。民俗文化的这种规约功能，在长期的历史过程中都表现得极其明显。结婚，大家要共同遵守婚俗；丧葬，大家要遵守丧俗；交往过程中，大家要遵守礼节习俗；过年过节，大家同样要遵守节日习俗。在有些传统社会中，民俗文化的规约性甚至成为人们生活的唯一选择。像对乱伦者处以沉潭等极刑，对偷盗者实行神判等，都是民俗文化规约性功能的体现。因此，我们可以从以下几方面来把握民俗文化的规约功能：

第一，民俗文化的规约功能是族群意志的共同体现，其目的主要是维护特定族群或个体之间的利益。它不仅在共同的生产、生活中产生，同时也由族群共同遵守，并由族群共同加以监督。

第二，民俗文化的规约独立于法律之外，其内容、效力范围、作用及执行等都自成体系。但它处于社会生活的最低层面，是人们最初需要遵守的行为规范，在某种程度上与法律有着一定的互补性。

第三，民俗文化的规约功能，并不随着时代、政权的更替而变更。由于它所针对的是相对较小范围的族群，其适应性又是以自己的生活为检验对象，是在长期的过程中累积起来的，因此，具有长期的稳定性。

第四，民俗文化的规约性功能是一种带有人情人性的价值体系，主要是为了保障生产、生活的正常进行和延续，如以合理的大家都能接受的方式缔结婚姻、埋葬死者，在农闲时形成一些对生活起调节性作用的节日、娱乐等等。正是这种具有人情人性因素的规约性功能，成为族群需要共同遵守的准则，并获得广泛的认同。

因为民俗文化内容涉及生活的所有方面，同时由于民俗文化的规约是一种谁都不能避免、共同参与、共同监督并具有合理性和长期实行的过程，因而具有无形的和巨大的约束力。它的潜在性和族群成员受到规约，甚至个体都会没有感觉地加以认可。

---

① 恩格斯：《论住宅问题·第三篇·再论蒲鲁东和住宅问题》，《马克思恩格斯选集》第二卷，人民出版社 1972 年版，第 538—539 页。

四、维系功能

民俗文化的维系功能是指民俗文化具有规范族群行为模式,并使族群的社会生活保持和平稳定和正常有序的凝聚力作用。民俗文化的维系功能不仅使族群具有内聚力,还使族群中的个体与个体之间建立起和睦、温情和可持续发展的关系。从根本上说,民俗文化的维系功能是一种对族群负责的、全方位的、为现实生活服务的系统,目的是在现实与历史之间、族群与个体成员之间、不同的民俗文化圈之间架起桥梁。因此,民俗文化的维系功能,具有多方面、多层次的文化内涵。

首先是民俗文化在历史发展过程中上下衔接之间的维系。这不仅是一种对历史发展负责的维系,还是民俗文化产生维系功能的根本原因。从本质上看,民俗文化就是一种生活方式,只不过它是一种重复进行的独特的生活方式。人类就是靠着这种重复而不断地认识社会和自然,不断地积累知识和文化,从而使社会不断进步和发展。民俗文化的重复,也就从根本上维系了代与代之间的文化承袭,达到不间断生活方式的目的。因此,可以说,这种上下历史发展过程的维系是民俗文化的根本所在。

其次表现为对族群与个体成员之间关系的维系。这是因为民俗文化是作为族群的规范模式而存在的,由族群在现实生活中根据需要而创造,并由族群成员共同遵守。因此,一个族群的生存,在很大程度上就是依靠民俗文化的这种规约性来达到与个体成员之间建立和谐关系的目的,而个体成员则以顺从和认同来表达对民俗文化和族群的皈依。

再次是对族群内个体与个体之间的维系。人们之所以能和平相处,就是因为有一种可以为大家所接受的并能使大家共同遵守的行为规范或准则。这种规范和准则,在传统社会大致依靠的就是习惯,即我们说的风俗习惯。族群内个体成员之间的衣食住行、礼仪、行为、生产生活和婚丧喜庆,都有民俗文化这一重复的规范性的模式加以规约,它不仅是一种平衡,也是一种制约和维系。

最后,接受外来文化的冲击,消化和吸收新的民俗文化样式,并在自身的民俗文化与新的文化样式之间,起到一个沟通、平衡和协调的作用。因此,这是一种对自身民俗文化负责的内聚维系力,也是一种维持生存下去的功能。一种民俗文化假如没有这种维系功能,它必将在不同的民俗文化的冲击下逐渐淡弱,甚至消亡。

民俗文化不仅维系过去与现在、族群与族群之间、族群个体成员之间的关系,更重要的是它在民俗文化认同的同时,能产生一种巨大的抗异力量,使族群成员紧紧地团结在一起。此时，民俗文化往往成为民族或族群的象征，产生强大的向心力、凝聚力作用。我们在谈论民俗文化维系功能时，绝不应该忽视这种向心力和凝聚力。

五、调控功能

民俗文化的调控功能是指一种文化的主动掌握，一种人类的自身行为方式，一个人类在物质文化、精神文化和行为文化创造过程中的理性提升和锤炼并得到运用的过程。因此，它既是一种文化发展的需要，也是一种人类生存的内在机制的需要。

民俗文化是一种为适应生存和发展而创造的独特的重复的生活方式，这种生活方式从本质上说就是为了调控人与自然、人与族群、人与其他文化样式之间的关系。因此，民俗文化从它产生之初，其调控功能便已存在，而且，随着社会的发展，人与人之间的关系日益复杂化和多样化，民俗文化的调控功能也就越来越强大，适应的面也越来越宽广。至少在传统生存方式，即以农业生产方式为主导，自给自足的自然经济为主的社会，民俗文化的调控，是社会稳定发展的最重要的因素。

民俗文化的调控功能，形式多样，方法各异，从总体上看，大致表现在以下几个方面：

第一，调控人与自然的关系。这是通过一些与自然有关的习俗方式来达到的，如以求雨、求晴等巫术仪式，来调控自然界出现的不正常现象。这种调控与自然的关系的习俗，在民俗文化中非常多。如通过祈祷、祭祀、禁忌、咒语企图达到改变或支配自然的目的，使之风调雨顺、五谷丰登、免灾去祸、吉祥如意、百事遂顺等等。这些习俗有时表现得极其现实，如上山狩猎时祭祀山神，目的就是获得更多的狩猎物；在田间祭祀田公田婆，目的就是稻谷的丰收；设财神奉供品上香叩头，目的就是发财致富；等等。民俗文化调控自然的功能，是人们面对几乎无法对抗的自然时的一种主动的精神胜利法。

第二，调控人与族群的关系。民俗文化是一种族群间建立起来的行为模式，其重要的价值，就在于使每一个人都与自己的族群处于最佳状态，获得最大也是最自由的生存空间。因此，人们通过民俗文化来达到规约族群与个人的关系，如信仰习俗中祖先崇拜、图腾崇拜、神灵崇拜等造成的族群的归化感和认同感，成人礼习俗造成的人与族群之间不可逃避的责任感，家规村规等培育起来的人与族群之间应该具有的道德感，等等，都是民俗文化对人与族群进行调控的最直观的表现。民俗文化对每一个族群中的成员与族群关系的调控，不仅使族群社会和谐并更好地发展,同时也使族群具有更强的认同感和巨大的凝聚力。

第三,民俗文化的调控功能,能使每一个族群成员经常处于平衡和张弛有致的生活状态,从而在生理和心理上得到文化认同的轻松感。这种调控,常常通过民俗中的娱乐、个人创造,来宣泄、补偿因过于强调群体性而失去的平衡,从而使群体与个体之间的关系得到维系和调节。节日民俗、娱乐民俗是它的集中表现,它使人们在艰苦的日子里有了奔头,在紧张的生活中有了轻松。但我们也不可忽视,民俗文化中的一些特殊表达,如婚礼中的闹洞房、丧葬中的哭丧、节日中的大量饮酒和美食佳肴,正是这些习俗内容,使我们感受到一张一弛的需要。另外,在语言民俗文化中,许多内容通过类似于我们现在说的"精神胜利法"的方式,获得情绪上的宣泄和精神上的补偿。民俗文化的这种调控功能,从根本上缓冲了个体与族群之间由于强调集体性或族群利益而存在的矛盾和冲突,达到个体在族群中生存的自在性。

民俗文化的调控功能如果朝着不良方向发展,就可能造成族群间的冲突,如家族、村落之间因山林、地界划分,土地所有权,旱天争水等造成的械斗,就是这种不良调控所激发的情绪而形成的破坏性的族群力量的表现。

六、记录功能

民俗文化的记录功能是一个从来都被忽略、没有被重视的功能。原因是民俗文化与上层典籍文化在记录形式上存在本质上的区别,上层文化用文字记录,在典籍中被保存下来;而民俗文化经常被忽视,上层社会使用的文字根本不屑于记录这种他们看不上眼的文化,因此,很少有一个被认同的文本记录下来,它只有一些零星的记载,且有时还不一定很真实,绝大部分民俗文化只存在于人们的行为模式或口头语言之中,随着个体的死亡和社会的变迁而消亡。

当然,这并不等于说,民俗文化没有被记录和保存下来。只是民俗文化总是采取一种非文字的特殊的记录方式,一种用口头语言和人们行为语言再现的方式进行,人们只能用文化体验或进入的方式去感觉这种文化的被记录和传承。它的过程,我们称为传承或承袭,而它的结果,我们则称为记录。因此,当一个民俗文化义项显示它的完整的仪式或内容,并被族群或个体所承袭时,记录的过程也就完成了。这种记录是一代一代通过口耳相传或行为相传的方式来由族群领袖人物或家长、上辈传承给下一代的,因此,真实、虔诚、完整和永远不会故意做假是它的根本特征。考古发现证明,距今约有二万年历史的北京山顶洞人,就有挂项链之类饰物的习惯,而今天我们的大部分女性,依然有挂项链之类饰物的习惯，只不过现代的饰物在材料选用方面有所不同，在工艺制作方面更为先进而已。这就是传承记录的结果。

民俗文化的记录，使民俗文化虽然一代一代经过比文字记录的时间要长得多的过程，却依然保存着比文字记录更为客观真实的形式或内容，使我们在今天还能感受到原始人或我们的祖先那种为生活而热血澎湃的精神。因此，我们有理由相信，民俗文化的记录相比文字的记录，不仅更悠久，而且更真实。生活或生存都是真实的，而民俗文化就是一种生活或生存方式。

第四章

民俗文化的解释

民俗文化是存在于民间生活之中的文化，它的产生和存活都源于生活，服务于生活。民众之所以重视民俗，就在于它既是“我们”自己的文化，是“我们”自己的生活，也是“我们”区别于其他区域或其他民族的标志性文化形态。

民俗文化的存在通过民俗的解释获得生命力，并成为它继续存在的支持；民俗文化的解释也是一方民众对于文化意义自我肯定的呈现，虽然许多时候这种解释可能既不权威，也不令人信服，也许还存在多义性或歧见，但民众信之为真，坚持并无条件地服从。

第一节　民俗文化解释的概念

民俗文化的存在与民俗的解释紧密相连。换句话,只要有民俗出现就有民俗的解释,哪怕这种民俗文化可能还处于雏形阶段,相关的解释就已经成为民俗存在的一种重要的支撑,成为人们顺从并认同这种文化的"信仰",成为民俗普遍存在的催化剂。

一、民俗文化解释的概念

在民俗文化的研究中,人们并不十分重视民俗文化解释的研究,在民俗志等搜集中,虽然民俗文化解释是学者所关注的,但它对于民俗文化存续仅仅是一种支撑性的文化形态,有时也会被忽视。学者们重视民俗文化的内容和仪式,却没有将民俗文化解释作为民俗文化整体加以关注,也没有将其纳入民俗文化存在的组成部分看待。

民俗文化的解释也是对于民俗的解释,是一个区域的民众在民俗存续期间对于民俗产生、意义、认同和民俗内容、仪式、起源的说明性文化。这种说明性文化的主要目的就是给出一个当地人认为合理的解释,以保证这种民俗文化并不是没有来由的编造或没有道理的强制规定,而是具有历史渊源的延续、具有文化价值的存在、具有合乎信仰的认同、具有民众共同认知的文化。

民俗文化的解释是基于民俗文化多样性、多源性和历史存续过程中多种文化交融或交错而使民间文化复杂化的真实再现,是对于民俗文化存在和发展过程中民俗意义多样性的尊重,是民俗文化原真性得以保存和呈现的保证。所以,在民俗文化的搜集和研究过程中,必须尊重区域之中民众对于特定民俗文化的解释,以使生活的真相和民众美好的愿望成为学术殿堂的基石,让民俗文化的学术研究回归生活的真实而不是异化民间的生活,从而为学者想象和文献资料证明的生活服务。

二、民俗文化研究的解释

民俗文化的解释是指存在于民间的对于具体民俗形态或内容或仪式的解释,是民众对于民俗文化历史在朴实性理解基础上所作出的一种"聪明"而又智慧的解释。因此，它与民俗文化研究中的解释是两个不同的概念。前者只注重并记录民众对于具体民俗文化形态、内容、意义或仪式的口头解说，是一种民众对于自己文化的认同和归顺；后者则通过研究者从文献到理论思考而得出的结论，是一种个人的结论和学者的探索。

闻一多对端午节起源进行考证证明，它所涉及的节日民俗文化不是特定的端午节，而是关于各地相关的端午节。所以，闻一多关于端午起源的结论只有一个，即起源于吴越地区的有关对鱼虫水兽的敬畏和祭祀活动。非常有意思的是，闻一多却考察了存在于中国不同地区或不同历史时期的关于端午节起源的异文解释，像起源于介子推的，主要是存在于北方地区；起源于曹娥的，主要在浙江宁（波）绍（兴）地区；起源于伍子胥的，主要在钱塘江流域的杭州、海宁等地区；起源于屈原的，则主要是在两湖地区。但后来由于历史传承过程中各种文化交错或交融的影响，屈原与端午节的关系成为大部分中国人认同的源头。学者的研究是在众多起源的解释中寻找一种认为合理或具有学术逻辑价值的源头，甚至排除或不介意具体民俗文化解释的内容，在历史的迷雾中找到所谓"真相"的源头。而事实上，关于端午节起源的民间解释至少有四种，不同区域的民众在当时都相信自己关于端午起源的解释是真实而可信的，甚至是唯一的。于是，学者的研究与民俗文化的解释就表现出了明显的差异性。

学术研究的解释常常需要提出一源性的结论，与民俗文化解释的多元并存，存在着文化起源意义上的歧义。一种文化的起源可能有最初的源头，但文化的存在或对于不同民众的需求来看，它则是多元或多义的，多元或多义更适合民众在不同场所需要不同文化意义支持的价值观和文化观。

吴越地区文化在历史上曾经存在断发文身，它与中原地区文化有着巨大的差异，曾为中原文化区的民众所低看，被视为文化之低端。有关的解释，今天见诸文献的就有"避害说"和"求荣说"两种。[①] 所避的是蛟龙之害，即鱼虫水兽之害，这与吴越地区民众生活环境及与之相伴随的一些特殊生物等是相一致的。顾颉刚就曾引申避害之说用生物学的方法解释，认为："楚越一带因林木的繁茂，土地的卑湿，人类与龙蛇同居，饱受了损害。又可知当时吴越人之所以断发文身，乃是起于保护生命的要求，其效用与动物的保护色相等。"[②]当然也有不同观点，认为对于蛟龙之类从敬畏到崇拜，就形成了龙崇拜的雏形，是祖先图腾崇

① 《汉书·地理志》载："粤地（粤、越同）……其君禹后，帝少康之庶子，方封于会稽，文身断发，以避蛟龙之害。"这是避害说；《淮南子·泰族训》对文身的解说是："剜肌肤，镵皮革，被创流血，至难也，然越为之以求荣也。"这是求荣说。

② 顾颉刚：《古史辨》第一卷，上海古籍出版社 1982 年版，第 123 页。

拜的一种发展。岑家梧就指出:“纹身起源于保护生命之要求,可视为合理的解释,惜顾氏不解图腾同样化的意义,而取生物学的说明,尚距真理一步。原来图腾民族的黥纹,以图腾对象附身于身体之上,即代表图腾祖先的存在,赖此发生魔术的保护力,避免蛟龙之害。”[①]所求之荣则语焉不详,有人认为是荣华富贵,但我以为它与原始社会就存在的断发文身文化不相符合。因为那个时期没有阶级和等级的差别,当然也就没有荣华富贵的概念,最大的可能是通过断发文身上的差异追求荣誉感。[②] 不过,有关这些解释都不是学者希望得到的最终结论,学者通过自己的学术梳理和研究,得出的结论常常与之不同,顾颉刚、岑家梧以及其他人,都提出了自己的观念,但这种探索没有终结。通过综合研究,学者将断发文身的最原始起源定位于成人礼,并对其他相关的源流演变也做了一番个人的解释。[③]

上述两个事例,可以非常清晰地告诉我们,“民俗文化研究的解释”与“民俗文化的解释”是两个不同概念,虽然它们都是对民俗具体事象的真相或意义所做的解释,但民俗文化解释的直观性与民俗文化研究解释的复杂性完全是两个维度上的讨论。我们要重视学者的研究,但我们更需要认真对待民众的民俗文化解释,因为民众深信自己的解释是对于原始或意义真相的揭示,否则将无法理解民众为何如此执着于自己的文化,并将它长期地传承延续下来。

第二节 民俗文化解释的方式

民俗文化的解释方式多种多样,其中绝大多数都是约定俗成的,甚至大量的民俗文化存在都不需要做什么解释,但每一位生存于其中的人都认为,它本来就是如此的。因此,在许多情况下,当一位做田野的民俗学家对于一种习俗进行调查,询问为什么有这种民俗时,他们的回答就是:“我们一直(本来)就是这样的。”原因很简单,从祖上开始,他们就已经存在这种民俗,而继续这种民俗不需要其他任何解释,祖上传下来并将它保存下去就是最根本的原因,也是最重要的继续传承的动力。

当然,也有许多民俗文化存在多种不同的解释,并因不同的人或不同场合

---

① 岑家梧:《图腾艺术史》,学林出版社 1986 年版,第 37 页。

②③ 参阅陈华文:《断发文身——一种古老的成人礼俗及其标志的遗存》,《民族研究》1994 年第 1 期。

而对同一民俗文化内容做出不同的解释。这种解释大都以故事的形态出现，并因这类故事的长期存在和重复讲述具有了地方文化话语的权威性，成为民俗继续存在的心理支持。

一、对民俗文化内容的解释

民俗的组成常常并不是单一的，而是由多个不同的内容综合而成。比如，春节习俗由祭祀祖先，吃团圆饭，贴春联、门神、年画，放鞭炮，穿新衣服，拜年，舞龙舞狮，上坟等许多内容组成。而端午节则有吃粽子、划龙舟、挂菖蒲艾叶、饮雄黄酒、吃五黄、悬五色丝、挂香囊等内容，同一节日民俗各地还有着不同的内容，存在巨大的差异。这些内容是节日民俗丰富性、多样性或差异性的表达，是节日民俗文化综合性和节点的具体表现，不同的内容，往往有着一些自己独特的民俗文化解释。

闻一多关于端午节有关起源的研究，其中就涉及许多对端午节不同内容的具体解释，当然那是文人研究中的起源性解释。而事实上，民间对于端午节中的一些具体内容，往往存在自己的解释。关于吃粽子和划龙船，就有这样的传说：

> 屈原投江以后，楚国的人民对他非常痛惜怀念。为了悼念这位伟大的爱国诗人，每逢端午节那天，大家都驾着船，带着饭，划到汨罗江中流，把饭投入江里来祭祀屈原。
>
> 这样过了一年、两年。一天晚上，他们忽然梦见屈原来了：头上戴着高高的砌云冠，腰间挂着一柄长长的宝剑，身上还佩着一些珍珠和美玉。大家非常高兴，一一向他行礼。屈原笑着赶上来，对大家说："乡亲们，非常感谢你们对我的好意。从你们的行动可以看出我们楚国人民都是爱国的，也都是爱憎分明、坚持正义的。"大家见屈原仍很清瘦，就关心地问他："三闾大夫，我们给您的米饭，您都吃到了没有？"
>
> "谢谢你们！"屈原感激地说，可是，接着又叹了一口气，"你们送给我的米饭，都被那些鱼蚌等水族吃了。"
>
> 大家听了都很气愤，说："不能让它们吃呀！"
>
> 屈原苦笑了一下："我总不好和它们争着吃啊！"
>
> 大家就问："要怎样才不至于被水族吃掉呢？"
>
> 屈原说："如果你们用箬叶包饭，做成有尖角的角黍（即粽子），水族见了，以为是菱角，就不敢吃了。"

第二年端午节,人们就照着这样做了。可是,在端午节过后,屈原又给人们托了一个梦,说:"谢谢你们送给我的角黍,我吃到了不少;可是有不少仍被水族的败类吃了。"人们又问他:"那还有什么法子没有呢?"屈原说:"有,你们用船送角黍的时候,可以把船装扮成龙的样子,因为一切水族都属龙王管辖,它们看见是龙王送来的,就一个也不敢吃了。"

以后,人们一年一年就照着这样去做。于是就留下了端午节吃粽子、划龙船的风俗。①

非常有意思的是,在这样解释性故事的后面,还有一个附记,这个附记其实就是关于端午吃粽子与划龙舟两项内容的另一种解释。附记是这样的:"关于吃粽子、划龙船,当地还流传着另一种说法。吃粽子是端午节那天,人们把粽子投到江里,叫鱼吃粽子莫吃屈原;划龙舟是象征着打捞屈原的尸首,如果是用一种普普通通的船去捞,水中妖怪太多,捞不到,把船装扮成龙的样子,打起锣鼓,这样就会把水中的妖怪赶走,把屈原的尸首捞上来。"由此可见,在同一地区对于相同民俗事实也存在对于具体内容的不同解释。这样解释从一个方面或多个方面表达了民众对于一个民俗内容的感情,寄托着民众对于具体民俗的爱憎、理想或追求。

对于民俗文化具体内容的解释性故事非常丰富多样,各地针对自己民俗文化中的一些具体存在或独特内容,常常都有一些让人意想不到的增加人们地方知识的传说。

在汉族民间的许多地方,婴幼儿都有穿虎头鞋的习惯,它是民间养儿育女系列民俗文化中关于服饰民俗的一种具体内容。关于为什么会有穿虎头鞋的民俗,民间流传着这样一种解释性的传说:从前有一个善良的杨大,以渡船为生,但他从来不标价,帮人渡河,随人出钱,有则出,多寡不限,没有则白渡。一次,杨大在风大雨急之日帮助一个要饭的老奶奶渡过了河,还帮她第二次取了忘在对岸的破棉被。老奶奶以一幅画作谢。杨大把画贴在船舱中,画上是一个美女,一到晚上就从画中下来与他做夫妻,一年后还给杨大生了一个儿子,取名小宝。一晃七年过去,此事被知府知道了,就将画霸占了。小宝见不到妈妈,就吵着要妈妈。无奈之下,杨大让小宝穿上妈妈给儿子做的虎头鞋去寻找妈妈。小宝通过艰难曲折的过程,在府衙找到了画,拉着妈妈往回跑时,知府追来了。小宝情急之下用虎头鞋踢知府。奇迹发生了,一只老虎从虎头鞋上跑了出来,

---

① 徐伯青搜集,原载《民间文学》1959年6月号。

叼着知府跑进了深山，小宝拉着妈妈回到了金河堆下的小渡屋里，和杨大一块儿过日子。从此，小孩出生后，就有了穿虎头鞋的民俗，表达吉利与平安。[①]

民俗文化内容非常丰富，因此，这类解释也非常丰富。由于有许多民俗文化内容在历史的传承过程中长期存在，在传播到不同的地区或民众之中后，往往形成不同的解释或增加一些新的内容，所以，对民俗文化内容的解释，不仅丰富而且异文也多样。

我们大家都知道中秋节有吃月饼的习俗，其中一种解释是元末汉族民众不堪元朝统治者压迫，以朱元璋为首的农民起义军，便约定八月十五将起义的纸条放入饼中，通知各地在八月十五共举义旗，推翻元朝统治。此事果然获得成功，人们推翻了元朝统治，建立了大明王朝，为了纪念这一独特的日子，从此，在八月十五中秋节就有了吃月饼的习俗。不过，除了这一解释外，还有与董永及儿子有关的解释，也非常有意思。

相传，七仙女回天宫时给董永撇下一个儿子。有一年八月十五，这个儿子见同村的娃子们在村头的桂花树下闹着玩，心里痒痒的也想去凑凑热闹。哪晓张三不理他，李四也不理他，还骂他说："你是个没妈、没教养的野小子，我们不跟你玩！"他一听，扭头跑到村外的槐树下，号啕大哭起来。他一边哭一边喊："妈妈呀！你在哪儿呀？快来接可怜的儿呀！"这哭声惊动了天神吴刚，急忙扮成村夫来哄他。可咋哄也哄不住，他硬是哭死哭活地要妈。吴刚心软了，一边给七仙女捎信，一边悄悄地拿出登云鞋，交代他说："你想见亲妈，穿鞋圆月下。"

董永的儿子依照村夫的嘱咐，眼巴巴地盼到了日头下山，星星眨眼。等到月亮刚露脸，就赶紧在月光下穿上了登云鞋，飞到了天宫。

七仙女见亲生儿来到身边，真是又悲又喜，又亲又抱。众姐妹也都迎上去亲热这个远道而来的姨外甥，这个给他送苹果、柿子、石榴，那个给他端板栗、花生、核桃……七仙女更忙得不亦乐乎，她亲手把嫦娥送的桂花蜜糖，拌上花生米、核桃仁，做成馅儿，又按圆月的样子，做成了甜蜜蜜、香喷喷的仙饼，给儿子吃。

哪晓得这事传到了玉皇大帝的耳朵里，气得他七窍冒火。马上下令把吴刚罚到月宫里砍桂花树，永世不得离开。又命令天兵脱下董永儿子的登云鞋，打发麒麟把他驮回人间。

董永的儿子简直像做了一场梦，对天宫中的仙境记得模模糊糊，

---

① 朱廷宏讲述，沈延栋整理，载《民间文学》1981年第8期。

只记得他妈做的可口的仙饼。后来,他当了官,就叫各州各县的百姓到八月十五这天,都来仿做这种饼子,摆在月亮下,表示对亲人的怀念。因为这种饼子像一轮圆月,所以后人就称它为月饼。[①]

对民俗文化内容的解释是民俗解释中非常有意义和价值的,是人们对于民俗内容在理解或想象基础上的一种具有浓厚地方文化特色或民族特色的想象文化,它的存在,给民俗内容增添了光彩,也使民俗文化内容具有了生命力。

二、对民俗文化仪式的解释

民俗文化仪式是民俗赖以存在并传承的模式化表达,民众在民俗文化中存在的认同,主要是通过仪式这一独特的形态来完成的。而仪式则由一个个可以确认的民俗内容共同组成,民众通过具体的民俗内容串联并完成节日、婚丧、喜庆或祭祀等民俗文化,并因为仪式的崇高和神圣性而使民俗本身具有地方文化的权威性和不容置疑性。

可以确证的是,民俗文化仪式在存续期间不仅具有权威性和不可置疑性,还对一些仪式的内容或仪式存在做出独特的解释,通过这种解释让青年人建立民俗文化认同的价值指向。同时,这类民俗文化的解释还让人们深信民俗本身具有地方或民族文化的特征,使民俗的存在符合人们的心理期待和文化传统。

我们知道,春节或过年有许多民俗内容或民俗仪式,它是春节或过年民俗存续期间人们必须完成的,每一个仪式或内容都是春节或过年民俗的有机组成部分,不可或缺。如守岁,是大年三十晚上一个非常重要的仪式,传统的守岁让全家人围坐在厅堂处,点上火燎或火堆,说着吉利话如来年收成好,合家平安等,欢天喜地等待新年的到来。为什么有这样的习俗或仪式呢?民间有许多解释。有一则《熬年》的传说是这样解释的:

传说很久很久以前,老天爷为了使天下的百姓都过上好日子,每逢大年三十晚上,就把天门打开,把库里的金银财宝撒往人间。到了那个时辰,遍地金灿灿,银闪闪,所有的砖头、瓦块、石头蛋都变成了金银。但是,有一条规矩必须遵守,就是谁都不能贪心,捡到的金银还一定得放在屋里,等天亮才能开门。

李家庄有兄弟俩,老大叫狗崽,为人尖酸刻薄,爱财如命,老二叫

---

① 陈文道整理,见吉星编:《中国民俗传说故事》,中国民间文艺出版社1985年版,第176—177页。

五子,心地善良,勤劳诚实。这年三十晚上,弟兄俩都坐在屋子里等待天门开。等啊,等啊,天门老是不开。狗崽想,我得生个法,等天门一开就能不费力地多弄一点金银。于是,他将一大堆大石头和大石磙、大磨扇都弄到自己门口,准备天门一开就把这些东西搬进屋里。五子却一动不动地坐着,望着蜡烛,耐心地等待着。

三更时分,天门开了,院子里的砖头瓦块,果然都变成了金银。五子把金银放进筐里,搬回屋内,关上房门。狗崽他拼出全力,才把预先准备好的东西搬进屋内。他看着这满屋的金银,像吃了蜜糖似的甜透了心。他想,从今往后自己就是天下最有钱的人了。他焦急地等待天明,天却老不明。他耐不住了,便开门出去看天,竟忘了"不到天亮不开门"的这条规矩。等他回到屋里时,他发现所有金银又都变成了石头、石磙、石磨。他气得痛哭起来。五子呢,天大亮了才开了门。哎呀,一筐子的金银财宝把人的眼都照花了,五子高兴得跳了起来。

后来,老天爷发现像狗崽那样贪财如命的人越来越多,一生气,就再也不开天门了。但人们希望能过上幸福富裕的生活,总是存着侥幸的心理,痴心地等待着。虽然,等了一年又一年,天门总不见开,但这天晚上,人们还是全家团聚在一起,点上蜡烛,守到天亮。就这样,慢慢形成了"熬年"的风俗。这种风俗一直传到现在。[①]

这个解释性故事不仅解释了熬年即守岁是如何形成的,而且还将人性的贪婪淋漓尽致地作了表达:民众对于贪得无厌者用让他什么也得不到的方式进行了惩处,而知足并遵守规矩者则得到了回报。由于民众对于财富的痴心,因此在大年三十晚上总是等待着天门大开,所以就形成了熬年守岁的习俗和仪式。当然,这种解释仅仅在一些区域获得了民众的认同。所以,不同的地区常常还会出现一些不同的解释,甚至更多的仪式都糅合在了一起。如《祭灶、守岁的来历》就是这样解释守岁和其他相关的过年期间的一些仪式的。

年年农历腊月廿三到三十这几天,我们河南地方家家户户都要依次地烙灶干[②]呀,扫房子呀,熬百岁呀。这些风俗习惯是怎样形成的呢?传说是这样的:

---

① 张国兴、段段合整理:《河南民间文学》第二期,见吉星编:《中国民俗传说故事》,中国民间文艺出版社 1985 年版,第 224—225 页。

② 灶干是一些地方烙的干面饼,送给灶王爷吃。

玉皇大帝的小闺女贤惠善良，十分同情天下的穷人，她偷偷地爱上了一个给人烧火帮灶的穷小伙子。玉皇得知后，十分恼怒，就把小闺女打下人间，跟着"穷烧火的"受罪。王母娘娘疼爱女儿，从中讲情，玉皇才勉强给"穷烧火的"封了个灶王的职位，人们就称"穷烧火的"为灶王爷，玉皇的小闺女自然就成了灶王奶奶了。

灶王奶奶深知百姓的疾苦，就常常以回娘家探亲为名，从天上带些好吃的、好喝的给穷百姓们。玉皇本来就嫌弃穷女婿、女儿，察觉此情后，非常恼火，就只准他们每年年底回去一次。

第二年，眼看快过年了，可穷百姓们还缺这少那的，有的人家连锅也揭不开了。灶王奶奶看在眼里，疼在心里，腊月廿三这天，她决定回娘家，给穷百姓们要点吃的。可自己家连点面星也没有了，路上没有干粮咋办哇！穷百姓们知道后，便想方设法烙了些馍团，送给灶王奶奶路上做干粮。

灶王奶奶回到天上，向玉皇讲了人间的苦情，可玉皇不但不同情，反而嫌女儿带回来一身穷灰，要她当晚就回去。灶王奶奶气得当即就要走。可转念一想，两手空空，回去咋向穷乡亲们交代哇？再说也不能这样便宜了狠心的父亲。这时，正好王母娘娘过来说情，她便顺势说："不走了，明天我要扎把扫帚带回去扫穷灰哩！"

廿四这天，灶王奶奶正在扎扫帚，玉皇来催她回去，她说："催啥哩，眼看要过年了，家里没豆腐，明日我要拐豆腐哩！"

廿五这天，灶王奶奶正在拐豆腐，玉皇来催她回去，她说："催啥哩，家里没肉吃，明天我要去割肉哩！"

廿六这天，灶王奶奶割肉回来，玉皇又来催她回去，她说："催啥哩，家里穷得连只鸡也养不起，明天我要杀鸡哩！"

廿七这天，灶王奶奶正在杀鸡，玉皇又来催她明日回去，她说："催啥哩，路上要带点干粮，明天我要发面蒸馍哩！"

廿八这天，灶王奶奶正在发面，玉皇又来催她明日回去，她说："催啥哩，过年要喝点喜酒，明天我去灌酒哩！"

廿九这天，灶王奶奶刚刚灌罢酒，玉皇又来催她明日回去，她说："催啥哩，俺们一年到头连顿饺子也没吃过，明天我要包饺子！"

三十这天，灶王奶奶正在包饺子。玉皇大动肝火，要她今日必须回去。灶王奶奶的东西已经准备得差不多了，就不再多说话，只舍不得离开王母娘娘，一直挨到天黑才离开天宫。这天夜里家家户户都没有睡觉，坐在火炉边等灶王奶奶。人们见灶王奶奶回来了，都点起香

> 纸，放鞭炮迎接她，此时已到初一五更了。人们为了纪念灶王奶奶的恩德，年年腊月廿三都要烙灶干，廿四扫房子，廿五捞豆腐，廿六去割肉，廿七杀灶鸡，廿八把面发，廿九去灌酒，三十儿捏饺子，夜里不睡觉叫“熬百岁”，实际上是等着迎接贤惠、善良的灶王奶奶回到人间哩！[①]

这个传说将民间为过年而必须完成的一些具体仪式或内容，串在一起进行了捆绑式的解释，通过这个故事人们知道原来我们过年之中的一些习俗或仪式是基于这种原因。但这个传说与前者不同的是，它是通过女儿向富裕的父家“揩油”的方式来表达的，也是民间诙谐幽默的象征。而父母嫌贫爱富在现实生活中是常见的行为，人们无法改变，只能通过这类故事来达到心理自我平衡的目的。因此，它不仅解释了守岁仪式的由来，还通过故事让一部分人得到内心愉悦。

对于民俗文化仪式的解释，有时仅仅是人们对一种仪式寄予美好愿望的一种情怀抒发，而有时则是一种对无奈的现实的写照。如人死后有一个仪式是烧纸钱，有定时烧，有不时烧，一般与祭祀仪式紧密结合在一起。为什么要烧纸钱呢？最主要的解释是蔡伦发明了纸之后，没有销路，于是便自导自演了一出苦肉计，从而让纸销量大增。这好像是一种营销策略或策划，却形成了一种丧葬中必须进行的文化活动，成为丧俗中非常重要的仪式。不过，这一故事流传到全国各地或各民族之后，蔡伦就不再是唯一的主角，而有蔡伦哥哥或弟弟，当然，也有造纸匠等。解释故事形成一种固定的模式之后，重要的是表达这类故事与烧纸钱的关系，主人公则随时都可以替换。与之相关的还有一些更为传奇的解释性故事，把烧纸钱与神奇的效果或急中生智的应对结合在一起。

《砖丘墓和烧纸钱》讲的是北宋年间一商人的媳妇名叫常盼春，在丈夫司路远赴波斯做生意期间，她被府台公子杨少辉看中并逼婚。盼春誓死不从，上吊身亡。司路回来后见妻子被逼死，痛不欲生。一日他妻子托梦，让他多送些钱给她。第二天司路就把做生意所赚的交子（纸币）在妻子的砖丘墓前焚烧，妻子居然奇迹般地复活。于是用砖丘墓和给死者烧纸钱流传成俗。[②]《汉民为什么要烧纸》讲的是一对卖纸的老夫妻为求生子，根据算卦人的指示长年烧纸，在阎王爷那里积蓄了大笔的金钱。后来阳间的一个皇帝去世了，这笔钱给皇帝在阴

---

① 张子亮、习诏整理，见吉星编：《中国民俗传说故事》，中国民间文艺出版社 1985 年版，第 219—220 页。

② 罗子全口述，罗务本搜集：《砖丘墓和烧纸钱》，文彦生编：《中国鬼话》，上海文艺出版社 1991 年版，第 701—703 页。

间派上了用场,这个皇帝转世后为报答他们,给了这对老夫妻许多金子。“阴世和阳世一样,钱都能存下来”,于是烧纸钱在民间流传开来。[①]《烧纸的来历》讲的是有一户做官人家在大热天里死了老娘,这位当官的怕别人说他不孝,只能守孝,但又嫌弃尸体放家里会发臭,于是转移到一个庙里。庙里的小和尚用烧纸来驱散臭味,见做官的来了就说是“给老太太送钱”,做官的一听有道理,就把烧纸的习俗推广开来。[②]

以上三则解释性故事的结构相同,但主人公所表达的中心理念却有着巨大的差异。一是纸钱最后让死者复生,这有点类似于基本的解释型故事,就是蔡伦设计的原型。但这个故事可是“死去活来”,原因是纸钱的神奇作用。二是纸钱可以让生者在去世后继续享用财富,证明阴阳是可以互通的,同时,用好人有好报来突出故事的主题。三是一次偶然的事件,由于危机处理得当,反而将可能带来的负面影响转化为美好的行为。当然,这三则故事都在很大程度上解释了烧纸钱仪式的缘由,把人们可以或值得信赖的理由通过一个独特的故事加以表述,企图让民众相信烧纸钱的仪式是必须的和重要的。

民俗文化仪式的解释与其他解释一样,是民俗文化存续期间民众施行民俗仪式的经典依据,是一个地方或民族口头传统中至高无上的经典。民众就是依托这种解释而传承民俗并将它与自己的传统融为一体。

三、对民俗文化起源的解释

所谓民俗文化起源的解释是一种追源性的解释,主要是指通过这种解释性的故事或传说明确告诉受众有关民俗文化内容、仪式等最早的源头。这类解释性故事或传说既有寄托着美好愿望的,也有非常凄美的,还有浪漫想象的,总之各有特色,突出了民众对于自己文化传统的深切认知和无限情感。有关民俗文化起源的解释最为丰富,主要包括以下几方面的形态。

(一)生产及生活习俗起源解释

生产及生活习俗非常丰富,这类习俗因其与人们的关系仅仅是体现在一些特殊的时间点上或特殊的人群中,所以,有时解释的故事或内容,并不为所有的人知晓,有些则随着社会发展的历史进程而逐渐淡弱。

对于以传统农耕为主的中国农民,春天的到来就意味着农耕生产的开始。

---

① 《汉民为什么要烧纸》,《中国民间故事集成》(宁夏卷),中国 ISBN 中心出版社 1998 年版,第 222—223 页。

② 《烧纸的来历》,吉星编:《中国民俗传说故事》,中国民间文学出版社 1985 年版,第 363 页。

以前，从皇帝到官员到百姓都非常重视农业生产，一到立春就举行立春的祭祀和打春牛仪式。关于为什么要举行这样一个仪式，《打春牛》的故事是说通过打去春牛的懒惰，迎来一年的丰收。“把土牛当春牛，也不知打了多少年，后来开始打纸牛了。用纸糊头牛，里面装着五谷，就把这条纸牛叫‘春牛’。在打春的前一天，叫‘句芒神’举鞭狠打。牛倒了，纸烂了，五谷四下流，象征打出了一年的五谷丰登。”[①]地方性的生产习俗解释，常常蕴含着一些地方性的知识。在浙江温岭市，对长了树枝不结橘子的情况，有一种特殊的打生的解释。故事是这样说的：

以前，王老五在自己家门口种了一株橘树。夫妇二人十分勤劳，三日两头浇水、施肥，这棵橘树倒也长得枝繁叶茂。但是，它只开花不结果。老王看别人与他同时种下的橘树，橘子挂满枝头，自己的橘树上一个橘子都没有，心里非常焦急。老王对妻子讲，我们去问问三叔公，三叔公是种橘的内行人，看看他有没有办法。二人来到三叔公家，三叔公听后，对老五夫妇讲：你在正月十五夜，去给橘树“打打生”。并告诉老五妻子说：到了十五夜，你用柴刀在橘树离地面尺把高的地方，四周砍上四五刀，要边砍边喊“生不生，生不生，生多少”，又告诉老五说：你要在橘树边上答话“生、生、要生千萝（箩）万担”。同时还嘱咐老五：开春后，要把橘树疯长出来的枝条剪掉。老五夫妇得到秘方，高兴地回家。

等到来年正月十五夜，王老五夫妇按照三叔公的吩咐做了。开春后，又照三叔公的吩咐，把疯长的枝条剪掉了。晚稻熟时，老五夫妇看到自家橘树上的橘子差点没有把树枝压断，高兴得不得了。橘子采摘了，老五提了两筐橘子到三叔公家里表示感谢。[②]

从此民间就以这种方式来整治不会长橘子的橘树，据说都是像王老五一样非常灵验的。而事实上，百姓相信的就是这类传说，把事物神秘化和传奇化的传说。民间的一些独特的生产方式，也因为这种传说的解释，而得到代代相传。

不同的生产或生活有着自己不同的文化，并对这种文化做出独特解释。在

---

① 吉星编：《中国民俗传说故事》，中国民间文学出版社 1985 年版，第 17 页。

② 应三妹讲述，林星球整理，温岭文广新局编：《温岭民间文学》，西泠印社出版社 2009 年版，第 142 页。

浙江洞头等地，渔民有在渔船船尾画一种独特的鱼的习俗，这种鱼样子像鳗鲡，又比鳗鲡粗壮，满身血红，颈带白练，眼睛乌黑。为什么要画这种鱼？它与一个神奇的传说有关。

老早，浙江沿海有只木帆船，装运货物到了南洋去。一日，日头高照，风平浪静，船只在大海上行驶，平平稳稳。忽然一下，洋面无风起浪，船被大浪一掀，摇晃起来。船员们看看四周，一片平静。咦，大浪哪里来的？

有个船员指着左手面说："看！那是什么？"大家顺着他指的地方看去，只见远处横着一道"城墙"，雪白雪白，正向木帆船这边推来，来势很快。这浪，就是那墙激起来的。大家横看竖看，看不出这是什么物事。

过了一会，这道"城墙"离船越来越近，海浪也越来越大。这时，有人惊叫："啊，一群大鲨鱼！"大家仔细一看，果真是一群鲨鱼！排成一字形，摇头摆尾冲过去。这道"城墙"，就是鲨鱼群游动溅起的浪。

这情景真是唬人，船上人一个个唬得"格格"抖。老讨海人都晓得，这种鲨鱼土名叫"摆鲨"，出游时成群结队，十分凶猛，船只遇上它，不赶紧躲开，就会船翻人死。今日这群鲨鱼又不同一般，青鳍竖起足有帆船桅杆那么高，张着大嘴，发出"哧——呼——""哧——呼——"的吼声，在吞吃鱼虾。那些小鱼小虾，相隔蛮远就被吸了进去。看到这凶狠的来势，船员们统统跪在船板上，磕头求拜。但是，有什么用呢？那群大鲨鱼还是一直向货船这边冲来。

正着急，从横边斜刺条鱼。这鱼身长五六尺，油光闪亮，摇头甩尾，像箭射一样，游到船与大鲨鱼当中。还没等船上人看清楚，"呼"的一声，这条鱼被领头的大鲨鱼吸进嘴里去了。怪，大鲨鱼吞吃了这条鱼，威风顿减。过了一会儿，就在水里打起滚来，没滚几滚，肚向上，背朝下，不动了。这条鱼从鲨鱼嘴里钻出来，甩着尾巴，又向鲨鱼群游去。

那群鲨鱼失了领头的，早唬得六神无主了，又见怪物向它们游来，都没命地掉头逃。

木帆船脱了险，船员们平安回家。为了答谢神鱼的救命之恩，船员们备办了祭品在海边遥祭，还把这条鱼的样子回想起来，画在船上作为纪念。画在别的地方怕会磨掉，就选在船尾的两边。

说来也怪，自从船上画了这条鱼，出海后就没再遇到这样的大鲨鱼啦。船上人高兴地说，大鲨鱼被神鱼唬跑了。消息传开，邻近的船也照这个样子画上了。就这样，一传十，十传百，越传越远，船尾上画鱼就一直传下来了。不过，大家只晓得按照样子画鱼，却晓不得这条鱼叫什么名字，大家觉得它勇猛无比，连大摆鲨都不怕，就把它叫作“猛”了。[①]

这个故事解释了渔民对生产方式中作为工具的船进行的一种独特装饰的习俗由来，虽然有一些荒诞和神奇，但渔民却将它作为一种真实的存在看待，从而形成了一个区域中非常有个性特征的文化形态。

（二）节日及节俗起源解释

节日及节俗起源的解释也是非常有意思的话题。由于各个民族节日多样，节俗文化丰富，这类起源的解释不仅蕴含了民众对于节日及节俗的美好期待，也寄托了民众对于生活的美好希望和鲜明的爱憎观念与道德理想。

节日及节俗起源的解释主要包括节日的起源和有关节俗的起源两部分内容，节日起源的解释侧重于节日的由来，而节俗起源的解释则侧重于相关节日中一些独特习俗形态形成的由来，两者有着较大的差异。

春节是汉民族最重要的节日，过春节也叫过年。有关为什么要过年的解释性故事，其实各地非常多样。而每一个故事都在叙述春节是如何形成的，即侧重表达的是它的起源。通过故事告诉每一位传承春节的人，节日最初是如何来的。如关于《年的传说》就是其中之一，它讲述的是“年”是一种怪兽，会在农历大年三十晚上出来吸人，“谋害生命”。据说“它张开大嘴，一吐一吸，就能吸死无数的人”。后来，有一个仙人叫洪钧的让“年”把毒蟒、猛狮、恶虎等都治得躲进了深山老林，自己也把“年”骑着上了天。从此人们平安地过年，欢度这个节日。[②]

与春节相似的如清明节、端午节、中秋节、七夕等汉民族的重要节日，都有独特的、有时也是多样的解释性传说。事实上，不仅汉民族是这样，我国其他五十多个民族也同样如此，对于自己的重要节日都有独特的起源解释。像傣族的泼水节，傣族人说，“年年有个泼水节，看得起谁就泼谁。”为什么会有泼水节呢？非常重要的一个解释是这样的：

---

① 杨国振、黄志才讲述，蔡庚尧记录：《船尾为什么画鱼》，载《中国民间故事全书·浙江·洞头卷》，知识产权出版社 2011 年版，第 199—200 页。

② 吴林森、方苑整理：《年的传说》，载吉星编：《中国民俗传说故事》，中国民间文学出版社 1985 年版，第 226—227 页。

很早以前,有一个凶恶残暴的魔王,他的本领很高,不怕水淹,不怕火烧,弓、剑、刀、矛也休想把他伤害。他十分猖狂,常常出外抢掠金银财宝、奴隶、美女。

他已经抢了十一个妻子,一个比一个长得好看。他的妻子们恨死了他,都想把这万恶的魔王除掉,但又没有办法。

那天,他又去抢了一个最美丽的姑娘,做他的第十二个妻子。这个姑娘不但长得漂亮,而且非常聪明,因此魔王特别喜欢她。她虽然同样痛恨魔王,却不露声色,反与他十分相好。

一天夜里,她趁魔王高兴的时候,试探着问道:

"大王,听说你本事大极了,水火刀剑一样也不能损伤,永远活在世上,多么幸福,多么好啊!"

"可是,我也有短处呢。"魔王听了姑娘的甜言蜜语,高兴得忘乎所以。

"你有这么大的本事,还怕什么呢?"姑娘抓住时机,进一步试探。

"这,我只告诉你一个人,千万不准说出去呀!"魔王贴着她耳朵悄悄地说,"世界上只有一个办法能弄死我,就是拔下我的一根头发,勒住我的脖子。"

姑娘心里暗暗欢喜,但还不十分相信。等魔王睡熟时,她轻轻地从他头上拔下一根头发,试着往他脖子上一勒,想不到魔王的头真的"咕咕噜噜"地滚下床去,魔王就这样死了。

魔王抢来的十一个妻子和老百姓们听说魔王死了,高兴得不得了。从此,她们不再受他的糟蹋和迫害,可以自由快乐地生活了。

十二个妻子想把魔王的头用火烧掉,但是火一触着头皮便到处飞起烈焰;她们又把它埋在地下,不料地面上却发出了极其难闻的臭味;把它抛到河里,河水马上滚沸成灾。不管怎么做都会造成世间的灾难。于是十二个妻子只好轮流抱着魔王的头,虽然自己受一点苦,但世间就不会有灾难了。她们每天轮换一次,轮换时用水洗一次魔王的头。

傣族人民感谢这十二个姑娘除掉了世间祸害,为了对她们表示敬意,在每年清明节后的第七天,给她们泼一次水。

泼水节就这样一代传一代,一直传到现在。[①]

---

① 林木讲述:《泼水节》,见吉星编:《中国民俗传说故事》,中国民间文学出版社 1985 年版,第 64—65 页。

至于节俗方面由来的解释，事实上除了“本来就如此”“祖上传下来的就如此”等一类完全相信传统的正当性和不可否定性存在的理由之外，还存在大量的优美的传说性解释。

我们大家都知道，中秋节的时候都有吃月饼的习俗，但在东南沿海等地还有吃芋艿的习惯，为什么会有吃芋艿的习俗？有一个这样的解释性故事：

据说，在明朝年间，倭寇侵犯东南沿海，烧杀抢掠，无恶不作，百姓苦难深重，朝廷派抗倭英雄戚继光带兵抗击倭寇，在军事上取得了很大胜利。这时正值中秋，依山驻扎的戚家军在营地里庆贺胜利和欢度佳节。半夜里，狡猾的倭寇偷袭得逞，并乘势把戚家军团团围困在山上。……戚继光传令加紧防守，伺机突围，同时派出部分士兵在山里挖野菜、草根来充饥。士兵们在山里挖到了不少野芋艿，由于当时大家不知道它叫什么名字，煮熟试吃后感到味道很好，又耐饥，就把它拿给戚继光看。戚继光吃了后很高兴，他感慨地说：“由于我的麻痹大意，造成了今天的危难，为了纪念遇难的士兵，我建议给它取名叫‘遇难’。”

当晚，全军饱餐一顿美味的“遇难”后，一声炮响，个个奋勇，如天兵天将杀入敌阵。倭寇们在梦中惊醒，仓皇应战，全被歼灭。

据说，从此之后，人们在中秋节时就形成了吃芋艿的习惯。类似节俗中独特的习俗，它因独特原因而形成的解释，是非常普遍的。而且地方化的倾向非常明显，原因是大量的节俗，都是地方性的文化，它形成于地方并传承于地方，是民俗个性特点或生命力之所在。

(三)人生礼仪习俗起源解释

人生礼仪主要是指婚丧喜庆等相关的习俗，它是每一个人在人生过程中不同阶段需要经历的文化洗礼。对于个人和家庭来说，人生礼仪都是习俗，因此长期在民众中传承，形成了具有大量民众认同的共有解释。

中国人结婚时有一个习俗是贴红双喜（囍），不管是知道或不知道为什么要贴红双喜的人，在举行结婚仪式时都会将红双喜贴在门口、新房中的许多地方及各种结婚时使用的器物上。为什么要贴红双喜？有这样的解释：

一年王安石进京赶考，住在舅舅家。当时是正月十三，京城在试灯。王安石没事，就到处走走。一会儿来到了一处很热闹的地方，许多人都挤在一起。王安石也凑过去看。原来是马员外家在试灯时挂出了一副对联的上联,让人对下联,谁对出了,如果尚未婚配,就能做马家的女婿。而且坊间还说,马小姐不仅人聪明,而且还非常漂亮。所以,这试灯第一天就传开了,门前是人山人海。这副对联的上联是"走马灯,灯走马,灯熄马停步"。这联看上去不难,其实很不容易对。王安石看了,一时也对不出,没放在心上,就到别处去看灯。马员外家门前的人也是看热闹的多,一个都对不出来。

第三天,王安石进场考试,三天下来,场场考得非常顺利,第一个交了卷。考官看了王安石卷子,觉得他才华横溢,便有意要再试他一试,就把王安石叫住,让他对一个对子。这对子,考官在许多场合考过考生,没有人能对上。叫作:"飞虎旗,旗飞虎,旗卷虎藏身。"王安石本来就是聪明人,立马想到了马员外家的招婿对联,随口而出,答以"走马灯,灯走马,灯熄马停步"。考官看王安石未经思考就对出了他多年难倒过许多考生的对子,内心已经非常喜欢王安石,夸了两句就让他走了。

王安石回到舅舅家,是正月十七,这灯还点得非常热闹,十八才收灯。王安石考得顺手,心里开心。一到晚饭后就又出去看灯,立马就到了马员外家门口。马员外家还是非常热闹,原来,那对子还是没有对出来。王安石挤进人群,高声对以"飞虎旗,旗飞虎,旗卷虎藏身"。他一对完,人群就大声喝起彩来。门房就把这事报告了马员外。马员外出门一看,是一位青年才俊,也是喜欢,便把他请到客厅,一打听,知是王安石,也是尚未婚配。你道这马员外是谁?原来是王安石舅舅的好友。

马员外找到王安石的舅舅,两家一商量,便将婚事定了。古话说,择日不如撞日,第三天便举行婚礼。王安石是满心欢喜,便写了一个大大的喜字,贴在门上。正要拜天地,忽听门外锣鼓喧天,报子来报,说是王老爷高中状元。王安石那个高兴,提起笔就在喜字边又添上了一个喜字,成了"囍"。正所谓"洞房花烛夜,金榜题名时",双喜临门。从此之后,人们竞相模仿,贴红双喜就成了一种风俗。①

类似的故事还有许多,只是对联的内容有所改动,流传得比较广的,如上联是"玉帝行兵,风枪雨箭,闪旗雷鼓,天作证",下联是"龙王设宴,月烛星灯,山食

① 陈昌远讲述(武义县白姆乡中宅村人,当年75岁,已去世),陈华文1998年记录。

海酒，地为媒”。总之，解释性的故事透出的是中国人传统的观念、理想和追求，是一种浪漫的想象和对婚姻缔结的中国式浪漫的期待。

另外，除了流传较广泛的习俗的解释之外，一些人生礼仪的习俗则在传承过程中地方化，并给出了地方化后的地方性解释。如在河南过去办喜事都要漆红门，但河南的卫辉府就是今天的汲县，却不漆红门。为什么呢？有一个这样的解释性故事。说是明朝时，卫辉府街上住着贤惠善良的母子俩，儿子到了20岁时说上了一房山里人为妻，新娘长得是人见人爱，都夸她是“山中凤凰、园里牡丹”。结婚这天漆了大红门，喜事办得非常热闹。这事便被卫辉府的潞王知道了。这潞王荒淫无道，专抢人家办喜事时的漂亮新娘。得知小伙子的新娘漂亮，便准备到夜里去抢。此事让王妃知道了，就让宫女把消息告诉了这家人，让全城人家都把门漆成了黑色。这样，小伙子家在哪，潞王的手下也找不到了。从此，卫辉府家家户户都漆黑门，办喜事也漆黑门了。①

(四)民间信仰起源解释

民间信仰是民俗文化中比较复杂的一个内容，不仅它所涉及的面没有可以确定的范围，一些具体的形态是否归入民俗文化，也存在争议。在术语的使用上也存在多义性就可以证明这一点，如民间宗教、民间俗信、民俗信仰、信仰民俗、俗民信仰、迷信等等。民俗信仰的解释主要是对一种民俗信仰由来或独特信仰的解释，既可能针对信仰本身，也可能针对信仰的一些独特形态，但不管是前者还是后者，都是对信仰的具体存在而做出的民间想象或所谓真实性的解释。

大家都知道，在中国民间的许多地方都有泰山石敢当的信仰，为什么有这种信仰，在民间会有自己的一些解释。有的是对于石头的崇拜，但更多的是将石头拟人化后的一种人格形象的崇拜，因而，也就成了一种神的崇拜。有一个故事是这样解释泰山石敢当信仰的：

> 泰山有一个人，姓石名敢当。他家住徂徕山下桥沟村。
>
> 这个人在泰城给人家测字，他很勇敢，什么也不怕，在泰山一带很有名，大家都知道他很厉害。有些人被欺侮了就找石敢当替自己打抱不平。
>
> 泰安南边五六十里地，有个汶口镇，有户人家。他家的闺女自己住在一间房子里。每到太阳压山的时候，就从东南方向刮来一股妖

① 孙捷搜集整理：《卫辉府办喜事为啥不漆红门》，见《民间文学》1981年第5期。

风,刮开她的门,上她屋里去。这样天长日久呢,这个闺女就变得面黄肌瘦,很虚弱。找了许多先生看病,也治不好。这时有人说:"看来病很重。"

他家闺女说:"你们给我找人治也治不好,我妖气缠身,光吃药是治不好的。"

两个老人就想怎么办呢?听说泰山上有个石敢当勇敢,就备上毛驴去找他。

人家一请,石敢当就来了。说:

"这事好办,准备十二个童男,十二个童女。男的一人一个鼓,女的一人一面锣。再就是准备一盆子香油,把棉花搓成粗灯捻,准备一口锅、一把椅子,只要把东西准备齐了,我准能把妖气拿住。"

这样喝了酒,吃了饭,他就用灯芯把香油点着了。他用锅把盆子扣住,他坐在旁边,用脚挑着锅沿,这样虽然点着灯,远处也看不见灯光。

天黑了,听着呼呼响。一瞭呢,从东南方向来了一阵妖风。石敢当用脚一踢,踢翻了锅,灯光一亮,十二个童男童女就一齐敲锣打鼓。妖怪一进屋,看见灯光一亮,急忙闪出屋,朝南方跑了,传说上了福建。所以福建有的农户又被妖风缠了身了,怎么办呢?人家就打听。后来,听说泰山有个石敢当,他能治妖,就把石敢当请去了。他又用这个方法,妖怪一看又跑了,就上了东北。东北又有个姑娘得了这个病,又来请石敢当。他想:

"我拿他一回,他就跑很远,全国这么大地方,我也跑不过来。这样吧,泰山石头很多,我找石匠打上我的家乡和名字——'泰山石敢当',谁家闹妖风,你就把这石头放在谁家的墙上,那妖就跑了。"

以后就传开了,说妖怪怕泰山石敢当,只要你找块石头或砖头在上面刻上"泰山石敢当",妖怪就不敢来了。所以现在盖房子、垒墙的时候,总是先刻好"泰山石敢当"几个字垒在墙上,就可以避邪。[①]

由于泰山石敢当是一种几乎全国性的信仰,因此不同的地区有时出现了不同的解释,但主旨是差不多的。浙江洞头县是一个海岛县,这里也存在泰山石敢当的信仰,但所流传的民间解释却有着自己的特色。一方面,石敢当名字谐音为石敦讲,另一方面,还牵扯进了孔圣人的后人(名叫孔生)、吕洞宾、观世音和

---

① 马宗奎讲述,吴绵采录:《泰山石敢当》,见吉星编:《中国民俗传说故事》,中国民间文学出版社1985年版,第547—548页。

玉帝，把孔生、吕洞宾、观世音都奚落了一通。最后是观世音诬告，又通过玉帝的金口，把石敦讲硬硬地弄到了三岔路口，理由是“石敦讲不敬父母，欺辱仙师，刁难圣人。他的嘴恁利，好，就到三岔路口去，专门向妖魔鬼怪回话！”并封他为“泰山石敢当”，从此形成了这一民间信仰。[①]

许多情况下，民间信仰的解释是一种功利性很强的解释，比如为什么要祭祀某某神，人们会认为这个神对某某有什么特别重要的作用，因为有作用就需要祭祀。也是这种原因，因为有生活的需要就创造了这类神灵。像海上捕鱼的渔民大都信奉妈祖娘娘，为什么信奉妈祖娘娘，就是因为妈祖娘娘是渔民的保护神，她可以保护渔民出海打鱼时平安、顺利、丰收等等。而平安、顺利、丰收是海上生产时非常重要的目的，尤其是平安，如果不平安那就是大危险。虽然从今天的科学角度看，神灵信仰仅仅是一种心灵上的安慰，但这种安慰可以使渔民一心一意从事工作，从而保证打鱼的顺利和有足够多的收获。

（五）民间娱乐竞技起源解释

许多民间娱乐竞技习俗都是我们耳熟能详的，如春节和元宵节的舞龙舞狮子，端午节的划龙舟，重阳节的登山活动等，关于它们的由来，也有着自己非常独特或寄托着美好愿望的解释。

但这些解释仅仅是一种解释，有时，同样的民俗文化形态，被传播到不同的地方或不同的民族时，有关解释就会发生变化，成为一种新的解释，并保证人们对这种文化历史的权威性。像划龙舟，在汉族中主要是与屈原相关，但实际上还包括与曹娥、伍子胥等相关。在傣族中，也有着自己的赛龙舟由来的解释，[②]但非常有趣的是，这个解释也是为了纪念一个英雄式的人物岩洪窝。

---

① 陈阿银讲述，蔡庚尧记录：《泰山石敢当》，见《中国民间故事全书·浙江·洞头卷》，知识产权出版社 2011 年版，第 188—190 页。故事大意是这样的：有一个石老老叫石敦讲，一次他在海边听到两个孔门弟子对对子，上联叫“潮涨沙滩千层浪”，下联是“水溅礁石万点洞”。但石敦讲批他们不通，给改为“潮涨沙滩层层浪”和“水溅礁石点点洞”。孔子后代也是老师，孔生不服气，上门要给学生出出气，结果，因为他刚刚从外地游学回来，而家中又有年事已高的父母，被石敦讲以“父母在，不远游”这话怎么解给弄得只得低下头走人。路上碰到吕洞宾，说了缘由，吕洞宾就要给他出气，结果，石敦讲以吕洞宾远游治病救治天下百姓，却救不了自己父母为由，把个吕洞宾也气得说不出话。正在闷闷不乐，路上碰到观世音，事儿一说，观世音就要为吕洞宾出气，但也被石敦讲气得七窍冒烟，最后到玉帝那儿告了石敦讲一状。玉帝不管三七二十一，就把石敦讲封到三岔路口镇鬼怪去了。

② 这一解释出自《民族文学研究》1982 年第 3 期，主要讲述的是从前西双版纳有一个叫勐巴拉纳西国的，国王是个暴君，有 7 个女儿。6 个都嫁给了邻国的王子，国王想把小女儿嫁给宰相的儿子，将来好继承自己的王位。但小女儿不同意，非得在赶摆时抛花环选婿。最后，选了一个又丑又穷的小伙子岩洪窝，国王不同意，就想尽各种办法想把小伙子害死，都未成功。最后，让小伙子在 7 天内造出龙船与国王进行比赛，国王是想用自己的龙船撞死小伙子，但聪明、勇敢的小伙子得到了龙王的帮忙，龙王则用巨浪吞没了国王的大船，为民除了暴君。人们为了感激岩洪窝，最后就形成了在新年赛龙舟的习俗。

有些解释还非常富有智慧。拉祜族每年在过小年时村村寨寨都要荡秋千，为什么要荡秋千呢？有这样一个解释故事。

拉祜族每年过年，村村寨寨都要扎一个架子，将大肥猪吊起来宰年猪。宰时，大肥猪噘着大嘴，高声怪叫："不合，不合。"意思是这样太不合理。人们不理它，每年过年仍照杀不误。大肥猪不服，就跑到厄莎天神那里告状，诉说人间如何将它吊起来，任意宰割；请求厄莎天神，每年也要照样把人们吊起来一次，以示惩罚。主宰人间吉凶祸福的厄莎天神，欣然同意了大肥猪的祈求。他向人们宣布：在过大年的时候，你们可以照旧吊杀年猪，但是在过小年的时候，你们也要自己把自己吊起来，以示认罪。大肥猪一听，张着个大嘴，"嘻嘻嘻嘻"地笑了起来："这个状我告赢啰，你们做人的也尝尝被吊起来的滋味吧！"它忽扇着两只大耳，洋洋自得。人们听了以后，非常愕然，认为厄莎天神的决定违背了人情。人们默默无语，都在思考。对策终于想出来了：每年当人们杀了年猪，过了大年以后，在过小年时，村村寨寨，便在宽敞平坦的场地上，搭起一个架子，吊上两根绳索，拴好坐板，男女老幼，聚拢在一起，荡起秋千来。忽而悬空，忽而向下。欢声笑语，充满拉祜山寨。人们凭着智慧，将天神的惩罚，变成了欢快的娱乐。这就是拉祜族人民每年过小年都要荡秋千的缘由。①

从这则解释可以看到，民间娱乐竞技民俗，不仅是民间创造力的表达，其解释也是民间智慧的结晶，充满了人们对于娱乐的理解和对于创造或形成这种娱乐竞技者的崇拜和纪念。

第三节 民俗文化解释的文化学意义

民俗文化的解释是开启人们对民俗文化事项理解非常直观的一把钥匙。在历史过程中，民俗文化的存在一直是没有文字的底层民众作为最核心和基础的主体，由于他们缺乏教育，他们只能使用语言而基本上不能使用文字的形式来保存和传承自己的文化。因此，民俗文化的解释，在作为文化存在的经典，作

---

① 石云宵搜集整理：《荡秋千的由来》，见《山茶》1982年第3期。

为文化自我确认的依据，作为文化传承的动力，作为文化自我内聚的标识等方面，都具有重要的文化学意义和价值。

一、民俗文化的解释是一种民俗文化存在的经典

一种学说，一个宗教，常常有自己的经典。它们常常以文字的形式保存，后来者只要研读这种经典就可以熟悉或理解这一学说或宗教，从而使一种学说或宗教得以认同、传承和信奉。这是进入文字时代之后，民族或国家的主流文化或上层文化得以保存或传承的主要方式。但是，与之不同的是存在于民间的民俗文化，它们从一开始就以口头语言和行为方式的形式被发明，并以口头语言和行为方式的形式被保存和传承。因此，对于一些重要的民俗形态，在行为方式传承或保存存在不足的情况下，就以口头语言的形式进行保存和传承，并作为自己的传统长期保留了下来。

民俗文化的创造和传承，需要多种因素，尤其是自身的生产方式、生活方式和独特的自然环境等，而人们认同并传承这种民俗，也需要多种因素。其中，民俗文化的解释就是很重要的一种。人们通过民俗文化的解释获得对于民俗文化存在的意义、价值的认识，从而保存或传承这种文化。因此，民俗文化的解释就成了一种民俗文化存在的经典，人们信奉这一民俗文化作为自己的文化，就来自于对这一解释的充分理解和深信不疑。虽然有时对这种解释有多种不同的版本和歧义，但这与用口头语言形态完成的经典在传承时的变异一样，是一种正常的现象。

二、民俗文化的解释是一种民俗文化自我确认的依据

文化是在不断确认的过程中完成传承发展的进程的。文化自我确认是文化个性和自我完善的重要形式，民俗文化作为一种具有鲜明地方或民族或国家文化特色的文化形态，自然也需要这种自我的确认。

文化的自我确认可以提高文化个性化的“纯度”，也可以强化“我”的特色，还可以突出“非我”的差异。其中，民俗文化的解释对于表达上述方面的功能是非常直观和有效的。在不同地区、不同民族或不同国家存在同样的民俗，但其解释则存在很大的不同或根本性的差异，其实完成的就是自我文化特色、个性或差异的确认。人们通过这种解释告诉具有相同或相似民俗存在的区域，其实即使是相同的民俗形态，我们从源起或文化认知角度看，也是不同的。

民俗文化的解释通过文本的差异,完成了同一民俗文化在传播过程中而形成的一些细节性的差异到文化本质差异的自我救赎,从而完成了一种民俗文化的自我确认过程,成为一种独特民俗文化存在的依据,从而上升为某一地区或民族或国家民俗文化传承的经典依据。

三、民俗文化的解释是一种民俗文化传承的动力

一种民俗的普遍存在是因为在某一地区或民族或国家被共同认定为自己的文化,它之所以被传承也是因为它是这一地区或民族或国家在生活中的共同需要。因此,从心理上满足这一地区或民族或国家的民众对于这一民俗文化的传承需求,是民俗文化的解释得以存在的最重要的原因。换句话说,民俗文化的解释是一种民俗文化传承的内生性的心理需要动力。

我们知道,被民众信奉的民俗,常常具有强大的传承动力并在长期的历史过程中得以保存。作为经典的民俗文化解释,在其中就起了巨大的作用。人们相信并信奉自己的解释,就在于从心灵上归化一种民俗或文化,从而建立起强大的文化认同,完成文化的自我确认并融入这一文化进程之中。因为“我”相信这一解释,所以“我”传承这一文化,因此,这种民俗文化的解释就成了一种民俗文化传承的动力。就像“我”相信贴红双喜这一婚俗文化可以带来双重的喜事和吉祥,所以“我”传承这一民俗一样,它的原生动力是对贴红双喜的民俗文化解释。这一解释符合“我”的文化期待和文化养成的价值认同,因此它反过来更强化了这种传承的内生动力,从而使贴红双喜的民俗日复一日,年复一年地在民众中传承。

民俗文化的解释让我们深信一种民俗文化由来的独特和美好,它是民众千百年对于这一文化理解和传承的心灵写照,深植于一个地区或一个民族的民众内心深处。因此,它成了一种民俗文化长期传承的动力,一种其他文化形态不可替代的动力。

四、民俗文化的解释是一种民俗文化自我内聚的标识

文化的标识除了外在,诸如语言、饮食、服饰、信仰等之外,大部分都是通过内心对于一种文化的认同而完成的,有时并不是直观可以看得见的。民俗文化的解释在很大程度上对于民俗文化存在的强化和认同是内在的。但同时,它又可以通过外在的形态得到确认。就像我们相信屈原或曹娥或伍子胥的原因而形成了划龙舟的竞技文化一样,龙舟竞技成了一种外在的直观的文化形态,它

是对相信龙舟起源于屈原或曹娥或伍子胥是紧密相连的。因此，它就成了端午龙舟竞渡的一种文化自我内聚的标识，而这种标识是可能通过民俗文化的解释得到表达的。

一个地区或一个民族的民俗文化存在通过对民俗文化的解释得到文化上确认的同时，也完成了自我文化内聚的过程，实现了文化认同和文化自觉，从而使一种文化得到传承和保护。因此，哪怕是实行了相同或相似民俗文化的不同地区或不同民族，有时它们的民俗文化解释也有着极大的差异。人们因差异建立文化认同的心理区分，从而在文化自我内聚中建立不同的标识。有时同一民族中的不同地区民众也同样存在这种解释的差异，其实质也是相同的：建立一个地区民族文化自我内聚的标识。人们通过解释来完成文化差异的自我确认并达到心灵上差异的文化归化，从而建立地区文化自我内聚的精神归化，达到“我”与“非我”的差异识别。

民俗文化的解释作为一种民俗文化自我内聚的标识是心灵皈依的象征，也是文化归化内心被塑造的生命进程。只要生命不止，标识就永存，而民俗文化的解释也就会长久地传承。

第五章

民俗文化的传播范式

民俗文化具有承袭性特征，这种承袭就是从上一代向下一代的承袭。实际上它也是一种传播，只不过这种传播具有族群的限制意义——原则上只有同一族群的个体，或只有通过某种仪式被确认过的个体，如徒弟、行会中会员等，才具有得到传承的权利。为此，许多时候我们就把这种一代一代向下承袭的方式，叫作传承。

但是，相对于这种严格意义上的传承，民俗文化同时也在传播。即除了在族群内传承之外，由于文化的交往和不同民俗文化之间的碰撞，而向周边扩散，有的被其他族群所接受，有的被融合，有的被涵化，有的则被淘汰。民俗文化的传播不仅使民俗文化在承袭过程中经常处于变异状态，而且使民俗文化充满了生机和活力，它在现实生活中具有任何其他文化样式都无法替代的作用和地位。

第一节 传播的模式

传播是文化赖以广泛存在和发展的根本原因。虽然传播要借助于各种媒介,存在不同的传播模式,但它的主要目的是保存人类的文化形态,并使之继续发展下去。就目前的人类传播现象研究来看,传播因借助不同的媒体或模式而被分成内向传播(又称体内传播)、人际传播、组织传播、大众传播四个系统。[①]民俗文化的传播在一定程度上,既保持着传统的人际传播、组织传播,同时也有大众传播的介入,是一种集多种形态的传播方式。从目前的研究情况来看,有人把文化的传播分为下面五种模式,而这五种模式,对民俗文化的传播同样具有直观性和现实意义。

一、链式传播模式

这是一种单向的传播模式,这种传播模式又分为两种形态:第一是A传给B或B传给A形态;第二是A传给B,B传给C,C传给D,或反过来,由D一直传到A的形态。这种传播模式,当中不能缺链,否则传播将被中止。

二、相互传播模式

这是一种将文化信息多头并相互传播的模式,如A可能传给B,C,D;B也可能传给C,D,A。也就是说,A,B,C,D之间可以错开地不受限制地传播。

三、根式传播模式

这是一种自上而下的传播模式。如中央一个文件,它分别传向各个省市,各省市则传向各县市,各县市则传向各乡镇,各乡镇再传到各有关的基层或个人。《人民日报》的社论经常以这种模式传播。因为它基本上是由上向下垂直传递的,所以也被称为竖式传播。

---

① [英]丹尼尔·麦奎尔等:《大众传播模式论》,上海译文出版社1987年版,第2页。

四、波式传播模式

这是一种由一个信息源向四周不断扩散的传播模式，如新闻发布会，现代社会某个重大事件由广播、电视等传媒的直播等，都是由一个中心向四周扩散传播的。由于这种传播模式在时间上具有同步性，所以也被称为横向传播。

五、复合传播模式

这是一种融合以上各种传播模式于一体的传播模式。如一个重要事件，它既有波式传播，也有根式传播和相互传播的模式，同时也有链式传播的模式，只有这样，才能满足现代社会生活复杂性的需要。①

文化的这种不管用什么传播模式传播的特性，常常造成许多文化形态的相同或相似。因而，曾经在文化人类学的研究中，出现过世界文化一元论，如埃里奥特·斯密斯(Elliot Smith)的“埃及中心论”和威廉·詹姆斯·佩里的“太阳之子论”。② 盛行于20世纪二三十年代的中国文化西来说，便是在这一文化观点影响下形成的。但现代考古学、人类学等研究证明，文化是多元的，文化的相同或相似性，除了传播的原因之外，还基于人类相同生产力水平、社会结构和生活需要的共同创造。

传播既给文化带来相同或相似性，也给文化带来碰撞的机会，从而创造新的文化，并给文化以新的发展动力和生机。对于民俗文化来说也同样如此。这种借助于链式、相互传播模式或其他方式传播的文化形态，既有文化传播的共性，也存在着自己传播的特性——那就是侧重于用传统的人际传播为主体，并吸收了其他传播模式的，以参与为主的一种传播方式。因此，民俗文化的传播以人为主体而进行，借助于语言、行为、实物、手势动作等方式，直接或间接地传播，同时，也借助于文字、图像等传媒手段进行传播。

因为民俗文化的传播是以人的直接参与方式进行的，所以其传播的内容也就特别准确、客观和真实，有时还掺杂宗教性的虔诚，这是其他任何文化传播模式都无法替代的情感性因素。同时，民俗文化还存在传播的解释系统，以保证所传播的内容具有生活或历史依据，虽然这些解释可能并不具有生活或历史的

---

① 参见司马云杰：《文化社会学》，山东人民出版社1986年版，第349—351页。

② 参见夏建中：《文化人类学理论学派》，中国人民大学出版社1997年版，第65—66页。

真实性，但它无法否认其具有的情感、心理或现实的真实性，这是一种已经艺术化了的真实。而有时，正是这种解释系统，使人们乐此不疲地将民俗文化不断传播下去。

第二节　民俗文化的传播

在“民俗文化的特征”和“民俗文化圈理论”两章中，我们用“承袭”和“扩张”两个词描述民俗文化的传播问题。不过，承袭和扩张，只是民俗文化传播中的两种表达结果，而民俗文化的传播，则更注重传播的过程和其媒体的意义和作用。

从根本上说，民俗文化的传播有两种形式：一种是纵向的传播，即按照历史的发展进程或人类生活的改善规律，依序地由原始社会到古代社会到近代社会到现代社会到今天的现实生活进行传播；另一种是横向传播，即由一个族群向另一个族群，一个地域向另一个地域，一个民族向另一个民族，一个国家向另一个国家由近向远(或有时也存在跳跃式)的传播。这两种传播形式，并不是截然分开或互相之间没有关联的。事实上，在许多时候，民俗文化的传播，既是历史的纵向传播，同时也是现实的横向传播。如一个族群从一地迁徙到另一地，这一族群同时保持着自己的语言、生产方式和生活方式，一句话，也就是保持着自己的文化，这种文化就是由这个族群从上一辈那儿直接“传播”而来，却又移植在异地生长、开花、结果的。因此，民俗文化传播表现出纵向和横向两种传播形式的有机结合，是一种复合形态。

一、民俗文化的纵向传播

民俗文化的纵向传播仅仅是一种传播的形式，在纵向传播的形式中还存在着许多不同的表达方式，我们也可以把这种不同的表达方式，叫作传播模式。下面我们根据传播方式和介体的不同，把它分为三种模式。

(一)链式传播模式

民俗文化的链式传播主要是指这样一种模式，即民俗义项表现为人与人之间的单向传播，A传给B，B传给C，C传给D，一个一个或一代一代地往下传。非常明显的事例就是匠作生产中的师承关系，它是由师傅传给徒弟这种方式完成的。当徒弟出师后，经过一段时间的独立工作，他可以再将技术和有关生产中的仪式、禁忌传给下面一位。有些行业，不仅制定了有关单传的规定，而且还限定传子不传婿，传媳不传女，以保证家族在行业中的垄断地位。由于传播范畴的局限性，链式传播模式只适应于小生产和小手工作坊的工作需要，对于社会经济的发展有一定的阻碍作用。但它同时也使一种生产方式保持较为独特的特色和技术上的优势，以保证较小需求下的部分人的生存需要。我们在现实生活中经常看到的什么“祖传秘方”“正宗某某某”，便是这种链式民俗文化传播导致的结果。

（二）相互传播模式

在民俗文化圈中，相互传播模式的传播具有很重要的意义。其原因是，人们对于民俗文化义项的传播，在很多时候是在一种具体的仪式义项进行过程中，在不经意的情况下，完成相互之间的传播的。比如，舞龙灯这种由村社出面组织和施行的民俗文化义项，所有的义项，不仅在共同的协作下由村人一起完成，而且所有的仪式和应该传承的内容，也都在这参与的过程中，在相互之间的不断协调和修正过程中，得到传播和保存。对于个体来说，参与是“演示”民俗文化的唯一途径，而“演示”民俗文化仪式又是传播保存民俗文化的唯一途径，共同参与和相互传播，成为一个水乳交融的有机组成部分，两者不可分离不可或缺。这种相互传播的模式，在需要族群共同参加的各种民俗文化义项中，是一种普遍的现象。族群的个体，就在长期的耳濡目染、长期的接触和参与过程中，逐渐地成为一个合格的成员，并且将自己的民俗文化一直传承下去。

（三）根式传播模式

大家都知道，民俗文化的重复基本上以家庭或家族为单位完成，因此，根式传播结构就显得非常有意义。当然，这里的根式传播模式，并非是由上下级等行政或系统来完成结构的，主要体现的是上、下代之间的一种血缘上的关系。这是一种与链式结构不同的关系，它不是由一个个体向另一个个体的单独传播，而是由一个个体向数个个体同时传播。如一个父亲或母亲，将自己的以家庭为主的民俗文化义项，传承给儿女，并由儿女再传承给更多的下一代。这种传播方式的扩大化，就是家族中由族长之类，将自己的家族的民俗文化义项传承给所有家族成员。其中，村规民约、族规族约，便是以这样的方式，一代一代地传承下来的。所以，民俗文化的根式传播模式，事实上也是一种异化了的链式传播模式，一种更大规模的代与代之间的传承。

二、民俗文化的横向传播

民俗文化的横向传播是民俗文化传播的一种重要方式,不仅表达了不同地域之间的民俗文化存在着相互影响,也表达了不同民俗文化之间存在的相互碰撞和交往以及吸收和保存。造成民俗文化的横向传播的原因多种多样,其中以下几个方面是最重要的。

(一)移民迁徙

移民,尤其是有组织的大规模的移民,他们往往带着自己的文化样式,包括语言、习惯、风俗和一些组织结构,在另一个居住地上开始与自己的习惯极其相近的生产和生活,并将自己的文化承袭下去。如果说,从民俗文化圈内部的角度去看,移民的民俗文化传承,仅仅是一种对旧有的民俗文化的承袭的话,那么他们在异地生长、开花、结果,则显然是一种民俗文化在更大的区域上的传播。更何况,移民在迁入新居住地之后,往往总是或多或少地接受当地土著民俗文化或与当地土著民俗文化发生碰撞而使传统意义上的固有的民俗文化发生一定程度上的异化或移位,从而形成一种更具适应能力和生命力机制的新的民俗文化。如魏晋南北朝时期,由于中原动荡不安,政权更替频繁,大量北方汉族迁入南方尤其是江浙一带,从而造成了南方文化,其中也包括民俗文化的激荡和变化。如胡床,便在此时随着北方上层贵族的南迁被带到南方,并最终改变了汉族席地而坐的习惯,在唐宋之间演变为椅子这一最普遍的坐具。另外像坐牛车、下围棋、寒食节等也都在南方盛行起来。因此,杜佑说:"永嘉以后,帝室东迁,衣冠避难,多所萃止。艺文儒术,斯之为盛。今虽闾阎贱品,处力役之际,吟咏不辍,盖颜、谢、徐、庾之风扇焉。"[①]这说明北方文化的影响对南方整个社会都起了不可低估的作用。这种移民文化的影响,在两宋之交的北方移民迁入南方的运动中,表现得更为明显。随着北方移民大量迁入南方,麦、粟等北方种植的谷物也在南方大面积地推广开来,以适应北方迁入民对饮食方面的特别需要。《都城纪胜·食店》载,"都城(杭州)食店,多是旧京师(开封)人开张",说明面食是北方人的主食。而以面食为主的北方饮食习惯,也在南方逐渐地时兴起来,最终造成南北饮食趋于相近。《梦粱录》卷一六"面食店"条说:"向者汴京开南食面店、川饭分茶,以备江南往来士夫,谓其不便北食耳。南渡以来,几二百余年,则水土既惯,饮食混淆,无南北之分矣。"除了饮食民俗文化之外,在其他方

---

① 杜佑:《通典·州郡十二》。

面，诸如服饰、节日、火葬、方言等，都随着北方移民的大量迁入而发生变化和受到巨大冲击。像服饰习俗，紫衫在南宋初的流行，便由北方军队的大量迁入南方而带来，而一些少数民族人士和北方来投之士，在进入南宋之后，依然有着自己的民族服装或旧制服装，对临安(杭州)的南方服饰起了极大的影响。隆兴元年(1163)，由于“归明、归朝、归正等人往往承前不改胡服，及诸军又有效习蕃装”，致使临安等“士庶服饰乱常”，以至于朝廷不得不下令禁止士庶穿胡服。[①]节日习俗也是这样，许多内容都是从北方传入。如七月初七的七夕节，除乞巧外，其中有一项内容是“市井儿童，手执新荷叶，效摩喉罗之状。此东都流传，至今不改”[②]。又如七月十五中元节，临安人有吃素食、接祖宗之俗。有人对此解释说：“盖因南宋杭人多半由汴京南渡而来，祖宗坟茔在北，无从设祭，遂有是事，相沿成习，为他郡所无。故杭谚有‘七月十二接祖宗，西瓜老藕瞎莲蓬’。”[③]方言方面也是如此，大量北方人的迁入，也带来了自己的方言，至今杭州在方言方面，与吴语方言相比，依然有着很大的差异，被称为半官话方言。明代时的郎瑛说，杭州“城中语音，好于他郡。盖初皆汴人，扈宋南渡，遂家焉，故至今与汴音颇相似……唯江干人言语嗓动，为杭人之旧音”。其他城市的情况也是如此，随着大量北方人的迁入，时尚风气都发生了很大的变化。《至大金陵新志》卷八引宋元间人戚氏语：建康(今南京)“在宋建炎(1127—1130)中，绝城境为墟，来居者多汴洛力能远迁巨族仕家，视东晋至此又为之一变。岁时礼节、饮食、市井负衒讴歌，尚传京城故事……习气大率有近中原”，所谓“士民交际、衣服、饮食，多中原遗俗”。

移民的迁徙，不仅表现为人民的大规模流动，更表现为文化的更大区域的传播和在新的地区的生根开花结果。由于迁入民一般总是少于当地土著民，因此在保持了一段时期的自有民俗文化之后，往往随着与当地文化交往的不断深化，加上部分原有的生产方式的变化，最终导致民俗文化逐渐当地化，并融入当地的民俗文化主流之中，形成一种你中有我，我中有你的新的民俗文化形态。因此，移民的迁徙，更大的意义是在文化的碰撞和融合之后所带来的对民俗文化的一种宽容和认同精神。

(二)战争扩张

战争是文化碰撞的最激烈的表现，战争不仅是一种征服，还是一种文化的

---

① 《宋会以辑稿》兵一五之一二。

② 《梦粱录》卷四“七夕”条。

③ 王企敖：《南宋杭州的时俗》，载中国人民政治协商会议，浙江省杭州市委员会办公室编：《南宋京城杭州》，1984年。

扩张,因此,战争的最后结果,不仅仅是在建立一种统治的权威,而且在推销一种强权的文化——一种属于战胜方的具有统治权的文化,其中也包括民俗文化。当秦始皇最终统一了六国之后,秦国的文化便成了标准,秦始皇所做的统一文字、统一度量衡、统一驰道、统一法律和货币,并不断到全国各地巡视,刻石立碑,移风易俗,便是战胜方对文化的一种强权推销。所以,对于战争的失败方来说,可能是一种文化的灭顶之灾,但对于胜方来说,则是一种文化传播的最好机会。当元朝的蒙古人入主中原之后,对于中原和南方地区推行的是退耕种草放牧,因为,这是他们最典型的生存方式,也是他们生存的依托。而当满族入关,占有整个中华大地之后,他们推行的是"留头不留发,留发不留头",以他们的标准作为所有民族文化生存的唯一标准。前者,由于生存方式问题,战胜方最终不得不放弃而一仍汉民族之旧;后者则因为属于习惯,最终被强权所征服,汉民族不得不改变数千年来就已形成的"身体发肤,受之父母,不敢毁伤也"的传统。

(三)语言传布

语言是文化的载体,随着某种语言使用范围的不断扩大,与之相同的文化也就在语言扩大时得到传播。如以汉族为主体形成的华语普通话及文字,在向各个地区、各个民族和不同国家的推广中,形成了向周边地区的传播扩张。汉族不断地向周边像滚雪球一样滚动发展,除了汉族人不断向周边移民外,一个重要的原因就是由于交往的需要而向周边不断地输出自己的语言和文字。历史上汉族文化圈的形成,不仅是汉民族移民对周边影响造成的,也是汉民族的语言文字系统向周边不断输出造成的。日本、朝鲜、越南等国家,在某个时期都曾流行过汉字,有的国家至今还在运用汉字系统。目前在我国使用普通话和汉字的民族越来越多,他们的文化,包括民俗文化已经越来越表现出同一性。如生活于广东、福建、浙江、江西、安徽等沿海较为发达地区的少数民族畲族,他们的文化就表现出与当地居住民趋于一致的特性。这当中,语言文字的趋同和不断的当地化,即汉族化,是最为重要的原因。

语言还随着经商、移民等传统的媒介,跨地区地传播,从而造成民俗文化的远距离传播。如先生、太太、老公、老婆、小姐、广场、花园、家私、生猛海鲜、早茶、午茶、酬宾等词便是随着改革开放之后,从广东传播到全国各地的。同样,随着西方语言,尤其是英语运用的不断扩大,西方的一些日常用语和礼节,也在现实生活中大大地流行起来,什么早安、拜拜、派对、的士、不问女士年龄、忌问工资收入、忌数字13、女士优先、拥抱礼、亲吻礼、握手礼等等。随着现代语言传媒的迅速发展和形式不断多样化,民俗文化的相同性或相似性将越来越多,传播的速度也将越来越快。

民俗文化的横向传播除了上述形式之外，还有诸如民族之间的和亲政策、不同民族不同地区人员之间婚姻的缔结、政府强制的推行、文化先进地区向后进地区的渗透等造成的传播。

第三节　传播中的变异

民俗文化在生成之后，就会一代一代地不断向下传承，由于它大致并没有本质上的改变，因此，我们称这种传承为承袭。但是，承袭不等于永远地一成不变保持着原始或固有的内容形式，承袭只是一种相对的行为，变异才是绝对的。许多民俗文化内容之所以数千年来一直活在民众的现实生活之中，除了承袭的功劳之外，承袭中的变异并使之更适合后来者的生活方式或生存需要，是一个重要的原因。这种承袭，也包括向更遥远的地区输出，我们统称为传播。

传播不仅是民俗文化保持自我体系，而且也是保持生命动力的最有效的手段。传播形成了民俗文化圈，传播也创造了民俗文化相互碰撞的机会，并最终形成民俗文化的变异。目前可知的民俗文化变异，大致有这样三种情况。

一、历史传播过程中的变异

这种变异主要体现在民俗文化的发展过程之中，由于民俗文化各种赖以生存的条件发生了变化，包括政治、经济、社会、组织、自然环境和人为的变革等，从而导致了民俗文化的变异。如庙会是一种在汉代之后随着佛教信仰而盛行起来的以庙宇为依托，既进行大型的祭祀、开光、道场等信仰性活动，又进行大型的物资交流的民间集会习俗。在宋代的开封相国寺，甚至形成了定期的集市贸易。《东京梦华录》卷三“相国寺内万姓交易”条记载：“相国寺每月五次开放万姓交易，大三门上皆是飞禽猫犬之类，珍禽奇兽，无所不有。第二三门皆动用什物，庭中设彩幕露屋义铺，卖蒲合、簟席、屏帏、洗漱、鞍辔、弓剑、时果、腊脯之类。近佛殿，孟家道院王道人蜜煎、赵文秀笔及潘谷墨占定。两廊皆诸寺师姑卖绣作、领抹、花朵、珠翠头面、生色销金花样幞头帽子、特髻冠子、绦线之类。殿后资圣门前，皆书籍玩好图画及诸路罢任官员土物香药之类。后廊皆日者货术传神之类。”庙会的性质已明显向着集市交易的方向发展。新中国成立之后，庙会被取消，但在改革开放之后，许多地方以传统庙会为依托，重新进行整顿组织，完全向集市贸易、繁荣市场和旅游观光、陶冶性情的方向发展，为振兴地方经济和提高人们文化素质服务。庙会完成了从信仰到一种经济文化手段的过渡，信仰的目的削弱，经济的文化的目的加强。这种变异，就是民俗文化在政治、经济或其他条件的制约下，适应新的生存需要而作出的。大量的民俗文化变异，都属于历史传播过程的变异。

二、现实传播过程中的变异

这是一种横向传播过程中的变异，如一种民俗文化义项在由甲地向乙地传播过程中，为了适应乙地的文化习惯或生存需要而作出变异。存在于舟山渔民中的一种潮魂葬，便是对土葬的一种变异形式，且只有从事海上作业的渔民，才存在这样的潮魂葬条件，从而成为一种具有地方代表性的葬法。习俗的过程是，当“渔民死在海里，没有找到尸体，只得扎个稻草人，叫道士打醮、超度，在潮涨时叫亲属到海边去把失落在海里的阴魂招来，抬进稻草人中，放进棺材，埋在山岗上”。“‘潮魂’时的喊声是非常凄凉和悲哀的。记得幼年时看见海滩边搭起一个帐篷(用船上咖色篷帆遮顶)，请来一班游方道士打醮超度阴魂，知道要‘潮魂’了。傍晚，帐篷内供着香火，中间坐着个草扎的稻草人，有死者的生辰八字。棺材放在稻草人后边，靠近潮水沿有二张镶拼起来的篾簟，簟上摆满鱼腥蔬菜等祀礼供品。整个沙滩还距离相等地堆放着几堆稻草，以备半夜燃烧之用。据说是为了潮魂时温暖阴魂的心灵，同时使飘荡不定的游魂，看到火堆，看清自己归来的方向。到了半夜，潮水涨了，钟磬铙钹之声齐发，道士披着袈裟念念有词，四五个草堆烧起熊熊烈火。死者的亲属，披麻戴孝，前面的人提着一盏有字号的灯笼，嘴里喊着死者的名字：‘×××，海里冷冷，屋里来呵！’后边一个孩童或亲属应声道：‘来喽！’这样喊叫着直到潮水涨平，道士铃声越摇越紧，一声‘刷勒勒’巨响，算是把海上飘浮的阴魂招进稻草人中。潮魂的程序就这样结束了。第二天把稻草人放进棺木抬上山，送丧的仪式同正常人出丧相同。”[①]可知潮魂不过是对海上失事找不到尸体者，在进行正式土葬之前的一种变异形式，最终进行的还是土葬——一种衣冠冢形式的土葬。

---

① 金德章：《舟山渔民风俗浅谈》，《浙江民俗》1983 年第 3 期。

三、交叉复合传播过程中的变异

这是一种在传播过程中，既有历史过程的因素，也有现实过程的因素，既可能是本土的，也可能结合着外来文化，有信仰的，也有娱乐的等多种因素交叉复合的传播变异形式，这当中有淘汰也有创新，经过长期的存在，形成一种全新的民俗文化内容。如元宵节习俗，早期通过元宵夜的气候占验来推测上半年的天气情况，是一个非常重要的内容。所谓“正月望夜占阴阳，阴长即旱，阳长即水”。[①] 南宋马端临《文献通考象讳考二》中也说，“上元日晴，主一春少雨，又宜百果。谚云：上元无雨三春旱，又云，雨打上元灯，云罩中秋月”等。除了占验，元宵节在魏晋南北朝时，还有几个非常重要的内容，那就是祭门户、逐蚕鼠、迎紫姑等。《荆楚岁时记》载：“正月十五日，作豆糜，加油膏其上，以祠门户。先以杨枝插门，随杨枝所指，仍以酒脯饮食及豆粥插箸而祭之。”这是祭门户。“老人月半作粥祷之，加肉覆其上，登屋食之。咒曰：‘登高糜，挟鼠脑，欲来不来，待我三蚕老。’则是为蚕逐鼠矣。”[②]“其夕，迎紫姑，以卜将来蚕桑，并占众事”[③]则是迎紫姑。但是，随着元宵节发展，与佛教信仰相关的纪念佛祖释迦牟尼在西方十二月三十日（即东土正月十五日）示现神变、降伏神魔的燃灯法会，逐渐流行开来。到南北朝后期，人们点着火炬狂欢的习俗开始形成。据《北史・柳彧传》载：“正月望夜，充街塞陌，鸣鼓聒天，燎炬照地。人戴兽面，男为妇服。竭资破产，竞此一时。”到了唐代之后，元宵节点灯已成为最重要的节俗。据《开元天宝遗事》记载，唐玄宗曾制作过高十五丈、大三十间的灯楼。白居易所谓的“灯火家家市，笙歌处处楼”便是元宵节点灯的写照。这种元宵点灯的习俗后来不仅在时间上逐渐增加，由一天到五天；内容上也逐渐增加，如猜灯谜、舞龙灯、吃元宵、演大戏等等，表现出完全的交叉复合的变异特性。既有传统的，也有现实的；既有本土的，也有外来的。

在现实生活中，由上述三种民俗文化传播中变异形态而形成的事例比比皆是。如丧葬中的人殉制，最后演化为陶俑；为帝王居丧由三年演化为汉文帝时的三十六日，即以月代年，最后到唐代时则限定为二十七日；为父母居丧由早期礼制规定的为父斩衰三年；为母则父在齐衰杖期一年，父去世则齐衰杖期三年，到明代时则完全演化为为父母都是斩衰三年；人牲祭祀演化为供奉动物等牺牲祭祀；台湾高山族的猎人头以表明勇武演化以狩猎野猪加以代替；史前开始的

---

① 贾思勰：《齐民要术・杂说》引《物理论》。

②③ 宗懔：《荆楚岁时记》。

随葬生产、生活工具,演化为后来的明器制度;上巳节由三月上旬的第一个巳日过节,演化为固定于三月三;七夕乞巧节,由七月初一到初七不等,固定于七月初七;春节时在篝火中燃放毛竹爆声以示驱邪避祟到放鞭炮以为吉祥;等等。不过,这些民俗文化不管以什么形式变异,都并非是出于一种事由,而有着复杂的不同的原因。这些原因包括:

1. 政治的需要。如居丧中的以月易年,即以三十六日代替三十六个月的为君王居丧制度,便是一种出于政治需要的变异。曹操在《明罚令》中禁止寒食,认为:"北方冱寒之地,老少羸弱,有不堪之患,令到不得寒食。若犯者,家长半岁刑,主吏百日刑,令长夺一月俸。"①这同样出于政治上的需要。这种政治上的需要,在各个朝代大都以诏令和政府公告等形式,对不同的习俗,或加以弘扬,或加以禁止,非常明确。

2. 人性的高涨。这种人性高涨的结果,往往导致对一些非常恶劣的习俗的变异或革除。殉葬或人祭,便是在人性高涨之后,在奴隶社会后期和进入封建社会之后,逐渐被革除的。部分人牲的祭祀以动物作牺牲加以替代,人的生命的高贵性,在人性高涨之后,获得了肯定。这一点,在对待父母的不同居丧礼制方面由开始的不平等到最后的平等,也表明人性因素的作用。

3. 生活的需要。有些习俗由于早年的习惯和现在不同,因此,显得不太方便,人们便通过变异加以改造。如上巳节和七夕节由不固定向固定化发展,便是出于生活需要的一种体现。寒食节由于有碍身体健康,在后来的历史当中也逐渐地被淘汰,而仅仅留下清明祭祀祖先这一习俗了。许多民俗文化越来越向娱乐方向发展,也同样是生活需要的表达。

4. 信仰的体现。为了表达信仰,人们创造了各种不同的民俗文化,而这些民俗文化又反过来体现信仰的丰富多彩。随葬器物是从原始社会就已开始的一种丧俗文化,但是,在不同的时代,人们用以体现这种信仰的物化形态是不相同的。早期是生产和生活工具,后来则演化成各种礼器并专门制造生产一种供随葬用的明器。为了信仰,人们也创造了鞭炮等东西代替燃烧的毛竹,以增添节日的气氛。至于禁忌等随时代变化而变异,则更是普遍。

5. 象征连续性的需要。许多民俗文化都具有象征意义,如箸谐音"住",随嫁九箸,象征女性能"久住";后来,箸叫筷子,人们对随嫁筷子的解释变为"快生贵子"。高山族人以猎人头为勇武的象征,并将猎人头成功的行为用文身的方式雕刻在身上。猎人头被禁止之后,则以狩猎野猪作为勇武的象征,以保持自己民族对勇武行为鼓励的连续性。

① 转引自徐坚等:《初学记》卷四"寒食"条。

6.传播过程中解释系统的遗忘。这种遗忘不仅使民俗文化的一些义项得以“莫名其妙”的保存，而且人们可以增减这些民俗文化义项，以求更具现实性或人情味。如抢婚习俗的许多义项，像拦门、哭嫁、打新郎等便都保存在现行的婚俗之中，但由于对它的解释系统早已遗失，因此人们在实行这些习俗义项时，并不把它作为原始的抢婚习俗来进行。拦门、哭嫁在各地也就变得五花八门，红包、礼物等行贿式的打开拦门的习俗也就变异而生；哭嫁既有女儿哭，也有新人的闺中好友一起哭，也有母亲哭等各种形式。

7.名人的介入。地方名人对某一种民俗文化义项的认同，往往造成地方上或民俗文化圈中普遍施行某一种民俗文化义项。如居丧不用乐是礼制的规定，但东晋时的谢安兄弟则居丧不废乐，不但谁也不敢说他们居丧违礼，相反还使“衣冠效之，遂以成俗”[①]。目前在民间丧葬中的用乐习俗，便应该是在谢安兄弟的推动下普遍推广开来的。

当然还有许多各种各样的原因，它们在民俗文化的传播过程中，都有可能造成民俗文化的变异，从而对旧有的民俗文化产生冲击，并形成新一轮的承袭和发展。

第四节　传播的载体

民俗文化的传播除了具有传播学一般意义上的特征之外，同时，也具有自己的个性特征，其中传播媒体便具有自己鲜明的个性。它们与典籍文化以借助文字的形式记录和传播不同，民俗文化的记录和传播依靠的是人们的口头语言和族群或个体的行为、行动以及一些特殊的民俗文化物化形态。因此，民俗文化传播的载体就有着与其他文化传播不同的形态。

民俗文化是一种活的文化形态，它不仅活在人们的现实生活之中，还活在人们的口耳相传和行为规范之中。只有活化的民俗文化形态，才具有现实意义。因此，只有人们承袭的民俗文化，才具有传播的价值，承袭也就是传播，而它最主要的载体，便是活态的人。不过，把人作为民俗文化的载体毕竟过于宽泛，因而会缺乏实际意义，为此，我们把人的行为之中一些特殊传播模式或过程作为民俗文化的载体，从而使我们明显地感受到民俗文化传播的载体所具有的个性意义。这种载体表现在以下几方面。

---

① 《晋书·谢安传》。

一、口头语言

民俗文化产生于书面语言之前，而且，一直以来都以口头语言的形式保存在民众的生活之中。人们口耳相传地、同时也是真诚地将上辈承袭而来的民俗文化作为一种规范和生活方式，传承给自己的后代。其中，许多民俗文化内容的仪式、过程、规矩、禁忌和民俗文化的解释系统，都以口头语言的形式，告诉后代。因此，口头语言是民俗文化传播的最主要的载体。这种载体在传播中表现为三方面的作用：一方面是作为记忆的载体，将民俗文化保存在口头承袭过程中；另一方面则是通过口头语言，将民俗文化义项解释系统完整地保存下来；同时，还通过口头语言复原民俗文化义项或将它传播到远方不同民俗文化系统之中。因此，口头语言载体的意义，除了直接体现民俗文化内容之外，如一些禁忌民俗文化、咒语民俗文化、故事解释系统民俗文化和一些需要用语言加以表达的民俗文化内容，便是通过这种语言来复原民俗文化形态，从而达到传播的目的。

二、手势体表语言

这是一种对于口头语言进行补充的特殊载体系统，在相同民俗文化圈范围之内，对许多民俗文化的内容，人们不需要通过口头语言或文字等其他途径，便可以达到认同。如对某些事情，以摇头表示反对、叹息、无可奈何，以瞪眼表示呵斥、不满，以挥手表示走开或让“我”静一静等。这种手势体表语言，在有些方面还是相当丰富的，如交往中一起出门时的开门和伸手前指以表示“您先走”、朋友分手时除了语言告别之外的摇手以示“再见”、相见时用力握手以示热烈欢迎、拱手相揖以示热忱或欢迎或再见、伸出大拇指以示赞许、伸出小指头以示轻蔑。另外还有媚眼、秋波、微笑、点头、伸长脖子、低头不语等等各种体表语言，他们在各种不同的场合，表达着不同的约定俗成的可理解的意义。有时，这种手势体表语言，也借助一些特殊的色彩来完成，如结婚时用红色，新人穿红色的衣服，贴红对联、红双喜，点大红灯笼，分红喜糖等，而丧礼则用白色，贴白对联、穿白孝服、戴白帽子等等。手势体表语言的存在，不仅丰富了民俗文化内容，而且使民俗文化的保存具有更多的渠道。这是一种特殊的民俗文化载体，以往常常被忽略，但它却是世界性的，具有很强的民俗文化圈或地域性意义。

三、行为行动

除了上述两种语言之外，民俗文化还特别强调以行为或行动的方式来传承，这时，它的传承方式，也就成了民俗文化的载体。许多集体性的民俗文化义项，人们主要通过观看或参与民俗文化的活动来体验或接受民俗文化的内容，如舞龙灯、舞狮子、踩高跷、划龙舟、拔河、摇快船等，都是通过行为行动来传承民俗文化内容的。传承方式也就是民俗文化承载方式。换句话说，传承方式也就是一种特殊的载体，这种载体就是行为和行动。以这种载体来传播民俗文化的事例非常多，如春节时的贴春联、挂年画或门神，元宵节时的点灯、观灯，端午节时的划龙舟、插菖蒲艾叶、悬五色丝以避邪，中秋吃月饼以示团圆，重阳节时的登高、饮菊花酒、插茱萸，祭祀中的各种祭物、祭仪，信仰中的各种膜拜或敬献，婚丧喜庆中的各种活动或布置，民俗娱乐中的各种技巧的学习和掌握，以及举手投足之间的各种手势和体表语言的意义和领会其意义的能力，等等，它们都通过一定的行为或行动来加以体现，人们就是在长期的耳濡目染过程中接受民俗文化，并通过同样的方式传播民俗文化。因此，行为或行动，不仅传播了民俗文化，还承载了民俗文化，行为行动就是民俗文化的载体。

除上述三种经典性的载体之外，民俗文化从来也不排斥其他媒体的介入，并且也利用其他载体来传播民俗文化。如许多古代的民俗文化义项，在今天已经失传，但它却借助于文字的载体，使我们得以看到那时的基本形态。这种利用非民俗文化传统载体来传播民俗文化，在现实生活中还是相当普遍的，具体有这么一些。

第一是文字载体。这是大家都可以理解和接受的。文字载体的意义，就在于它能使我们看到民俗文化在一个时期曾有过的特殊生存方式。但是，我们应该认识到，民俗文化是一种活态的生活方式，它随时随地都处于流动之中，因此，文字的记载只能是一种补充的载体。

文字载体因其对民俗文化处理方式的不同，我们可以把它分为记录式和附带利用式两种。记录式是单纯出于对民俗文化的记录目的，有直接观察的记录，有耳听传述的记录，有出于好奇的记录，有综合生活和典籍的记录，等等，其客观性完全取决于记录者。附带利用式的记录常常并不是出于直接的保存民俗文化的目的，而仅仅将民俗文化作为利用的对象，如小说创作中的民俗文化内容、历史记载中涉及的民俗文化内容等等。由于记载的不科学性，现在国外也有将后者称为“赝品”民俗学或“赝品学”的。

第二是图片载体。这是一种借助于绘画或摄影拍照等形式来保存或传播民俗文化的方式,风俗画是其直接的表达。如《清明上河图》等和一些民俗生活画面的插图及摄影作品,都是这种载体的体现。由于图片具有形象性、直观性而具有一定的真实性,但它同样是凝固的,与活的民俗文化相比,缺乏生气和流动感,并且缺乏连续性。不过对于民俗文化瞬间的真实性,还是应该引起民俗文化学者的重视。

第三是影视载体。这是一种在现代社会兴起的,以摄影、摄像等为代表的电影、电视等媒体。这种媒体具有更清晰的画面、动感的真实性、连续的过程和有机的整体性。因此,从保存民俗文化这一角度来看,是最具有科学性和价值的。但由于这种载体的时空有限性和人们在传播民俗文化时还需要长期的对民俗文化认同感的培养和潜在民俗文化的认知,因此,光靠影视载体依然不能解决民俗文化所具有的深刻文化内涵的发掘和传播。

第四是多媒体载体。这是一种利用最先进的图文声像工具来传播民俗文化的方式,其中电脑综合了它的硬件载体和软件载体。多媒体不仅能实现民俗文化快捷的传输,而且它的图文声像并茂,是任何其他传播载体都无法替代的。然而,对于民俗文化来说,它的先天不足,就是这种载体,永远都隔着生活一层,而民俗文化是活的、流动的。

不管怎么说,借助于工具的民俗文化传播都具有不可掩饰的短处,它们无法完全摹写生存于生活之中的民俗文化,因为民俗文化本身就是一种生活方式,而生活方式是无法用语言文字或其他手段去复制的。民俗文化中存在大量只可意会不可言传的内容,证明所有的模写和复制,不仅是苍白的,而且也是徒劳的和难以令人信服的。

第六章

民俗文化圈理论

作为一种以独特生活方式存在的民俗文化，其生存的依托，在很大程度上取决于人们所结成的各种血缘、亲缘、社会和自然关系。换句话说，一种具体的民俗文化总是在一定的范围之内和一定的人群之中才具有存在的意义，如果我们用族群这一概念①，我们会发现，民俗文化的生存具有共时性和历时性的时空关系，是一种建立在历史、现实和族群之中的立体结构，它构成一种我们所说的民俗文化圈。民俗文化圈不仅使生存于同一民俗文化圈之中的族群具有内聚力，同时还在一定的条件下向更大的空间扩张。

民俗文化圈既是一种对民俗文化研究的认知方式，也是同民俗文化圈内族群的一种认同方式，还是民俗文化形态传承的一个载体。因此，下文试图通过对民俗文化圈的界定和它的形成原因、它的稳定性因素以及传承扩张的研究，来完成对民俗文化圈理论的建构和文化意义的认识。

① 吴燕和：《族群意识·认同·文化》，载《广西民族学院学报》1998年第3期。

第一节　民俗文化圈的概念

人类是一种能够传承并且创造文化的独特动物,在漫长的历史进程中,人类就是靠着自身这一独特的个性,不仅传承了上辈创造的文化知识,还在传承中修正并创造新的文化知识,使人类这一独特的“动物”逐渐地与其他动物区分开来,成为地球的主宰。民俗文化作为一种独特的生存方式在形成之后,就在人们的生活中一代一代地传承着,并作为族群中的一种规范性生活模式,为族群的内聚和生存服务。

因此,从本质意义上来说,一种民俗文化内容形成之后,传承便是至关重要的,停止传承也就意味着消亡。而民俗文化的传承有两种方式,即纵向传承和横向传承。纵向传承主要是代与代之间的口耳和行为相传,这是一种最为重要的传承方式,其真实性最为可靠,人们也最为真诚地接受,但它的地域性限定非常强,大都在家庭或家族之内完成。横向传承是一种跨地域的传承,其中移民迁徙、侵略扩张和语言(方言等)的传播是主要的方式。而语言的传播,在很大程度上又依靠移民的迁徙和侵略扩张,当然也包括一些军屯、流放、政治性迁移和逃亡等形式,正是后者带着自己的语言并保存了自己的生存方式,才使民俗文化得以从一地传承到异地得到保存和生长,而这种保存和生长,在最大限度上则是依靠语言的特殊凝聚力来达成的。两种传承模式使民俗文化的主体得以保存,保证人们能按照传统的生活模式有序地生存。不过,纵向和横向的传承,并不是独一无二的不变模式,在许多情况下,传承并不是用某种模式可以绝对地涵盖的。其中,两种民俗文化在特定的条件下的碰撞(有两个不同地区的,也有两种不同文化系统的民俗文化内容),常常形成一种介于两种民俗文化之间的不同的形态,这是一种已经变异了的形态,却在新一轮的传承中得以保存。然而,不管是何种传承模式或形态保存下来的民俗文化内容,都有一个最大的特点,那就是它的生存依托是有限定性的。换句话说,就是它的传承并不是没有限制和完全扩散性的,它有着自身具体的对象禁忌,虽然这种禁忌并不像有些村规民约或家规家法以及婚丧仪礼那样严格,却是不容忽视的。

正是传承中这种不容忽视的具体对象禁忌,造成了民俗文化传承的相对保守性，并形成了我们本文意义上的民俗文化圈概念[①]。

如果我们相信保持和传承民俗文化是一种相对意义上的族群活动，那么，民俗文化圈的概念就应该引起我们的重视。事实上，我们大家都生活于不同的民俗文化圈之中，我们有自己的生存方式、方言和生存空间。这就从根本上形成了人们经常感受到的“奇风异俗”的存在。人们感受到民俗文化的不同，是因为每一个人都是从自身的民俗文化圈体验和具有的价值伦理观念出发去判断每一种相同或相异的文化事项的，与以往的经验不同，感受到的就是相异性。这儿用“感受”一词是因为感受是非理性和表象的，它仅仅是一种个人体验。不过，在文化的研究中，感受是非常重要的，没有感受就无法体验相异性，这也是我们要特别强调实地调查的根本原因。尤其是民俗文化，它生存于老百姓的日常生活之中，他们没有文字或不使用文字，同时也缺乏记录，民俗学家如果不到现实生活中去调查、去搜集资料，他的研究就必然缺乏真实性和生命力。

正是在这样一种认识的基础上，我们相信，民俗文化圈是一种以族群为活动依托，具有地域性和传承性特征的民俗文化生存形态。它因为家庭或家族制度的形成，因为自然村落或自然环境的不同，因为行政区划或语言（方言）的不同，从而使民俗文化事项在各自的家庭或家族、自然村落或自然环境，以及相同的行政区域或相同的语言（方言）中形成具有自我个性的内容，互相独立传承，具有不同的解释系统和施行的族群。因此，民俗文化圈理论，就在于使我们相信，民俗文化在相对的环境、族群和空间，存在相对的民俗文化事项。换句话说，民俗文化是在相对的族群中以相对的内容和方式独立地存在。顺便应该提到的是，这里的“圈”并不是一种绝对对称的圆圈，而是一种相对范围的区域，一种包括过去、现在和地域、空间范围的区域。

第二节　民俗文化圈的形成

民俗文化圈是一种真实客观的存在，它在过去、现在都曾经对人们的生活产生过深远的影响。许多时候，人们用各种形式来认同民俗文化圈的存在，比

---

① 文化圈概念是由英国人类学家格雷布纳等奠定，最后由奥地利地理学家施米特加以完善的，其意重在地理空间意义和各种文化功能之间相互关联的有机性。参见司马云杰：《文化社会学》，山东人民出版社 1987 年版，第 245—246 页。本文在一定意义上同意这种观点，但又有自己的发展。

如一个远离故乡的人,会因为在他乡遇到故乡的人而产生一种特别的亲昵的情感,这是一种深埋于意识之中的民俗文化认同感,原因是相同地域来的人有着相同的方言和习惯,而这种相同的方言和习惯是民俗文化拥有相似或相同内容的依托。因此,事实上所谓同乡就是来自于相同民俗文化圈族群中的个体。不过,对于民俗文化圈的认同,在许多情况下并不是绝对的,大都是一种相对的认同,而且,随着情况的不同而有所变化。比如当一个人远离自已的省(自治区、直辖市)时,同省(自治区、直辖市)的区域认同便使来自于相同省(自治区、直辖市)的人产生一种亲昵的情感;而在同一省(自治区、直辖市)之内,则相同县市的人会产生一种亲昵的情感;在同县之内,则同乡镇的人会产生一种特殊的亲昵情感。因此,民俗文化圈的认同在许多时候具有不确定性,随着前提的变化而可大可小。有时,在运用上也极不确定,但这并不是民俗文化圈本身存在不确定性,而是人们为了表达情感时的一种变通形式。因为同乡的认同不仅使人产生一种亲昵的情感,还产生一种安全感,这是出门在外的人特别希望得到的一种心理上的需要。我们举上述事例只不过要说明,民俗文化圈是存在的,但在认同时却存在相对性和不确定性。

那么,民俗文化圈是怎样形成的呢?笔者以为大致有以下几方面的原因。

一、家族制度的作用

家族制度是一种在家庭基础上形成的,以血缘关系为前提,以家长或族长制为组织形式,以祠堂、族产等为共有财产,以家规家法和共同祭祀为行为规范和情感纽带的一种最基本的社会组织。我国的家族制度在许多时候表现为同姓集居的现象。一个宗族的人,世代居住在一起,形成一个大村落,他们有着共同的姓氏和祖先,生活于同一方天地,从事着同一种生产方式,过着相同的日子。由于同姓同源,世代居住在一起,从而形成了相同的民俗文化习惯。这种相同的民俗文化习惯,不仅具有完全的一致性,而且具有鲜明的族群性,从而形成一种牢固的民俗文化圈。一些具体的民俗文化内容,只有在同一家族之内才得以通行,如独特的抚贫济困的赡恤制度、传统的扬善惩恶的族规家法等等。这些独特的民俗文化事项,不仅是个性化的,表明民俗文化圈的存在,而且还具有强大的凝聚力,强化同姓宗族的认同,并最终为家族制度的保存和民俗文化圈的内聚,起着黏和力的作用。因此,家族制度是形成民俗文化圈的一个最直接也最重要的原因,而这种民俗文化圈不仅最小也最牢固,具有强大的内聚力。

二、自然村落的制约

在许多情况下，中国农村的自然村落以同姓集聚的形式出现，这种自然村落往往也就是家族制度的体现，他们所传承的民俗文化事项具有鲜明的个性，这是容易理解的。不过，除了同姓集聚的自然村落之外，大量存在的是非同姓，来自于各个不同地方或不同民族（后一种情况较少见）的人所组成的自然村落。这种自然村落的族群，在人与人之间，尤其是不同的家庭成员之间，并无祖上的"血缘"关联，人们仅仅因为生活或生存而走到一起。在早期，文化背景和习惯并不相同，但是，在长期一起居住于同一自然村落的生活中，由于生产方式相同，生活空间和区域相同，便在互相影响和学习过程中逐渐地形成了相似或相同的民俗文化事项，从而形成一个以自然村落为主的民俗文化圈。在这个民俗文化圈中，他们除了有一些共同的祭神赛社和年节外，还有共同的方言、共同需要遵守的村规村约，以及大量相同的民俗事项。

自然村落的意义在很大程度上体现了中国传统社会的典型性，他们不仅具有共同的地域而且具有共同的过去、共同的生存方式和共同的信仰以及共同的娱乐方式，总之一句话，即共同的村落文化。这种因生存而将不同姓氏的人联结在一起的方式，成为中国家族制度文化的一种强有力的补充形式，从而成为民俗文化圈形成的又一重要原因。

三、地理环境的影响

非同姓氏自然村落所具有的民俗文化圈，其实也是地理环境影响的一种表达形式，他们因为长期共同生活于同一方水土而形成相似或相同的民俗文化义项。不过，我们在这里所要涉及的地理环境的影响，已经不仅仅限于自然村落这一较为狭隘范畴，而是指有着相对一致的自然生态环境和地理环境的区域，比如某一乡或某一县甚至是数县之中，由于相同的自然地理环境和相同的文化历史背景而形成相似或相同的民俗文化义项，因此形成具有内聚力的"圈"。地理环境的影响可以造成以下两种情形：第一是相同的生存生产方式，第二是长期的互相交往。前者形成了同一地理环境之下的相同的生活方式，后者则在文化交往方面加速趋同化，从而形成相同的民俗文化圈。比如，生活于环湖流域的居民，他们因为自然生存环境的影响，形成了以捕鱼为生的共有的生产方式，从而形成了共有的信仰神祇和共有的信仰祭祀节日以及一些相同的禁忌和习俗，而事实上他们并非居住于同一自然村落，甚至也非同县市。这种情况对于海边以捕鱼为生的渔民也同样如此,只是后者由于自然地理生态环境的不同,如季节的不同、海域情况的不同等,从而形成更小、更具内聚力的民俗文化圈而已。自然地理环境的影响所形成的民俗文化圈,除了上举事例外,相同的自然地理区域影响是不容忽视的。如浙江的温(岭)黄(岩)平原,其地理区域同一,历史文化背景相同,当然生存生产方式也相同,从而造成了大量相同的民俗文化的传承,如相同的墓葬形式和仪式,相同的婚姻礼仪——唱洞房经,相同的节日习俗,等等,从而形成了一个以地理环境为依托的民俗文化圈。

四、行政区划的规一

在中国的历史发展进程中,行政区划的意义有时是非常重要的,而且具有某种决定性的作用。从大一统的中国来说,汉民族的形成就得利于秦一直到汉的长期的大一统的行政区划的建立。这种行政区划的建立,为划一的行政政策的贯彻落实提供了最直接也最有利的条件,从而为规范、趋同同一行政区划之内的民俗文化作了导向性的工作。因此,长期的同一行政区划,往往导致大小不一的民俗文化圈的形成。不过,大小不一的因行政区划不同而形成的民俗文化圈并不是与所有的行政区划都有着完全一致的意义,事实上,它同样还要受到其他因素的影响和作用。一个是在当地具有影响的宗族和文化人,一个是相当稳定的长期的行政区划,一个是独立的语言(方言)系统,一个是相同的地理环境。其中,后面的三个因素,若缺乏一个,这种因行政区划而建立起来的民俗文化圈便不会牢靠。因此,一般的情况下,因行政区划的规一而形成的民俗文化圈,大致在县一级的行政区划到乡一级的行政区划较为稳定。比如说,浙江的武义县是唐代武则天称帝时从永康市划区而治的,由于长期以来一直作为独立的建置县而存在,从而形成了与永康市不同的民俗文化圈,在婚嫁、丧葬、礼仪、语言等方面,都有自身一些相异的民俗文化义项。因此,永康人还是武义人,对当地人来说,非常容易区别。至于武义县中因1958年合并进入的原宣平县所属的部分,则还较为独立地保持着具有自己特征的民俗文化义项,行政区划规一之前形成的特征,依然被保存着。这说明,行政区划规一所形成的民俗文化圈需要有一个较长的时间过程。但武义县所具有的一些主流文化事象,显然已经在渗入当地的民俗文化,至少原来只操单一宣平话的人,现在已经会讲武义话,并在与外面的交往中有了武义人的认同。

五、方言的内聚力量

语言是文化的载体，因此，对于文化的传播来说，语言的作用和意义是不可忽略的。不过，我们这里所指的方言，并不是指中国实际上存在的十大方言，如吴方言、闽方言、湘方言等等，这种巨大的方言区域，由于存在大量的不同的地理环境和辽阔的面积、众多的人口，可能形成一些相似的民俗文化义项，却不太可能铸造具有内聚力的民俗文化圈。因此，这里所谓的“方言”，是指在方言的基础上进行分片之后的各个地方语支（小片），尤其是地方土语。正是这种方言内的地方土语，由于使用者居住区域相同或相近，交往密切，并且长期处于同一行政区划之内，因而具有强烈的认同感。在方言的土语之内所传承的文化往往具有趋一性，出现完全相同或相似的民俗文化义项，从而形成民俗文化圈。如吴方言台州片中的太平话，是一种在现在的温岭市及乐清清江以北地区通行的土语，讲太平话的处于乐清市的大荆等地（北雁荡山区域），他们的民俗文化义项就与温岭市所传承的民俗文化义项属于同一民俗文化圈，他们在婚丧嫁娶以及饮食民俗等方面，都具有相同的义项。这种因方言的内聚而形成的民俗文化圈，在方言岛内表现得尤其明显。这些因驻防、军屯、逃荒、战乱迁徙、流放或侨居等原因而形成的方言岛，由于自己在迁入之前的语言一直被保存着，从而使原有的民俗文化也一直被保存着，形成了以语言为依托，具有内聚力的民俗文化圈。[①] 岛内岛外截然不同。

以上是形成民俗文化圈的主要原因，正是这些原因，使我们可以感受到民俗文化内容具有鲜明的地方个性和与其他地方相异的色彩。我们经常说的奇风异俗，事实上就是不同的民俗文化圈所具有的民俗义项的表达，当然是相隔悬远的两个不同系统的民俗文化圈的内容，而不是指两个相近的民俗文化圈的内容。事实上两个相近的民俗文化圈，总是在许多时候或许多地方存在无法避免的交往而形成相似的民俗文化义项，我们对于附近地区的那种似曾相识的民俗文化感受和有时存在的认同感，便是这种原因造成的。

---

① 参见游汝杰：《汉语方言学导论》的有关方言岛问题的内容，上海教育出版社 1992 年版。

第三节 民俗文化圈稳定的因素

民俗文化圈既是一种系统,也是一种独特的存在方式。由于传承是它得以保存的唯一依托,因此对于民俗文化来说,不仅传承形态基本上是固定的,传承对象也基本上是固定的。它们在同一家族、同一自然村落、同一地理环境或行政区域,以及同一方言区之内通过自己的行为、语言传承和认同,从而达到建立相同民俗文化圈的目的。并通过同一家族、同一自然村落、同一地理环境或行政区域,以及同一方言区来保持自身民俗文化圈的内聚力和自己的民俗文化义项。民俗文化在长期的历史传承过程中具有相对的稳定性,就是由民俗文化圈这一独特的存在方式所决定的。在许多时候,它与经济基础没有直接的变更上的关联,在经济基础变更之后,依然保持传统的风貌,就是民俗文化圈的功效。因为家族、自然村落、相同的地理环境和行政区划、相同的方言,一般并不随着经济基础的变化而变化,当然也不随上层建筑的变化而变化。所以,民俗文化圈是一个相对稳定的系统,这种稳定性,表现在以下几个方面。

一、长期的政治稳定和社会的平稳发展

这是一个决定性的因素。相对于民俗文化圈来说,长期的政治稳定和社会的平稳发展,是民俗文化圈得到保存的一个政治和社会背景。从具体表现来看,第一,稳定的政治常常使民俗文化圈保持自己的运行规律。换句话说,就是没有政治性的行政干预,有的只是引导和善意的改良。第二,平稳的社会发展,可以在物质资源方面,保证民俗文化圈运行的所有需要。第三,长期的政治稳定和社会的平稳发展,使家族宗族、自然村落、行政区划和方言的变动减少,从而使民俗文化圈的运行在一定的范围内,保有更加独立的方式,保持自身的个性和特色。第四,各种文化的交往相对温和,激烈碰撞的方式被避免,自身文化生存空间的选择性较大。以上四个方面说明,长期的政治稳定和社会的平稳发展,是从根本上保证民俗文化圈独立、稳定发展的最重要的因素。

二、相对封闭的社会环境

社会环境所包含的因素是多种多样的，诸如政治的、经济的、文化的、战争的、民族的等等方面，但对于一个相对封闭的社会环境来说，没有生气的政治或无为的政治、自给自足的自然经济和缺乏文化交往的独立生存空间则是共有的因素。在这样一个社会环境当中，尤其是对于文化的生存来说，自我的累积和发展是最为重要的一种运行机制。民俗文化作为人类创造的整个文化形态之一，不仅在完全的自我累积和发展中生存，同时，因为它所具有的内聚力和族群的认同作用，还在进一步加强封闭的社会环境氛围，制造一些小的分割的社会空间，从而使民俗文化圈具有更加稳定的因素。因此，从根本意义上说，封闭的社会环境，不仅使民俗文化圈处于相对稳定的状态，同时，相对稳定的民俗文化圈，也反过来加强封闭的社会环境，形成相互强化的一个生存链。

三、长期不变的生存方式

生存方式在这里我们主要是指物质的生存方式，包括生产技术水平、生产经营方式等。在传统的社会里，生产技术水平长期处于相对较低的状态，手工生产工具象征着生产力的低下，以及紧随而来的贫困、落后、饥饿等等的威胁，人们并没有处在自在生存的阶段。在生产经营方式方面，主要是自给自足。当然，这种自给自足并不是完全个体的，而是一种家庭或家族的行为。因为事实上，原始人就完全靠族群而生存。费孝通所说的“人只有在群体中才能获得生存”，就是这个意思。当人们处于生产工具效率低下和必须群体配合才能有效地生存的时候，一种规范每一个人的行为方式的“规则”，绝对是必不可少的。这种规则就是习惯法，也就是我们所说的习俗制度。当一种生产方式长期不变地存在着的时候，相关的“规则”也就不会改变。更何况这些“规则”本身也就是一种非生产性的生存方式，是一种与生产性的生存方式具有同样重要性的社会生活方式。所以说，我们的民俗文化圈的长期稳定存在，是与我们长期不变的生产方式紧密相关，不可分离的。

四、独立的生存运行机制

从前，许多民俗学者将民俗视为上层建筑，是一种附着于经济基础之上、随着经济基础的变化而变化的精神文化，事实上这是一种只见影子，不见本体的现象。因此,从我个人的认识来看,民俗是一种生活方式,一种具有不断重复进行特征的独特生活方式。[①] 这种在重复进行中传承的生活方式(民俗文化),具有自己独立的生存运行机制,即它具有相对的传承个人和族群以及口耳相传的传承方式,具有相对的时间和空间范围,具有相对的仪式和文化解释系统,具有满足族群生存和发展需要的习惯规约和道德规范价值,具有排斥和吸收相异民俗文化的过滤功能。因此,民俗文化不仅是一种可感觉和把握并进行分类的文化形态,更是族群的一种生存系统,一种以保证人与人之间的关系,以和谐、健康、有序、平和方式存在和发展的生存方式。正是民俗文化所具有的这种独立的生存运行机制,使民俗文化圈获得稳定的保持和发展。

五、具有自身独特的文化功能

从根本上来说,具有自身独特的文化功能,是使民俗文化的价值得以体现的方式。事实上,民俗文化所具有的族群教化功能、规范功能、维系功能和调节功能,是任何其他文化样式都无法取代的。在使人这一地球上的高级动物社会化和文化化的过程中,民俗文化起了最初的教练员的作用。正是这一作用,使每一个人总是以自己族群的习惯为习惯,以自己族群的社会信仰为信仰,以自己族群的生活禁忌为禁忌,以自己族群的所好为爱好。所以,从本质意义上说,民俗文化独特的文化功能就在于随时随地去创造一批适应自己文化习惯并追随自己文化习惯的"信徒"。这些"信徒"又反过来使自己所"享用"的民俗文化得以完整无误地传承,使民俗文化圈获得超稳定的存在。

正是以上几方面的原因,建构了民俗文化自己的生存体系,从外在的社会环境到内在的传承机制和存在价值等方面都有了自己的运行动力,从而保证民俗文化具有与其他文化样式不同的超稳定的特征。这种特征,不仅使诸如原始社会或前历史社会在原始人或史前人类中盛行的埋葬自己的亲人,在脖子上、手腕上佩挂饰物和信仰灵魂鬼神等丧葬、服饰、信仰习俗,得到前所未有的保存,同时,它还几乎没有多少变化地一直传承到今天的社会中,还活在我们的族群之中。正是这种超稳定性,一旦成为族群内传承的民俗文化义项,并具有内聚的"圈"的价值功能,它便在族群中生根发芽,长期生存,成为族群认同的唯一方式。

---

① 参见陈华文:《民俗生活论》,《民族文化》1984 年第 5 期;陈力:《论民俗本质——再论民俗是一种生活方式》,《民俗研究》1992 年第 2 期;高丙中:《生活世界:民俗学的领域和学科位置》,《社会科学战线》1992 年第 3 期。

第四节　民俗文化圈的扩张

民俗文化圈虽然具有超强的稳定性，但它并不是一成不变，保持完全一致的内容，从形成的原始社会到今天还是一个模式。从我们的研究角度来看，民俗文化圈仅仅是一种视角，一种平面状态，而本质上，民俗文化圈是一种具有过去、现在、未来以及与族群及个体相联系的多维立体结构，它因为加入了人这一特殊的因素，而成了一个具有生命的、运动着的“活”的结构。民俗文化圈这种“活”的结构特征的最主要的方面，就是它的承袭性。

承袭性有两种表达方式，一种是民俗文化圈内部的承袭，一种是在民俗文化圈传承过程中空间的扩张，后者，我们也可以称它为传播。

民俗文化圈的内部承袭，以口耳相传和行为传承为主，其中有软性习俗，也有刚性规定。前者如年节、婚丧、寿诞、祭祀、娱乐等习俗义项，承袭时在规模、内容或形式等方面都可以有一定的伸缩性。像年节，家贫者可以尽可能简单，家富者则可以奢华。杨白劳在过年时只给自己的女儿喜儿一根新的红头绳，以示红火和辞旧迎新，过年成了一种象征，但仍然不失为是一种“过年”。婚丧、祭祀、寿诞和娱乐习俗等都是如此，有人办隆重的寿诞庆贺宴，有人则只在出生纪念日吃上一碗寿面，但纪念意义却是一样的。这就是习俗的软性，它更强调的是民俗生活方式的象征和仪式意义。而习俗的刚性则是一种硬性规定，是人人必须遵守的仪式或内容，如家族或宗族习俗中的族谱、族规及族祭规定，自然村落中的村规村约，一些共同的信仰和禁忌习俗，等等。像族规，也就是我们平常说的家规家法，它对每一个家庭成员都是硬性规定的，必须遵守，不得违犯，否则将受到严厉的处罚。信仰和禁忌习俗也是这样，只要你进入某种信仰或民俗文化圈之中，你就必须遵守那种信仰或必须遵守民俗文化圈中所具有的禁忌，否则，你将受到族群的唾弃或因违犯禁忌而受到“神圣”规定的处罚或神罚。[①]

事实上，民俗文化圈之中的民俗义项，不仅在民俗文化圈中承袭，而且在一定的条件下，向民俗文化圈的外空间传承。这种传承，我们称之为民俗文化的传播，是民俗文化圈的一种扩张。因此，从一般的意义上来说，民俗文化圈并不是一成不变的，它作为一种生存和运行模式，有时随着各种条件的变化而不断

---

①　作为一种文化形态，民俗文化的承袭还具有文化传承中共有的累积和创新的问题，我们将另文作讨论。

地传播和扩张。

首先，民俗文化圈的扩张并不是向四周如涟漪般等量的推进，而是向四周或某一个方向的不等量的散射，有的传得很远，时间延续得也很久，有的则很快被其他民俗文化圈中的相似的民俗文化义项所吞噬或涵化。如从汉代时开始传入汉族之中的所谓胡床，对于汉族来说，不仅是一种坐具的革命，同时也是一种坐姿的革命。通过魏晋南北朝到唐代，椅子的雏形产生，到宋代时彻底完成。这种可以垂腿而坐的工具，改变了汉族人千百年来形成的席地而坐的方式，同时也改变了入室时“声必扬”和脱鞋入室的习惯。因此，胡床就既传得很远（胡是历史上对北方和西方少数民族的称谓），也传得很悠久（直到今天）。胡服也是如此，自从赵武灵王变胡服为我所用之后，逐渐地传向四周，尤其是汉族聚居的区域，通过长时期的传承，最终改变了汉族人上衣下裳的服制。但也有很快被吞噬或涵化的，如在南北朝贵族子弟中盛行的男子傅粉，随着那个时代的结束，便很快被吞噬。再如一些帝王或官员姓氏的避讳禁忌，随着帝王或官员退出历史舞台而很快被其他人的避讳禁忌所替代，涵化于避讳禁忌之中。

其次，民俗文化圈的扩张并不是一种实际上的民俗文化圈的无限涨大，而是一种向外输出民俗文化义项的传播。一般情况下，一个民俗文化圈在形成之后，总是具有相对的稳定性，这种稳定性也包括两个不同民俗文化圈之间关系的相对稳定性。因此，民俗文化的扩张实际上常常是一种民俗文化义项向另外一个民俗文化圈范畴内的传播，比如，当范仲淹建立义庄模式之后，义庄这种抚恤族人的族田族产习俗，便很快传入其他宗族之中，成了其他宗族可接受的一项习俗。又比如，南北朝时的胡国珍笃信佛教，要求死后进行斋祭，这种人死后做斋的习俗，便向信仰佛教者，后来也向所有具有中国式丧俗的民俗文化圈中传播，成了被大家所认同的具有共性也具有个性的习俗义项。正是这种民俗文化的传播模式，使民俗文化圈所具有的民俗文化义项不断增加，内容越来越丰富，形式也越来越多种多样。

第三，在民俗文化圈的扩张中，民俗文化义项的传播并不是一种随个人主观愿望的随意传播，而有着种种限制和条件。这种限制和条件包括以下几个方面：

1. 从具有影响的民俗文化圈向周边扩张，这种影响包括某个民俗文化圈所具有的重要人物、某种民俗文化义项具有更合理或更符合人性的因素等等。如上举的义庄习俗，它所达到的抚恤族人的意义，不仅是因为范仲淹这一具有影响的人物所创制，还因为它所具有的合理性和人性因素。做斋或斋七的习俗，则是寄托了对死去亲人的美好愿望和符合人们对来世或阴间的信仰，因而获得广泛的传播。

2.从经济文化发达的区域向后进的区域扩张。这种情况，在现代民俗文化的传播中，尤其具有代表性。如改革开放后，广东人率先富裕起来，他们在接受港澳文化或西方文化过程中形成的具有特色或个性的民俗文化义项，便随着他们的技术文化向周边扩展，成了周边族群的模仿学习对象。比如，生活方式中的称谓习俗就是如此，像对男性称先生，对女性称小姐，对丈夫称老公，对妻子称老婆等，这些称谓在80年代中期之后，对中国的大部分地区都产生了很大的影响。至今，先生、小姐、老公、老婆之类的称谓已成为全国许多地方日常生活中最普通的称呼。又如，将公寓称花园，将商场称广场，不仅在现在的许多大中城市盛行，而且还造成了称谓上的一些混乱。这些情况说明，民俗文化在许多情况下，是由文化发达的先进地区向后进地区传播扩张的。

3.人口增加并向周边扩张移民，从而造成民俗文化的传播。人口扩张有许多途径，如家族或宗族的人口增加，从而造成人口向周边迁徙，分立祠堂。这种宗族的分裂，往往带走原宗族的民俗文化所有义项。除了宗族的分裂之外，村落人口增加，扩张成村镇并蚕食了周边村落，从而使民俗文化圈得以扩大，也是其中之一。但不管是宗族的扩张还是村落的扩张，在时空上都是非常有限的，传播的距离也并不远。因此，从民俗文化圈扩张和传播的本质上来说，移民造成的扩张和传播，是最具有积极意义，也是最为直接和快捷的。历史上移民的原因多种多样，如战乱、天灾人祸、政府组织、逃亡、官宦一方、军屯守边、罪谪流放等，这些因不同原因而迁入不同地区的移民，他们都带去了自己原有民俗文化圈的所有民俗文化义项，并扩张和传播着自己的民俗文化义项。有时基本上原封不动地照搬，有时则在与当地的民俗文化义项的碰撞和融合中，形成一些新的或异化了的民俗文化义项。如唐代之后从中原陆续迁到闽、粤、赣、湘等地的客家人，就既部分地保持了古老的民俗文化形态，同时又创造了适应生存需要的新的民俗文化内容，形成与当地土著居民不同的民俗文化圈系统。

民俗文化圈的扩张和传播，使民俗文化圈作为一种地方固定文化形态的同时，又具有流动性和运行的特点。因此，我们在把握民俗文化时，既不能过于拘泥，也不能忽视它作为“活”的文化形态的个性，正是两者的结合，使民俗文化圈成为一种独特的文化结构，在人们现实文化认知系统中起着任何其他文化形态都无法取代的作用。

第七章

民俗文化的多元一体与区域性

进入 21 世纪之后，民俗学界已经越来越多地意识到民俗作为一种区域存在文化的重要性。从现实层面看，民俗是区域间族群的一种独特的生存方式或生活方式，不同区域之间，由于地理环境和历史背景的不同而存在着巨大的差异；从发展的层面看，由于文化碰撞和交流，民俗在生存方式或生活方式的体现，越来越多地带有现代性印迹，并成为人们区别不同文化存在的一种明显标志。

事实上，当文化学的文化圈和文化区理论引入民俗学的研究之后，这种民俗区域存在的意识就越发显得重要，并在民俗志的工作中，得到了全面的印证。没有人会怀疑，民俗志其实就是对于区域存在的民俗进行记录和归类的工作，它的内容鲜明地突出了民俗区域性存在的特征。同时，有关区域文化的理论，对于民俗学的研究，包括大量的应用开发研究，起到了指导作用。

第一节 多元一体的民俗文化结构

在研究中华民族历史的时候,我们可以清晰地发现,文化的起源是多元的。今天我们称中华民族文化虽然有着一体化的内涵,但同样是对多民族文化的一种认同。因此,中华民族的民俗存在着多元一体的结构。

第一,从起源上来看,中原地区固然是中华民族起源的核心区域,但事实上,与之进行文化交往并对中原核心区域的文化发生、发展产生过巨大作用的,却有周边地区不同的文化形态的功劳。如果说,黄帝神话中关于与蚩尤的战争及其带来的文化交往仅仅是一种不确定的传说,那么,早期历史中记录的关于夏、商、周与周边民族的战争和交往,则应该是一种值得信赖的事实。

其实,汉民族文化发展的历史,更能说明多元一体的结构特点。从夏、商、周到春秋战国,直到秦汉时期汉民族形成,虽然它们有着直接的继承和发展的关系,但是汉民族没有因为汉朝的定型而停住脚步,在后来的整个历史进程中,它从中原这个相对狭小的区域,一直像滚雪球一样地向周边拓展,并将不同的地区的文化、不同民族体的文化,当然也包括不同国家的文化收纳到自己的文化体中。它的多元性成为毋庸置疑的历史事实,今天,东南西北中有关文化差异性的存在,还证明着这种多元性的存在。①

第二,从不同区域文化存在的差异来看,中华民族多元一体观念可以得到更清晰的印证。目前我们在文化区理论下所概括的关于中国七大文化区的现象,其实就是关于区域文化存在和各自有着不同源头的一种表述。对于以中原为主的汉民族核心文化区来说,秦文化区和三晋文化区,无疑是最为重要的。但汉民族文化的组成,绝对不能忽略齐鲁文化区、吴越文化区、荆楚文化区、巴蜀文化区和岭南文化区,另外还有相关的燕赵文化区、东北文化区等。而从生产形态上来看,农耕文化固然是最为重要的,但在南北却存在着巨大的差异:水作和旱作,稻作和麦作的区别,就像男人与妇人的区别一样明显。而事实上,游牧文化、海洋文化、山地文化、平原文化和高原文化等也都在文化差异非常明显的情况下,不断地融入中华民族的文化之中。

第三,从整个中华民族赖以存在的地理环境来看,中国的地形是一个巨大的带有半封闭状态的结构,西部是高山、高原、沙漠、戈壁等地理环境,北部是广

---

① 参见徐杰舜主编:《雪球:汉民族的人类学分析》,上海人民出版社 1999 年版。

袤的草原，西南和南方是崇山峻岭，东部是对原始人来说难以逾越的大海，这样一种半封闭的地理环境，使中华民族的生存拥有相对稳定的区域环境，并造就了族群之间在相对的范围内互动和影响的格局。早期中华民族迅速成熟并使区域之内的文化定型，就得益于这样的地理环境。当然，这种地理环境又反过来促使定居其间的农耕文化得到加强和稳定地延续，并保持相对的独立性。在大海还是大部分民族不可逾越的障碍的时期，中华民族在这一相对封闭的区域生息繁衍，直到现代科学技术迅速发展的西方列强的到来，才中止了这种发展并使它带上了更加多元的色彩。

第四，战争和人口迁移加速了文化多元一体格局的形成。在中华民族发展的历程中，战争与移民相伴生。从秦始皇统一到汉末的战乱，出现了中国历史上第一次因战争带来的移民，而指向大致是远离中原地区的相对没有战争的周边地区，南方是一个最大的移民迁入地。西晋的八王之乱和东晋的建立，让我们看到，在中原混乱的时期，南方成为北方政权重建的首选地和移民迁入的首选地。当时所谓"衣冠南迁"，中原主流文化代表的核心人物和家族，几乎都进入了江浙一带。唐末的战乱，之后北宋灭亡和北方辽金的入主中原，不仅使宋的政权在南方临安即今天的杭州重建，而且使大量的移民迁入江浙一带，掀起了第四次区域之间的经济文化大融合。正是这次大融合，彻底地改变了南北在经济文化方面的格局，从此之后，南方的经济在整个中国的经济中占有越来越重要的位置；而南方的文化也越来越消去特色，与中原文化一样成为中华民族文化中整体结构的一个组成部分。虽然元代和明清还有过多次的移民迁徙，但从南方的这个角度来看，尤其在明代之后，已经是一种类型文化或代表性文化的输出，是南方文化对于其他区域文化的影响而不再是被动地接受移民和接受外来区域文化的影响。

战争与移民从根本上改变了中华民族的文化格局，也从根本上改变了中华民族的文化结构，来自于不同区域的民众生活于一个新的区域之中，文化融合和一体化，将是一种不可逆转的趋势。试想，如果没有战争和移民，中华民族文化的区域性特征将会更加明显，而今天我们至少是汉民族的文化共性将会更少。

第五，统一的多民族国家的建立。从秦朝开始，由于统一国家的出现而结束了诸侯割据，从此，大一统的国家概念进入生存于这片土地上的每一个国民的思想中。即使不时出现小国分裂割据的情况，民众依然认为"分久必合"是一种趋势和规律。从历史的发展过程来看，秦、汉统一国家，开创了史无前例的大一统局面，后来的三国归晋，隋的统一和强大的唐朝出现，积贫积弱的两宋以及再后来的疆域极其广阔的元朝和明清，统一都是这个国家唯一的诉求和主流文化。在中央政府的统一管理和法律的约束下,民众观念的类同和文化趋同的现象也同样成为一种主流。在许多情况下,中央政府不仅要求人们遵守共有的法律,还要求不同民族和不同地区的人们,遵守他们制定的共同的生活习惯。正是为了统一管理借口下的统一制度和习惯,使中华民族的文化前所未有地、有效地、可能也是潜移默化地进行着融合和同化,从语言、服饰,到节日习俗、宗教信仰和婚丧喜庆,都出现了越来越趋同的现象。人们不仅认同国家,也认同中华民族,并且认同它的文化,至今对于外国人来说,舞龙、舞狮、过春节、点灯笼、用筷子、吃中餐之类,完全等同于中国的文化,这便是统一的国家长期以来要求制度等文化一致性造成的。

今天,当你知道有 40 多个民族过春节,有 30 多个民族过清明、端午和中秋,你就可以知道,多元一体的中华民族文化结构对于中国人来说意味着什么。地方文化是中华民族文化的组成部分,对于整体文化来说虽然有特色,但仅仅是共性背景下的色彩。因此,通过研究地方民俗,同样可以看到中华民族民俗文化的发生、发展之历程,看到它的成长和消亡的规律,看到自我的身影和未来的进程。

第二节　民俗文化的区域理论

民俗文化的研究是文化学研究中非常重要的一个内容,因此,有关文化学研究的理论对于民俗学的研究是非常重要也是非常有益的,其中对于区域民俗的研究,最为直接和重要的则是出现于 19 世纪的文化区理论。

一、文化区

与文化圈相接近的一个概念是文化区,它也是一个从文化空间角度来概括文化内容的地理空间单位。文化区也叫文化区域,主要是指具有相似文化特征和生存方式的区域分类或空间分布。

最早使用文化区一词的是美国的奥·梅森(O. T. Mason),他曾把拉丁美洲的土著文化划分成 18 个文化区或文化环境。不过在早期,文化区主要是用于博物馆中的一种分类范畴。博物馆主持人为了安排民族学标本的展览,采取了地理上的发源地区来分类,并不是假定一种文化演化构架作为分别类型的。一个文化区只是地图上标明界限的一些地区,那些地区的诸文化和邻近地区诸文化相对比之下，被认为是具有意义的一群文化。20 世纪初，美国的文化人类学家把这一概念扩展运用于对不同地区不同文化群体的考察和分类研究，于是成为文化人类学中一个普遍使用的术语和研究工具。

最早对文化区进行理论上的定义并影响较大的是 C. 威斯勒（Clark Wissler，1870—1947），他在 1922 年出版的《美国的印第安人》一书中指出："我们发觉新大陆之土著可以按照单纯的文化特质加以分组，此类文化特质成为我们划分许多区域，如食物区域、织物区域、陶器区域等等的依据。总之，我们把各种特质同时加以考虑，然后把我们的眼光转向社会或部落单位，就能分成适当和固定的团体，这也就是按照文化特质所分成的文化区，或文化团体之分类。"[①]另一个美国学者赫斯科维茨（Melville Herskovits，1895—1963）也指出："当客观地观察文化时，它们看起来可以说是许多充分同类的丛体，它们所发生的区域可以在地图上圈出来，若干相似文化存在的区，也就是文化区。"萨丕尔（Edward Sapir，1884—1939）则这样给文化区下定义："文化区是地理上相邻接的部族群，他们有许多共同的文化特质，使他们和别的同样部族群成一对照。"[②]由于众多学者对文化区都提出了自己的定义，文化区的概念成了一个有争议的和多种定义的术语。其实，文化空间的分类很难获得统一的原则，有的以生态环境为标准，有的以经济结构为标准，有的则以宗教信仰为标准，等等。另外，文化区受到文化学界批评还有下述原因：一是他们多着重于物质文化特质的复合体，如威斯勒把美国印第安的文化区本身归纳为几个大的食物区：鲑鱼区、野牛区、玉蜀黍区、木薯区等；二是他们往往抓住历史的片断，对区域文化作静态的形式分析。因此，他们所说的文化区往往是一种工具性的概念，而没有把文化区看作是一个变化着的区域文化群体。[③]

二、民俗文化的区域理论

对于中国学者来说，文化区的概念具有的特殊意义就在于，中国文化在很早的时候就存在着明显的区域性差异，根据这种差异人们概括出了七大文化区。[④] 它对于中国文化区域理论的建立和实践，具有里程碑的意义。事实上也确实如此，文化圈或文化区的理论以及本土文化中区域性特征的存在和概括，

① 转引自覃光广等主编的《文化学辞典》，中央民族学院出版社 1988 年版，第 113 页。

② 覃光广等主编：《文化学辞典》，中央民族学院出版社 1988 年版，第 113—114 页。

③ 司马云杰：《文化社会学》，山东人民出版社 1987 年版，第 249—250 页。

④ 七大文化区为秦文化区、三晋文化区、齐鲁文化区、吴越文化区、荆楚文化区、巴蜀文化区和岭南文化区。

从根本上确定了民俗区域性的前提,并在区域民俗理论的建构上提供了直接的参照。

根据上述理论和文化区的分类概括,可以得出下述结论:既然文化具有区域性,文化可以根据不同的特征划分出不同的区域,那么就没有任何理由怀疑民俗具有区域性的存在,并且可以根据民俗器物和存在的内容、形态、形式等方面,划分出不同的区域民俗来。只不过这种划分有着自身内在原因的限制。

第三节　民俗文化存在的区域性

不管是社会民俗、精神民俗还是娱乐民俗,它都因生存于不同的区域而存在差异。也许从民俗产生的源头上来看,它们可能具有同源性,但却因为传承过程中的不同文化介入或影响,最终导致民俗内容的差异。因此,对于民俗的存在来说,差异是绝对的,相同才是相对的。就拿浙江省区内存在的埋葬死者的不同习俗来看,这种小区域范围内存在的差异性,就极其明显。

——在杭州,埋葬有一系列仪式,“棺材抬至坟前,八仙们(抬棺材人)故意不解绳索,要死者女儿送一个红纸包,才解开绳索,谓之‘解索钱’。这时一家人围着棺材转三圈,每人手上抓一把土,撒在棺材盖上,谓之‘盘丧’。时间一到,把棺材放入墓穴内,由道士一人在坟上念念有词,谓之‘喝丧’”[①]。

——在宁波,“灵柩到达生圹前,祭祀山神土地,告以开圹动土,祈神庇佑”。“孝子率送葬众人列队先左后右绕葬所三圈后,启开墓门,用芝麻秆点火烘墓穴,谓之‘暖圹’。再以青毛竹一株对剖为二,并列复置穴底,然后将材头朝里,滑推入穴,最后封闭墓门,立墓碑,铺铭旌,藏志石,覆土墓顶,罗拜墓前,倚丧棒于墓侧,卸丧服,凡草冠、草带、纸扎仆婢皆焚之。”[②]

——在温州,“棺木上山时,在棺前陈列肴馔。等所选时辰一到,烧起柴火两大堆,鸣锣发炮,孝子跪伏坟坛,棺木进入坟圹,叫‘进棺’。这时,在坟背上铺起很松的泥土,孝子肩背布袋,左手执一个盖谷仓囤的印,从左方登上坟背,在泥土上重重按成印痕,再从右方下来,叫做‘印坟’,方言‘印’‘应’谐音,‘袋’音‘代’,是传代应坟的意思”。“殓柩入圹之后,将坟圹外口用砖砌好,在和柩差不多高的正中处,剩一寸见方的洞,叫‘龙门’。时辰一到,烧火,奏乐,发炮,孝子

① 浙江民俗学会编:《浙江风俗简志》,浙江人民出版社1988年版,第91页。

② 同①,第166页。

伏地，泥工用一块细小的砖头砌塞龙门。孝子跪在坟头把木主内外函分排左右，用朱笔先内后外，再用墨笔先外后内点木主上的‘王’字成‘主’。于是，孝子脱去凶服，换上吉服，肩头挂红彩，准备回山。”“回山时，放木主的香亭在前，客亭在后，奏乐下山，原路回去。家内女眷穿吉服，焚香跪接。在锣声、鞭炮声、花炮声以及大乐声中，客亭升于堂上，木主、香炉摆在桌上，依序跪拜……”①

——在绍兴，埋葬时“先祀土地神，举行告窆仪式，后将灵柩进椁封墓。然后是坟祭，孝眷等依次膜拜，孝子则要回礼道谢。丧家还要祭祀死者新坟的‘左邻右舍’，为死者联系并建立睦邻关系”。“送丧的人回家，要跨过门前的坟烟堆。这坟烟堆，是丧家将死者躺过的草席之类混杂糠草燃烧的烟堆。丧家还要在神堂供羹饭祭祀，把神主恭送上神堂。”②

——在海盐，“旧时安葬时在坟尖顶上种一棵万年青，万年青的根部放一只鸡蛋、一枚铁钉、一枚顺治年间的铜钱，取其代代相传、人丁兴旺、万事顺利之意。安葬时念咒语性质的仪式歌：‘吉祥万年两分开，又发丁来又发财。又发福，又买田来又造屋。……’安葬后，立墓碑，植树”③。

——在金华等地，“旧俗，先挖好的墓坑，叫‘圹’，有的地方要以芝麻杆烧之，称‘暖圹’，并以鸡血淋坑，淋毕，磐安一带要用黄色丝线在棺材盖上量度，量后扯断分给小孩，称分长命线。接着敲起急锣，把棺材推入或放进圹内，亲人们号啕大哭。金华一带，棺木入土前，抬棺人可向死者的女婿讨解索钱。棺材入土时，孝子要丢七粒石子在穴底，大喊三声：‘某某啊，金山银山倒了，快闭好眼睛！’亲人相继于墓地跪拜，谓‘拜坟堂’。送丧者互相拉手围着坟地左右各转三圈，叫‘团坟’‘围山’，意为死者划定管辖的地域。棺木落坑时定要放正，以示公平保佑子孙。材头朝坟里，材脚朝坟碑，意为死者好坐起受祭。棺材底部须放一块写在砖上的地契，以免阴间发生土地纠纷。由孝子先以泥盖棺，然后送丧者撮土撒之并将棺背上的泥踩实，俗称一个脚印一片瓦。此时，孝子脱去麻衣，背上红布斜披；他人也摘去孝帽，取红头绳挂于胸前。出殡带来的纸家具、生活用品、纸箱、金银塔全部烧化，以示让死者带到阴间去”。“坟墓有的以砖砌成墓椁（不少是生前筑就的），墓前一般立墓碑，墓碑的题字很讲究，中间一行‘新故先考……之墓’要用生老病苦死五字周而复始的推算，如果‘墓’字落在病苦死三字上则不吉利，中间要增删文字，使之落在生老二字上。富家多写铭旌、作墓志以及题墓碑。筑坟毕，由抬柩者以鸡血

① 浙江民俗学会编：《浙江风俗简志》，浙江人民出版社1986年版，第201页。

② 同①，第257页。

③ 同①，第312页。

染过之米遍撒四周,意与围山同。此日,周围坟墓多标以红纸,谓之'赛红'。安葬完毕,由阴阳先生唱山,撒五谷,大家跪地以衣兜接之。然后孝子肩披红布,手提桂子灯笼抢先回家,俗谓'领灯抢红'。到家时要燃放鞭炮,放灯笼于中堂,每个房间点上蜡烛。"①

——在台州,棺材"到了墓地,'轿夫'们将棺材停在'上马石'上,先拆下棺材上的彩架,然后将盖在棺材上的'龙凤被'依照次序发还给媳妇们。媳妇们拿起'龙凤被',要从大到小依照次序下山。下了山的人胸前都要系一根红线,表示送葬回来,到家后才去掉。先到本家堂前蘸了'净水'并在本家门口一定要跨过'弹红'(由留守在家的人将稻秆把点燃,让送葬回来的人进屋前都跨过燃着的稻秆把,以示晦气已过,往后的日子火红,谓之'弹红'),再回到各自的房间,将被子往床上抖抖开,并说:'发丁发财,富贵双全。'净水,是和尚或道士早就准备好的,就是舀一樽清水,拿着香和带叶的小竹梢念动咒语,然后将些许香灰和小竹梢放入清水中。这一天,所有参加丧事的人在离开'丧家'时,都要用'净水'往身上洒一洒,这样,就消除了秽气而清净了"。接着是"在墓地祭祀,即第三道祭,叫'上马祭',是女婿祭亡人的。形式一如'开口祭'和'踏道祭'。此次是最后的'散席',负责祭祀的主师要将祭品中的糖果等抛散开去,让参加送葬的人们抢去吃掉。现在,人们不待主师抛散糖果,早就围在祭桌边等候,临近结束便开始抢了"。等待"祭祀结束,所有送葬的人们都要朝棺材跪拜三拜,然后脱去孝服依照来时的次序下山。没穿孝服,只有头上蒙着或肩上披着头白布的,也要拿下来。如果做上'孝'(即用白线套在脖颈上)的,回来的路上,要取下'孝',丢在长流水中。回到孝家,都要用净水往身上洒一洒,并且'弹红'一次。手里拿着什么东西的,这些东西也要洒上净水"。而"抱灵的长子,祭祀结束后,要绕着棺材顺走 3 圈,倒行 3 圈,然后点着领魂用的香,跟在乐队的后面回来。回到烧蒿薦灰的地方,把香插在灰上,表示下次'做七'时,斋饭送到这里,请亡人的魂灵到这里来吃。长子回到家门口,也要'弹红';进屋后,要将灵牌放倒在祖公座上(当晚做完功德道场,才可以'竖灵'),然后洒净水"。"最迟下山的是'轿夫'和泥水工。如果亡人先已造好了寿坟,棺材暂停在坟前的'上马石'上,'轿夫'要负责用稻秆盖好棺材,并用稻秆绳缚牢,然后将白鹤插在上面,将历路幡放在坟上。如果事先没造好寿坟,并且近年都不打算造坟的,则要泥水工当天造一具'明坟',即用砖打好比棺材稍大一点的坟样,里面放两块'上马石','轿夫'和泥工合作,将棺材抬进去放在'上马石'上,然后封了口(一般是,坟的两头都空着一点,能看到棺材的两头,所以叫明坟),再盖上石板,插上白鹤。他

① 浙江民俗学会编:《浙江风俗简志》,浙江人民出版社 1986 年版,第 452—453 页。

们下山后，同样要洒些净水和过一下‘弹红’”①。

不用我们给予一一的介绍，其不同地区的埋葬的差异性从列举的材料中就可以一览无余地感受到。事实上，如果我们从更加广阔的层面上，换句话说从更大的区域范围去比较民俗的具体内容，那么其区域的差异性就更为鲜明和突出。这就从本质上回答了我们对于区域民俗存在的认知：民俗不仅以区域为自己存在的空间，民俗也以区域为自己存在的背景，并通过具体的族群主体，完成区域存在的事实。

第四节　民俗文化的区域传承与个性化

传承变异是民俗学本体理论非常重要的内容。民俗学者通过对民俗存在、传承发展的过程观察，发现民俗是活在生活之中的。而这种活在生活之中的民俗，因为不同的原因，诸如地理环境的变化，历史发展过程中的政治、经济的改变，不同文化的影响、突发性事变等，而发生巨大的变化。

实际上，我们今天所观察到的每一项具体民俗，都是在生活历史的传承过程中积淀并且是经过变异了的内容。人们常说民俗具有利古性，原因就在于此。在此，传承就显得非常重要，只有传承才会有变异，才会有积淀。而导致民俗不断传承，除了民俗本身具有文化的属性之外，诸如政治、经济、文化的变化和碰撞，是非常重要的外部力量。其中，上述外部因素的综合表达——移民迁移，能给文化的传承变异提供最直接的作用。

你中有我，我中有你的民俗，并不是原有的迁出地民俗，也并不完全是现在迁入地的民俗，而是有着新的形态或内容的异化了的民俗。② 正是这种异化了的民俗，使不同区域相同或相似的民俗出现越来越明显地差异和个性化特点。我们可以用事例来说明。

在福建泉州有一祭祀死者，超度亡灵的习俗，叫“做功德”。这种“做功德”的习俗，“其规模大小不等。最简者名为‘出山敬’，稍上为‘对灵缴’（即一暝火光），繁者有午夜（即半日一夜），一昼夜肃启（即一昼二夜）及两昼夜。最繁算‘旬’，七日一旬，三五旬至七旬四十九日功德最多。做功德必糊有准备焚化给

---

① 政协台州市文史资料和学习委员会、浙江省台州市民间文艺家协会编：《台州民俗大观》，宁波出版社 1998 年版，第 126—127 页。

② 这种导致民俗变异的原因除了移民迁移之外，还有战争、政治等诸多因素。

亡魂居住的‘纸厝’，一般仿照旧式大厝，亦有糊楼房花园的，华丽者价达千金，这种纸厝不仅具有外表，即厅堂卧室内部亦置有纸糊的小家具，如椅桌床橱之类的陈设。纸厝两旁各糊较大的男女纸俑二尊，分排左右，俗称‘桌头娴’。室内亦有小尊奴婢及猪牛六畜的纸俑。此外还糊有金山银山，以为冥中资用。超度一人名曰一‘荐’。为死者本人做功德常要以先亡的长辈为主荐，名叫‘竖头’，以旧带新，所以做一次功德起码二‘荐’，多者数十‘荐’。设神坛，僧尼挂三世尊佛像，道士挂三清像，唪经拜忏。亡人名书于一灵幡上，由孝男持幡在神前随仪礼拜。糊纸为转蓬之状，泉州人称为‘轱’，下纳一石臼，孝眷随僧（道）作法时牵转纸轱，名叫‘牵轱’，意欲把亡魂从地狱中援挽出来。如亡者为女性，因曾生男育女，迷信死后会进血污之狱，故特加‘拜血盆’的超度”①。

这种超度亡灵的习俗，在由福建等地迁入浙江洞头的移民当中还有保存，但已经发生了很大的变化，成了单一为某种特殊死因者，如遭遇大风翻船溺水而亡的渔民或者是成年男女投水而亡者，或者是妇人分娩患血崩症，或者是坐月子未满月而病死者等而举行的一种仪式。当地人相信这些人的灵魂常常被拘禁于地狱的血湖和龙宫的水牢里，不得超生。为了救赎他们的灵魂出苦海重新投胎做人，在死者死后满三年，要举行“牵欑”的仪式。“牵欑”一般在农历的六月间进行，其主要内容是：

放谍。选一个吉日，死难者家属备办荤菜、纸烛到事先选择的一块平地上祭拜，并把事先写好的谍文烧化，意为通知死者灵魂知晓。这样每七天一次，连搞三次。

树欑。用竹篾扎成一支高三米，直径一米余的魂欑，外面用红绿纸糊贴。选吉日请神汉在选好的平地上放鞭炮、烧阴币，把魂欑树起来。叫死者亲属三至五人把欑拉得旋转起来，人跟着旋转。一边旋转，一边叫喊死者的名字。旋到一定的时候，换下人马继续旋。

招魂。欑旋到一定程度，神汉赤膊围裙，手提铁剑，在欑四周舞弄跳跃一阵后，朝河边或海滩跑去。四个壮汉手提一领草席，追随神汉到海滩，摊开草席，焚化谍文。神汉一边蹦跳，一边招引死者灵魂，再大喊一声，魂已入草席。四个壮汉马上提起草席，飞快跑回欑边，把席子向旋欑人的身上抛；众人协助呐喊：“×××灵魂快上欑啊！起啰！起啰！”一边人撒盐米，一边人抛烧化的纸钱。这时，旋欑的人当中会有人昏头昏脑地向欑上步步爬去。下边的众人拔起欑，连欑带人抬回

---

① 惠西成、石子编：《中国民俗大观》（上），广东旅游出版社1988年版，第243—244页。

> 家，让这个人代替死者灵魂哭诉自己是如何死的，如何受苦难等。如果他讲的跟死者情况相似，就表明灵魂已救出苦海；如讲得不对头，还得树起横再旋。但是一般说，一支魂樌一般为时一天一夜，就停止了。[①]

非常明显，牵樌来赎救亡灵与泉州等地的“做功德”中的部分仪式，有着同源的关系，只是它们在被移民带到洞头等地之后，与当地的民俗或信仰发生了融合或碰撞，因此在具体的仪式和内容方面，都有巨大的差异。这一点，只要我们看过上述仪式内容的叙述，就可以非常直观地感受到：从时间安排到仪式义项，相异是明显的，但其主旨则是相同的，因此，我们可以看到两者的传承关系。

然而，上述内容还有一点是不容忽视的，那就是民俗在传承过程中，由于与迁入地文化发生的融合碰撞，从而形成了一种几乎具有新的内容和形式的民俗形态，从而使一种民俗的个性化得到了最大程度的表现。区域民俗的存在，从本质上突出了这种个性化的价值。

第五节　民俗文化区域性的意义

没有任何理由怀疑区域民俗的存在，但如何对这种区域存在的民俗进行研究，则是当下民俗学者必须思考的。上述研究至少在下面几点具有特殊意义：

1. 区域民俗的存在在实践中给民俗理论研究提出了一个新的课题，如何面对在现代性和国际化语境下区域民俗研究，已经成为民俗学研究，也是地方文化研究，甚至是发展地方经济等现实问题的一个重要问题。

2. 区域民俗问题的提出对以往民俗学研究或民俗理论研究只注重共性问题或民族性问题来说是一个极大的挑战，否则我们就会陷入民俗具有共性，但实际上它们却以绝对地区性或仪式的差异性存在的两难境地。换句话说，只注重民俗存在的一个方面，我们的理论指导意义将大打折扣。

3. 随着现代化的不断深入和世界文化碰撞的加剧，文化个性化魅力的经济价值越来越凸显出来，如何避免世界文化交往日益加剧给区域性文化造成的巨大冲击，已经越来越迫切地摆在文化学研究者的面前，而民俗学的研究首当其

---

① 陈德来主编：《浙江民俗大观》，当代中国出版社1998年版，第255页。

冲。这不仅是一种不可避免的命运,也是一种不可避免的责任。因此,必须加强区域民俗理论和实践的研究规律,否则,民俗学在当下社会中的发言权将被剥夺。

4.认识区域民俗的存在,宽容地对待不同区域的民俗,它必将在今后的社会发展中得到越来越大的生存空间。

第八章

物质民俗文化

物质民俗文化涉及的内容、范围都非常广泛，它包容了人类为生存而创造的所有形态。有的学者把物质民俗文化统称为经济的民俗，原因就在于物质民俗文化其实也就是一种经济活动，是创造财富和消费财富两者的总称。

第一节　物质民俗文化的概念

物质民俗文化是指人民在创造和消费物质财富过程中所不断重复的、带有模式性的活动,以及由这种活动所产生的带有类型性的产品形式。它主要包括两个大的方面,即物质生产民俗文化和物质消费民俗文化。

物质生产民俗文化和物质消费民俗文化,都是伴随着人类的生存过程而产生的民俗文化形式。它是在生产和消费过程的不断重复中逐渐形成固定的模式和形态的,因此是一种最早期或原始的生产或消费方式,由于它的单一和没有重复性,我们就不能将它作为物质生产或物质消费民俗文化来看待。举个例子来说,仅仅盖了一幢房子的建筑,我们不能称它为建筑模式,只有区域之内或民族之内采取共同的盖房方式,采取一致的建筑术和建筑模式,我们才能称它为建筑民俗文化。同样,一个人所采取的工作方式,仅仅是个人行为,只有区域或民族之内大部分人都采取的工作方式,才是一种劳作民俗文化。

物质民俗文化的历史非常悠久。马克思曾说过,人只有吃饱才能从事其他的一切活动。物质生产民俗就是首先为了保证人类能够吃饱而产生的重复的文化形态,正是这种重复,使生产成了群体所共同遵守的一种活动方式,成为约定俗成的规范。这种重复的生产方式,在原始群时期就已萌芽,并且开始成为原始人进行生产时需要由全体成员共同遵守的准则。物质生活民俗文化也是如此,它是在原始群时期便已存在的一种非常原始的习俗形态,只是随着物质生产的进步,人们的物质内容不断丰富之后,个人财产成为社会主导形式,生活消费的个性才更加突出,形成了许多人们需要共同去遵守的行为准则,也形成了区域或民族间的共同消费特点和习俗,完成了由自发到自觉的过渡,形成物质生活文化模式。

物质民俗文化所涉及的内容非常广博。它包括生产民俗中的农、牧、渔、猎民俗文化,以及匠作建筑民俗、交易商贸民俗和生活民俗中的饮食民俗、服饰民俗、居住民俗以及交通等为了人们生活得更舒适的用具民俗等内容。

物质民俗文化从它成为物质民俗文化,在人们的生产、生活过程中不断重复开始,就不仅仅是为了满足最低的生存需要,而是通过这种重复,获得更高的效率,产生更舒适的效果。因此可以说,它的一切并不仅仅是为了果腹,而是出于对人类的物质生产和生活更有序的发展的需要。

第二节 物质生产民俗文化

我们这里要介绍的是农、牧、渔、猎和匠作商贸等方面的民俗文化，这是物质民俗文化中属于人类创造的，为了延续生命所必需的形态，但它又不是创造物质形态本身，而是在创造过程中所形成的一些区域或民族所需要共同遵守的生产特点和习俗惯制。

一、信天由人的农俗

农业生产民俗，在我国这个农业大国中，不仅历史非常悠久，而且内容和表现形态也非常丰富多彩，表达着信天由人的自然农业的习俗特点。

第一是农业生产完全按时序节令来安排，季节性非常强。我们现在说的春耕、夏收夏种、秋收冬藏，其实都是农业生产按时序节令季节长期实行而形成的。畲族及西南地区一些少数民族中盛行的刀耕火种方式，季节性要求就更强。人们常说的“庄稼不等人”“季节不饶人”，表达的就是农事不能违背时序节令这个季节规律。不过，随着现代农业和科学技术的发展，这种局面在逐步得到改变，大棚农业的推广，使季节这个千百年来人们一直必须遵循的规律，发生了微妙的变化。

第二是存在大量经验性的占卜天象以预测农事的习俗。这既是人们在长期的生产过程中形成的经验总结，也是人们遵循天地变化规律的写照。在江浙一带，常常以各种自然天气现象来占卜农事，如“岁朝东北风，五禾大熟。岁朝西北风，大水害农功”“清明头夜雨，麦烂蚕也死”“伏天落大雨，百姓做财主”“端午无雨是丰年，芒种无雨空种田”及“立秋无雨千人愁，万物从此欠丰收”等，都是这种占卜天象以预测农事的习俗。

第三是农业禁忌。由于长期缺乏科学思想，这方面的习俗带着非常浓郁的迷信色彩。在浙江武义，过去育秧时挑谷种出去若遇到女人是很大的忌讳，认为是很不吉利的事情，须回头重挑一遍。宁波人播种时，专挑干支中“乙”日，而禁忌其他日子。丽水一带则专门选择平潮日播种，据说平潮日下种不会浮动，种子也不会聚簇。金华人则专门选太阳要下山时去播种，认为“太阳下山不再走，谷粒下田不会飘”。[①] 这也是一种顺势巫术的表现，相信太阳的动与谷种的

① 参见《简明浙江风俗志》，浙江古籍出版社 1988 年版的有关内容。

动有着某种神秘的联系，太阳下山见不到它的动，则种子撒下去也就不再会动。

至于杭嘉湖一带的养蚕业，生产过程所讲究的禁忌就更加多了。比如，浴种，大致就选在蚕生日、百花生日等特殊的日子，人们相信这些日子浴种最吉。养蚕期间禁忌生人进入蚕室，所以，一般亲友在此期间也都暂时不来往，叫"蚕关门"。"在海盐，蚕农往往在自家门口打上许多桃树桩，缚上用左手搓成的草绳，张成网状，表示不许外人造访。有的则在门口贴一张红纸，上书'蚕月免进'等字样。对于这样的人家，当地人都自觉地不登门。谁要是冒昧登门，主妇往往会气急败坏地端出一盆冷水来，向外人夹头夹脑地泼去。有的则端出一盆冷饭，上面放一根菜，一边跟着外人向外走，一边把饭朝外泼去。在桐乡，则用一小盅茶叶和米，在外人的背后向门外泼出。在海宁，习惯在廊下围上草帘子，隔一段就在帘上插一根桃树枝，表示蚕禁。"[①]但若外人真的不意间冲犯了这些规矩怎么办呢？那就要举行一种叫"送客人"的仪式："用一只小竹簟，放一副盅筷，少量酒、饭、菜，一个小稻草卷，到此人回去的三岔路口燃稻草卷，泼掉酒、饭、菜，以示祛邪。"[②]这种养蚕的禁忌还非常多，有些可能含有一定的科学道理。如蚕初生时忌屋内扫灰尘，忌煎爆鱼肉等油锅之气，也不可以焚香或佩香等，大约是初生的蚕比较幼嫩，适应环境能力较弱之故。有些在语言上禁忌则属于祛除晦气讨吉利，因此有些语言须改口避开不说。像忌"亮"，因为亮蚕是病蚕之一，"天亮了"要说成"天开眼了"。忌"僵"，因为僵蚕也是病蚕。所以"姜"要说成"辣烘"，酱油要说成"颜色""罐头""咸酸"等。"葱"有"冲撞"之冲的嫌疑，因此，葱则改叫"香头""香火"等等。养蚕禁忌特别多的原因，除了早期养蚕不易，人们缺乏科学知识之外，更多的是包含着人们祈求蚕茧丰收的美好心愿。

第四是祭祀田神。这种祭祀主要是人们相信所有的物种都有神灵主宰的结果，它是农俗中信天的极端表现。田神也叫"五谷神"，有些地方是祭先农，有些地方是祭社神，有些地方则变异成各种各样的神祇。在江浙一带有祭田公田婆的习俗，人们相信农业的丰收全靠田公田婆的护佑。因此，每块田必定立有一块石头做田公供在田块的一角，田婆则立在对面或旁边。祭祀在稻谷扬花时进行，用鸡、肉、饭、酒等物，并加祈祷，时间则大约在黄昏时。在河南种西瓜的瓜乡，祭的是瓜神；四川则有土地会，祭土地神。凡此种种都说明人们对天主农业的极其信任。

第五是欢庆丰收。农民劳作一年盼的什么？不就是丰收后能过上好日子吗！所以一旦丰收，就掩饰不住喜悦的心情，好好地感谢天地神灵的赐福，最终形成了类似于节日性的庆贺。这种庆贺在很早的时候便已产生，《礼记·杂记

---

①② 顾希佳：《东南蚕桑文化》，中国民间文艺出版社1991年版，第32—33页。

下》载:“子贡观于腊。孔子曰:‘赐也乐乎?’对曰:‘一国之人皆若狂,赐未知其乐也。’子曰:‘百日之腊,一月之泽,非尔所知也。’”这里的“腊”就是腊祭,是一年劳作之后,获得丰收,感谢天地神灵而举行的祭祀和庆贺狂欢活动。腊祭活动后来发展为逐疫习俗和吃腊八粥习俗。这种庆贺丰收的活动还融汇在春节的谢年,以及元宵节等节日习俗的一些内容中。谢年是一种家中的祭祀,目的是感谢丰收;元宵等节日中则有许多“五谷丰登”“风调雨顺”等形式的灯饰,一是表达丰收的喜悦,二是祈求来年获得更大的丰收。欢庆丰收的习俗,在浙江东阳有一种叫“拜斗会”的形式,非常有特色。拜斗会在农历七月举行,地点是在晒谷场上。祭坛由数张八仙桌拼合而成,上置披红挂彩经过一番打扮的稻桶六尊,一大五小,大者代表五谷之神,小者各代表谷、稷、麦、黍、菽各神。奇特的是参加祭祀仪式的大多是壮年妇女,男人不准参加,只能在一边做杂差,放爆竹,敲锣鼓,呐喊助兴。坛前放供桌,供品为百谷、百果、百花,祭坛左右分别栽两枝“摇钱树”,然后左栽柏树,右栽竹子,寓意“百样富足”。仪式开始时,妇女们结队在燃烧的稻草堆上跨过,俗谓“熏火浴”,以除身上的秽气。主持者点燃第一根蜡烛,男人们便放爆竹,敲锣打鼓,这时,一壮年妇女扮谷神,在坛前尽情跳舞,其余妇女列队持香跪拜,然后唱《四季调》《十二月名》等民歌。接着舞者双手持插有鲜花的橘子和梨,成双成队地跳舞,作插秧、收割之态,粗犷而纯朴。舞毕就串戏文,由爱好者自告奋勇,一直欢腾到半夜。最后,燃烧彩树,人们齐声喝彩,欢送谷神回天庭,拜斗方告结束。①

农业民俗在农业社会的产生和盛行,是人们在有限的知识范围内对自然现象做出的积极反应,大部分内容已不局限于对生存必需的生产的需要。但在自然经济环境中,信天由人的色彩则极为明显,表明靠天吃饭的农业经济仍然是这个时期最重要的生产方式。

二、与自然为伍的渔猎

狩猎和捕鱼不仅是两种不同的生产方式,也是在中国各地区各民族中都存在的对主生产方式的一种补充方式,有时成为农闲季节的一种副业。

(一)狩猎习俗

原始社会时期,狩猎是一种主要的生存方式。但自从进入农业社会之后,狩猎便退而居其次,成为人们生存的一种次要生产方式。但狩猎的许多习俗惯

---

① 徐杰舜:《汉族民间经济风俗》,广西教育出版社1990年版,第20—21页。

制却被保存在民间的生产过程中。狩猎的季节性观念极强，在东北，一般都在秋冬之后进行，其他地区则在农闲时进行。

狩猎是一种勇敢者的生产方式，在猎虎、熊、豹、野猪等凶猛的动物过程中充满了危险，体力不够、技艺不行都可能带来自身生存的危险，为了减低这种危险，各地各民族的人民创造出了各种各样的狩猎方式方法以及技能。如东北人猎熊，常常都是在冬季黑熊进入冬眠之后进行。黑熊进入冬眠俗称“蹲仓”，即进入枯树洞中过冬。人们把从树洞中猎熊叫“掏仓”或“刷仓”。首先是由一人到树洞边去“叫仓”，人们用大斧猛击树干，震醒睡熊，待其出洞给予射杀。当然人们也有采用设陷阱、夹子等方法捕捉的。南方捕猎各种动物，大都让猎狗先行，然后或个人或集体捕杀。

由于狩猎极其危险，大都需要集体进行，所以，在长期的生产过程中，人们形成了许多适宜于各地民众的狩猎习俗。东北长白山的猎人总是集体进山狩猎，待冬天一到，他们便推选“把头”，带着斧、锯、食物、炊具，背上子弹扛上枪进山打猎。待积雪一尺多厚之后，人和猎狗都跑不动了，就下山回家。下山时，习俗规定，不能将搭好的窝棚或“地坨子”拆除，也不能将多余的粮食、柴火和盐等带走，主要目的是给那些迷山者使用。南方人狩猎，也集体进行，并公推负责人，一切都集体讨论决定。人们常常进行分工合作，负责搜山的叫“赶山组”，传达消息的叫“报号组”，负责打伏击的叫“猎手组”。

猎物的分配一般都还保留非常原始的“上山赶肉，见者有份”的规矩，如以猎野猪为例，许多地方规定，野猪打死后在四足未捆缚之前，凡赶到帮助缚脚和抬的人，都可分到一份。同时习惯上还是保留着对那些参与狩猎者因功劳大小不同而得到猎获物不同的方法。在浙江浦江，如果猎手一枪打死了猎物，称“头铳”，可得猪腿两只，肺、胃、肾和股份肉，再加全猪百分之十的肉。如果一枪未打死，仍称为头铳，但只能得两只腿及股份肉，第二枪打死猎物的称“贴铳”，可得肺、胃、肾及股份肉，再加百分之十的肉。赶道的人可分两只腿和股份肉。野猪的头则用作祭拜山神和灶神。[①]

原始社会时期的狩猎还要举行极其隆重的仪式，现在世界上的许多岩画就是狩猎出行图。其中，祭祀山神的习俗，在过去的集体狩猎中，是一项不可缺少的仪式。在湖北的神农架，人们认为猎获物都是山神所赐，因此，上山打猎前必须择定吉日，在出猎前要烧纸钱，并为山神供上鸡肉、馒头，要跪拜祝祷，还有翻跟斗仪式。有了猎获物时，不能立即抬走，须用木签把它的脚钉在地上，祷告山神感谢恩赐，否则，下次打猎时就会倒运。浙江金华等地的狩猎都要祭山神，人

① 浙江民俗学会编：《浙江风俗简志》，浙江人民出版社1986年版，第416页。

们用香、纸缚在毛竹上，以示敬山神。许多地方还在上山后，垒一个三块石头的山神位，虔诚礼拜，祈求获得丰厚猎物。

(二)渔业习俗

狩猎大都在山上，而渔业则只能在水中进行，环境的限制非常严格。从目前所知的渔业生产情况来看，大致有这么几种方式：第一种是徒手捉鱼，第二种是用工具如网、鱼钩、鱼叉等捕鱼，第三种是用药物捕鱼，第四种是用驯服的鱼鹰之类捕鱼，第五种是用炸药炸鱼，第六种是用电来电鱼，包括海上作业时的电网捕鱼。后两种是近几年才兴起的捕鱼方法，由于它有大小鱼都一次性捕捉的特点，对于渔业的长期发展非常有害，所以，是一种应该禁止的方法。

以捕鱼为生的渔民，千百年来不仅形成了自己独特的生产方式，同时也形成了许多独特的生产习俗。捕鱼前要占验天气，尤其是出海捕鱼，占验天气显得更为重要。像福建漳州等地的渔民出海前就要占天(看风雨)、占云(看阴晴)、占风(看潮汛、飓风)、占日(看晴风)、占雾(看雾雷)等等。在浙江舟山的渔民中，这种习俗极其系统和规范。出海前要举行海祭，他们在每条船上祭告神祇，烧化疏牒，称“行文书”。供祭之后，把一杯酒和少许碎肉抛入海中，叫“酬游魂”，以祈祷渔船出海顺风顺水，一路平安。习俗禁忌在这一天吵嘴和讲不吉利的话，否则要受处罚。舟山渔民的大船上都供奉有“关菩萨”，小船上则供奉“圣姑娘娘”。关菩萨传说是三国时的关云长，圣姑娘娘则是宋朝的寇承女。关菩萨老爷旁还供有两个木头神像，一个叫顺风耳，一个叫千里眼。供奉这些神灵的主要原因是海上作业危险性大，天气变化无常，人们无法自己掌握自己的命运，便将一切都交托给神灵。

为了保证出海平安，嵊泗一带在七月半还举行隆重的祭海神仪式，用三牲(即猪、鸭、鱼)和香烛、锡箔在海边礁岩上供祭海神爷，还要请道士念经打醮，规模很大。传说海神爷是古时候一位斩海蛇的安知县，祭他是祈求他斩尽海蛇，使渔民出海平安无事。

鱼汛结束后，渔民们还举行谢洋的酬神活动，叫“散福”。每次酬神都要用猪头、全鸭、鲜鱼三牲供奉，然后先由船老大割去猪鼻上一块肉抛入海中，伙计们这才动筷分食其余。

渔民的生产除了经验，就是靠老天了。在长期条件落后的生产过程中，形成了许多禁忌。比如，船上不借东西，船上之物只准进不准出，渔民上船后不洗脸、不洗脚、不穿鞋。船上忌坐七男一女，据说它与八仙有关。另外，渔民还认为妇女是不干净的，因此，妻子坐产时不进产房，丈夫连衣服也要预先拿出来，以免造成不干净或不吉利。

东海渔民对遇险之船或人都是全力救助的,但对死人,若遇朝天女尸或伏身男尸,则不能捞,要等海浪将尸体冲翻过来之后,才能捞。捞尸时用镶边篷布蒙住船眼睛,以辟邪气。捞上的尸体忌直言,而说是捞了个元宝,对无主尸体则集中安葬。海盐渔民据说有不救落水之人的禁忌,主要是人们相信有讨替身之说。你救了他,那么,下一个就该是你了。

渔民禁忌和"翻"有关的所有东西,吃鱼是绝对不能翻身的,否则将预示着翻船。苍南等地则有渔民出海时点长明灯的习俗,据说长明灯象征着出海者的灵魂,因此,家人决不会让长明灯在出海者回来之前熄灭,否则是出事的征兆。

渔民各种习俗的形成,都是基于现实功用目的和信仰。其中,有些是经验的总结,有些是科学缺乏的结果。随着现代渔业生产技术的进步,许多旧的生产习俗正在消除,科学的生产观念正在形成。

三、创造完美的匠作

匠作的兴起是与人们生产分工的逐渐专业化相一致的。在原始社会时期,人们之间的分工尚未形成时,所有的活都要自己干,是一个多面手和全能水平时期。随着生产力的发展,人们的生活水平不断提高,各种生活生产需要的物品日益增加,那些在某方面具有特殊技能的人,就变原来自己的副业为主业,专门从事自己特长的职业以谋生,出现了各种专职的工匠。这种工匠散布于社会的方方面面,有的在作坊中工作,有的游动于民间村落的角角落落,满足着人们生活的各种需要,形成了具有特色的匠作习俗文化。

(一)匠作都有祖师爷

传统的民间匠作号称七十二行,每一行都有自己的祖师爷,其中代表性的主要有:木匠、石匠——鲁班,泥水匠、油漆匠——鲁班妻,陶匠——范蠡,铁匠——李老君,酒匠——杜康,造纸匠——蔡伦,屠宰匠——张飞,笔匠——蒙恬,盐匠——葛洪,醋匠——帝予,篾匠——泰山,画匠——吴道子,鞋匠——孙膑,裁缝匠——轩辕帝,理发匠——吕洞宾,梨园祖师——唐明皇,火腿业——宗泽,等等。

这些祖师爷的由来都有动人的传说。木匠大家都知道,泥水匠、油漆匠的祖师爷为什么是鲁班的妻子呢?相传有一次鲁班给人盖了房子后,房主人嫌房子太粗糙不好看,要求鲁班给装饰一下。但到鲁班家时正好鲁班出门了,鲁班的妻子便对鲁班的小徒弟说:"你用水和稀泥把石头缝糊住,再抹抹干净就行了。"小徒弟刚想走,又站住说:"师娘,我怕弄不直。"鲁班妻想了想说:"把我的纳鞋底绳儿拿去，吊上线就行啦！”接着她又对另一个徒弟说：“你去把他家的木什梁檩再修一下。”这个徒弟说：“师娘，怎么修才好看呢？师父不曾教过，你教教我。”鲁班妻说：“这有什么难，你用水和点胶泥红土抹到木头上就行啦。”徒弟说：“木头不粘水怎么办？”鲁班妻说：“那就把我打褡背用的糨糊拿去抹上就可以了。”于是两个小徒弟照此干去，把墙抹得又光又平，把梁檩涂得通红通红。房主人见了非常满意，重赏了两个小徒弟。鲁班回来知道此事十分高兴，就让两个小徒弟正式拜师娘为师。从此，就有了泥水匠和油漆匠，鲁班妻也就成了他们当然的祖师爷。

各行祖师爷都有自己由来的传说，而有了祖师爷便有对祖师爷的崇拜，人们不仅修了鲁班庙、老君庙、药王庙等加以祭祀，而且，在行业之内还有各种祖师爷生辰、忌日的祭祀，非常隆重。

(二)匠作民俗文化的三个特点

各行匠作都是特殊的工种，需要特殊的技能和特殊的训练，因此形成了匠作民俗的个性特征。

1. 讲究师承关系。匠作是一种需要特殊技能的职业，非有师父指点不可，所以就形成了师徒相承、手教口授的特殊关系。拜师成为学艺的绝对前提，不拜师也就难以学艺，当然也就不会有大的成就。有些绝活还形成了只传男不传女的规矩，使行业传承的范围非常狭小，有的仅在子弟或亲戚间传承，形成了地区性的行业趋势。

2. 封锁技术秘密。由于讲究师徒传承，技术只在师徒间传授，对于非师徒关系的人员，则一概保密，因此非师徒之间，非门派之间，技术绝对不相传授。加上各行各业之间本身存在的竞争，匠作同行之间的技术封锁，就显得更加严格。什么“祖传秘方”“只此一家，别无分店”“真正什么什么”之类便到处可见。有人说，这种技术封锁在一定程度上滞缓了我国经济的发展，似乎有一定的道理。但如果我们回过头来看看现在实行的技术专利之类的制度，其实与过去的技术封锁，也仅仅是同工异曲而已。

3. 生产活动的神秘性。这种神秘性表现在师承关系和封锁技术方面，同时也表现在行业中有许多禁忌和流行特殊的行话。如甘肃武威一带的挖煤工，为了避凶求吉，无论在井上还是在井下，都忌说“砸”，凡用“砸”处都以“碾”代替。打石匠工作时不准开口说话，否则可能导致工伤事故。忌女人到采石的洞口或洞中，认为女人去了会惹山神发怒。青田石匠忌说“洞”，进矿洞叫“进财”；也不说回家，叫“拔草鞋”；忌说“洗”，因方言中“洗”与“死”同音，所以，连碗也不洗，只用布擦干净。烧窑匠的禁忌也非常多，建窑要择吉日，开工要祭窑神，建窑时不许儿童、孕妇到窑地，也不许挑粪桶的人从窑前经过，以防触犯窑神等。

匠作还有很多自己行内人士通行的行话。在荆楚等地，称尺子为“量天子”，称墨斗为“江湖”，凿子为“穿山子”，瓦刀为“开天子”，梯子为“步步高”等。称木匠为“劈老匠”，称瓦匠为“方老匠老”，称石匠为“科老匠老”，同行叫“舸友(老)”。称上工为“南老上调”，收工为“南老故老”，活做快点为“打少点”，等等。[1]

匠作生产的特点和特殊性，使各种匠作的门户观念非常强，这是可以理解的。匠作不仅在创造我们现实生活中的各种有用的东西，也在为我们的生活创造美，所以，匠作都在追求精益求精，希望创造完美的用具和工艺品，给我们的生活带来不同的色彩。

四、与民便利的商俗

商业的发展是人类进步的必然结果，在中国漫长的封建社会时期，商业虽然受到歧视，但并没有妨碍它的发展和成熟，并最终形成了以集市贸易、庙会和行商坐商相交叉存在，以满足和便利老百姓为目的的商业体系和习俗。

(一)集　市

集市是在商品经济获得一定的发展之后，为便于货物交易而形成的一种买卖交换场所。集市形成的历史非常早，《易·系辞下》载：“日中为市，致天下之民，聚天下之货，交易而退，各得其所。”便是殷商时代集市交易的写照。早期的集市大约仅仅在交换各自缺少的货物，“各得其所”而已，并不计较商品价值之间的等值与否。新中国成立前苦聪人就盛行这样一种交换方式，把自己的猎物或兽皮放在通往集市的路边，然后就躲进草丛，待换取山货的商人放一些盐巴、布匹或衣物并将东西取走后，他们才将放置的物品拿回家。至于是否等价，从来不去过问。

集市一直由政府划地经营，四周筑有高高的围墙，早启晚闭。唐代时市的交易信号“以午时击鼓二百下而众会，日入以前七刻击钲三百下散”[2]。南宋之后，坊市被彻底打破，形成了现代意义上的集市。这种集市贸易的方式在后来中国的历史上发育得极其成熟。北方基本上叫“集”，而南方则基本上叫“市”，

---

① 柯小杰：《荆楚木瓦工行话浅析》，《民俗研究》1992 年第 4 期。

② 王溥撰：《唐会要》卷八十六。

也有叫“步”的，如《景定建康志》中的黄友步、黄连步等皆为集市。两广一带则叫“墟”，云南叫“街子”，四川、贵州叫“场”。集市大都在城镇边沿或一些集镇中进行，一般并不天天有集市，而是有固定的时间。相近的集镇有着不同的集市时间以便错开，让行商可以多赶一些集市。农民将自己多余的货物在集市中出售，同时买进日常生活必需品和生产用品，起到既丰富市场，也方便生活的作用。这种集市在南宋时江浙一带极其发达，所谓“十家之邑，必有米盐之市”①。有人研究，当时集市与建制镇的比例大约是三比一，即一个建制镇有三个集市，如《咸淳临安志》载，临安有六镇共十五市；《景定建康志》载，明州（宁波）是五镇共二十二个集市，说明集市非常发达。

目前，这种集市交易在我国农副产品的集散方面，仍然占有很大的比重，为地方经济的发展起着推动作用。同时，在改革开放之后，新兴的商品市场则如雨后春笋般地涌现出来，使旧的集市贸易方式得到了发展。

（二）庙　会

庙会是随着佛道圣诞和开光盛典而形成的商业娱乐交易活动②，在魏晋南北朝时即已产生，周处的《风土记》中已有人们举行庙会的记载。后来，随着佛道信仰的兴盛，庙会成为人们生活中不可缺少的一项信仰和物资交流的重要活动。因此，庙会除了烧香拜佛外，主要是进行各种货物的交易。北宋时的相国寺万姓交易庙会极负盛名。据《东京梦华录》记载，相国寺庙会每月 5 次开放，万姓汇集自由交易，形成了几个具有特色的货物交易区，如大三门上都是飞禽走兽猫狗之类，第二、三门则都是些动用什物，近佛殿的地方则售卖一些传统名牌产品，两廊专售当时寺院中尼姑制作的产品，殿后是古玩绘画，后廊是算命看相占卜风水术士汇集的地方，所谓“伎巧百工列肆，罔有不集；四方珍异之物，悉萃其间”③。确实是热闹非凡。

这种庙会在全国各地都有不同程度的存在，有的远近闻名，每年都固定地举行；有的则一次性进行，专为庙宇建成开光大典而举行盛大的庙会。以前者为多。在江浙一带，过去较著名的庙会很多，如苏州的玄妙观庙会，杭州的吴山庙会，绍兴的水陆庙会等。

（三）行　商

行商有两种：一种是资金雄厚进行长途跋涉大宗交易的商队，像历史上来

---

① 刘宰撰：《漫塘文集》卷二十三。

② 也有人认为是起源于古代的社祭，是对神进行祭祀的一种延伸活动。其实并不正确，因为古代的社神并无庙宇。

③ 王得臣：《麈史》卷下。

往于丝绸之路上的骆驼商队、云贵高原的马帮等；另一种是小本经营的小贩，他们身背肩挑，上山下乡，走街串巷，赚取微薄利润以养家糊口。我们在现实生活中常见的便是这种小贩。著名的如浙江永康的小五金货郎担，他们走东串西，补铜壶补锅，制作各种五金用具；义乌的鸡毛换糖也是非常著名的小行商小商贩。这种行商，随着现代商业经济的发展，在江浙一带已基本上退出了历史舞台。

(四)坐　商

这是一种有固定营业场所的商业行为。唐代前市中的"肆"大约是坐商的前身。在宋代，坊市制度有了重大改变，使市中有了固定的经营者，这就是我们现在常见的商店。坐商一般都集中在居民区和大城镇，大都有自己固定的消费者。除了特别重视自己的店牌子外，在过去坐商一个非常重要的标志，就是在自己的店门口，按不同经营内容，悬挂幌子。幌子也称望子，是一种具有现代广告意义的悬挂物。它与经营业务直接相关，久而久之，约定俗成，特殊的幌子就成了某种生意的象征。如酒店悬挂写有酒字的旗子或悬挂一只葫芦；酱菜铺镌刻"酱园"或"酱"字做幌子；裁缝在木板上写"成衣"二字做幌子；卖扇子的挂一把大扇子；当铺门前悬一个大大的"当"字；茶叶店门前是"茶"字等。这些招幌浅显明白，让人一看便知店中所经营的内容，买东西不会走错地方。在东北，悬挂的幌子不仅表明自己在经营生意，而且还有等级象征。挂一个笊篱头子作幌子的是鸡毛小店，专招徕挑担的小货郎，贫穷的过路人，吃得很简单。挂一个罗圈，下面飘几根布条的幌子，招徕的是一般过往行人，吃的是大煎饼和豆腐脑。挂梨包幌子的店，比前两种店稍大，专住赶大车和赶牲口的，伙食一般，有喂牲口的站槽和泡料的缸。挂两个罗圈做幌子的店，是既住大车又住人，伙食也简单，当地称"管小饭"。挂五个罗圈的大车店，条件就较好，既卖草料，伙食中等，还有便宜的酒菜。挂柳罐斗加一串罗圈(一般五到七个)，下系红布条做幌子的店是大车店，这是东北最讲究的旅店，除有大炕外，还有单间，伙食也讲究。现在东北的有些饭店也兴挂罗圈，小饭店挂一个罗圈，大饭店挂两三个罗圈。其中，红布条是表示汉族人开的饭馆，蓝布条是表示回族人开的清真店。这种表示，很有点现在星级饭店的意味。

不管是行商还是坐商，也不管是集市还是庙会，它最重要的目的都是为了给民众以方便的购物机会和方式。

第三节　物质消费生活民俗文化

民俗文化在本质上来说都是为了使人类有序地、更好地生存，而物质消费生活民俗文化所包含的这种目的，则更加直接。

一、就地取材的食俗

饮食从本质上来说是就地取材的。南方人以吃米饭为主，北方人以吃小米、麦面为主，这是种植收获不同所致。记得从前有过这么一则故事，新中国成立时家家户户要划分成分，什么地主、富农、贫农、下中农、上中农等。从北方来的干部到了浙江，看到每家都吃白米饭，于是，不管三七二十一，将他们统统划到了地主、富农一档。理由是，北方只有地主富农才吃得起白米饭。此事被周恩来知道了，他说，南方只出稻米，贫农也都吃大米。于是，纠正了这种划分方式。这则故事说明，南北在吃的问题上存在很大的差异，原因就是人们的食俗是就地取材的。然而，这种就地取材的习俗，在长期的生活传承过程中，又形成了具有地方特色的各种食俗。

(一)待客食俗

各地的待客食俗不仅表明不同的礼仪方式，也表明人们的生活程度如何。

客人到家，在江浙一带常常是烧一碗特制的点心。金华一带是一碗面条，外加两只白煮蛋置入碗底。春节时，对会喝酒的男客，主人还会奉上一碗自酿的米酒。对特殊的客人，尤其是尊贵的客人，则烧水煮溏心儿蛋或米酒蛋，以鸡蛋数量多者为尊。早年，待客的两只鸡蛋，只能吃一只，叫有余，两只都吃完是一种没有礼貌或教养的表现。

一些少数民族中的待客食俗，常常是尽其所有，非常热情好客。哈萨克和蒙古族都有用全羊招待亲友和客人的习俗，哈萨克人上全羊时，须将羊头的嘴脸朝着客人，表示尊敬。同时习俗还规定，只有主人用小刀割下并吃掉羊头上两腮及各部位的肉和心、肝之后，在座的客人才能动手吃肉。宴席快要结束时，主人还会将一大把碎肉凑在客人的嘴巴边，要客人吃下去。客人如表示拒绝，则被理解为小看了主人的诚意，所以必须吃下。对于蒙古族人来说，全羊席不仅表示隆重，也表示敬重。全羊要一整天才能烤好，食用前须由长者发表祝词，并用整羊的头上肉,由长者祭献天地火神,然后把一些羊肉先分给小孩之后,客人才可以食用。

待客食俗不仅表现各地各民族不同的礼仪习俗,也表明了他们不同的生活方式和不同的食用东西。

(二)节日食俗

节日食俗是在节日过程中形成的特殊的饮食习俗,不仅具有浓郁的节日色彩,也具有鲜明的地方特色和民族个性。

春节吃团圆饭。有鱼、有肉、有鸡鸭鹅等,非常丰盛。团圆饭须全家到齐后才吃,若因为某种原因,有家人来不及赶回来吃团圆饭,则必须给那位家人留出一个空位子,放上碗筷,以示团圆。北方则盛行在农历大年三十晚上吃饺子,饺子意为交子,是万物更新,新年开始的象征。南方的一些地方在春节时还有蒸糕和做团子的习俗,糕表示年年高,团子是象征团圆。做年糕是南北许多地方都时兴的习俗,年糕也是象征年年高,有进步。

元宵节吃汤团,原称元宵。元宵也表示团团圆圆,像元宵一样的圆圆溜溜地全家团聚。清明是吃清明果,端午节则吃粽子,中秋节呢吃月饼,重阳喝菊花酒、吃重阳糕,冬至北方吃馄饨,江浙一带则有舂糍粑的习俗,腊月初八则吃腊八粥。

节日食俗在少数民族当中也表现得非常鲜明。藏族在藏历年初一吃奶饼、手抓饭和血肠;壮族在春节时互相赠送花糯米饭;傣族新年是泼水节,节日期间各家都制作糯米粉加红糖、香花的“毫咯素”(类似于年糕),用芭蕉叶分成小包,分送亲朋好友。

喜庆的食俗,不管是汉族还是少数民族都特别丰盛和讲究。婚礼、寿诞、建房、生育,甚至是丧事,宴席都极尽山珍海味。另外,像现代流行的晋级、孩子考上大学、加工资、被评上先进等,也都有举行喜宴以示庆贺的。

(三)祭礼食俗

中国人存在祖先崇拜,在许多隆重的场合都要举行祭祀,而祭祀则需有猪、牛、羊等三牲或其他的一些牺牲作为对神虔诚的象征。鲁迅小说《祝福》中写的大年三十晚上的祝福礼,便是祭祀祖先的一项活动。这种祭祀民间叫谢年,有的地方也叫作“羹饭”,须祭祀祖先和天地鬼神,以祈求来年平安大吉和风调雨顺。祭祀之后,全家共同享用牺牲,意在人与鬼神祖先之间可以建立某种特殊的联系。

从前,宗祠中每年都举行祭祀祖先的活动,有些地方就叫吃祠堂。方法是在举行大型祭祀后,由同姓人员共同享用祭祀后的牺牲。这种祭祀食俗并不是每个同姓人员都能享用得到，很多姓氏都有不同的规定，如只有男性成员才能参加，有些甚至规定，除非是高小毕业，否则，只有到六十岁时才能拥有这种权利。

许多少数民族中，一些大型的祭祀活动，都要宰杀牛羊，祭毕分给所有相关的人员。

许多人对这种祭祀和享用祭祀用品，没有直观的感受，但我想有一点是大家都经受过的，那就是清明节时上坟之后所食用的清明果，它就是一种通祖先和神灵的祭祀食物，具有特殊的效用。在温岭等地，家中举行一些驱邪仪式或佛事之后，原来作为供品的一些糖果糕饼，因为具有特殊的作用，都均分给家中的有关成员，以分福给每个人。祭祀食俗表明中国人对神灵以及它的护佑抱有相当乐观的态度。

（四）特色食俗

特色食俗是一种具有地方性或民族性意义的食俗，它表现出浓郁的区域性特点。

北方的涮羊肉，西安的羊肉泡馍，兰州的牛肉拉面，东北的酸菜，沈阳的老边饺子，北京的烤鸭以及维吾尔等民族的手抓饭等，都具有鲜明的特色。

南方则更丰富，像广东人吃蛇、吃猫，嘉兴的五芳斋粽子、文虎酱鸭，宁波的“缸鸭狗”汤团，杭州的西湖醋鱼、叫化子鸡，嘉定的小笼包子，绍兴的老酒，金华的火腿、酥饼，潮州的工夫茶，四川的盖碗茶和火锅，云南的米线……同样具有鲜明的地方和区域特色。

这当中，利用中药进行食补疗养的习俗，也值得研究者注意，它往往将中药加入食物之中，巧妙而有机地将两者结合在一起，起到食用和保健作用。

这种丰富的特色食俗，除了表明中国食俗文化的发达之外，也说明中国地域广大和人们利用地方优势的出产品进行极强的再创造的能力，体现了我国悠久的文化历史。

二、文化丰富的服饰

中国各民族都有自己的服饰习俗，因此服饰文化非常丰富多彩。有人说，服饰起源于人的害羞心理，其目的是遮蔽男女的生殖器。但民族学调查证明，那些生活于热带地区原始部落的男男女女，就像我们的婴幼儿一样，并没有羞耻的心理，他们非常坦然地交往和生活，而前去调查的那些穿着服装的民族学家，倒让他们有一种不可思议的感觉。当然，如果是为了羞耻之心，那么古埃及和环太平洋岛屿的民族就不会有特意去打扮阴部的习俗。而事实上，这些民族都有着意装饰阴部的习俗，她们将阴毛梳成一定的方式，有时还擦上香油或涂料，目的是引起别人对她们阴部的关注。有些民族则在阴部挂上珠串或饰物，南巴人即用芭蕉叶制成细长条子来包裹生殖器而得名，南巴意即“包裹阴茎的东西”。从这些事例来看，服饰起源于害羞心理是不准确的。也有人说服饰是起源于人们爱美的天性。不过，美是一个历史的范畴。裹小脚只有在宋、明、清时才会被认定是美的，穿长衫也只有在民国以前才会被社会所认同。同时，美也存在很大的地域差异。非洲的一些民族在一定的仪式之后需要穿鼻，涂上各种颜料或者割出疤痕，有些民族则凿去门牙，还有的挂着几十公斤重的铁环，从所谓的文明人的审美角度看，都难以说是美的。尤其是有些部落民族用牛粪涂身，用牛尿洗脸刷牙，更难以产生美感。但从原始氏族部落人的角度去看，则是美的。原因就在于，穿鼻是基于他们自己的文化认同需要，不穿鼻不仅是不美的，而且被视为异族。涂身、割痕、凿去门牙之类也包含同样的意思。挂铁环是因为，铁是稀有东西，代表贵重、富有，挂的越多表示越富有，越有身份。因此挂铁环便成了一种身份的象征，挂的越多就越富有也越尊贵，久而久之，挂铁环也就成了一种具有美感的饰物，越挂越多，越挂越重了。用牛粪装饰自己也基于同样的意思。在这些民族当中，牛是他们唯一的财富，牛身上的所有东西对他们来说都是重要的，也都是美的。因此，服饰的原始意义并不在美，也不在遮羞，而是出于实用，出于特殊的价值观和文化背景。

服饰沿着实用——遮羞——打扮（美）的轨迹发展。

服饰民俗文化在传统社会中的作用是不可抹杀的。具体有下面几个方面的特点。

（一）服饰民俗严格要求不同年龄、性别、职业的人具有各自的特点

在宁绍平原，小孩带狗头帽和穿虎头鞋是很具特色的服饰习俗，但这种服饰在成人中不用。开裆裤也是婴幼儿的服饰，决不会混入成人中。至于一些婴幼儿专用的如尿布、包婴儿的布兜、挂在婴儿前面防止弄脏衣服或口水流下弄湿衣服的围兜等等，特征非常明显。这些很清楚地表明年龄在服饰习俗中具有直观的地位。

性别在服饰中扮演的角色也同样重要。女性穿裙子与男性穿裤子是在很早的时候便已形成的习俗，这种性别服饰的不同还表现在面料、图案的不同。大红、大花的面料和图案在女性中更受欢迎。另外，头上装饰、身上装饰在男女性之间都有很大的区别。男性没有戴头花、发夹的，但在女性中却非常流行。

过去男性加冠女性加笄也是性别差异明显的存在表征。身上的装饰则男性有领带之类，女性有胸罩之类等，都是非常明显的具有性别差异的服饰。

职业方面也是直观的。像饮食业方面的穿戴，医务人员的穿戴，军人的服装，现在还有税务人员、公检法人员、邮递员、海关人员等等，有些学校、厂矿也都自制有校服或工作服，使自己的职业、身份一览无余地展示在公众面前，既有利于区别职业，也有利于公众的监督。

年龄、性别、职业的服饰不同，是社会对人这一成员进行角色教育的一种非常有效的手段，在很大程度上它不仅能改变人的精神面貌，同时也能使人确立自己的年龄、性别、职业的个性。当一个人穿上成年的服装时，就会觉得自己已变得成熟，当你穿上某种职业的服装时，职业的使命感和道德感也会油然而生。至于性别方面的服饰区分意义则更为重大，它从根本上使人这种特殊的动物在自身内部确立了不同的分界，并使这种生理上或社会意义上的分界，用简单的服饰方式加以表达，达到形象、直观的目的。

(二)服饰民俗严格标明用途和尊卑、贵贱

职业上的不同特点，使职业服饰形成了不同的风格，而这种风格又严格地标明了各自的用途。宇航服与围裙、军装与白大褂谁也不会混淆；领带与胸罩、戒指与项链、耳环与手镯，也同样具有各自不同的用途。最明显的婚礼服饰与丧礼服饰，两者在选料、颜色以及做工方面，都有严格的习俗规定和区别，谁都不能违犯。试想婚礼时穿上丧服，会出现怎样一种令人无法想象的局面；反之亦然。这种职业用途，不仅是饰物本身所决定的，也是人们在长期的穿用过程中形成的习惯法所决定的，后者的作用尤其不可低估。

在阶级社会中，由于服饰用途的不同，还形成了以服饰表达强烈的尊卑、贵贱的习俗。龙袍只有皇帝才能享用，至于黄色则只有皇族才享有使用的特权，除非皇帝的特许，任何人擅自使用黄色作为服饰的颜色都会招来杀身之祸。蟒袍是达官显贵们穿戴的，平民百姓也不能逾越。这种等级之间的不同，有时规定得非常详细。比如，宋代不同品级的大臣其服饰是有很大区别的，凡“三品以上服紫，五品以上服朱，七品以上服绿，九品以上服青”[①]。这是用颜色来规定不同品级之间的差别。在饰物方面，一品、二品是着五梁冠，玉剑等，诸司三品、御史台四品、两省五品则三梁冠，银剑等，普通四品、五品是两梁冠，铜剑等，六品以下无剑。由此形成了鲜明的等级贵贱观念。这给过去盛行的以衣帽取人，提供了最为直观的条件。因为，只有特权者、富有者才能穿戴绫罗绸缎，贫穷者则

---

① 《宋史·舆服制》四，卷一五二。

只能穿用葛麻粗布。这种服饰等级象征的习俗，随着现代衣饰的发展和人民生活水平的不断改善，已经走进历史的垃圾堆。

(三)服饰民俗也是民族认同的标志

在我国，尤其是在新中国成立之前，汉族与其他少数民族的区别一般人往往可以一望而知，最明显的标志就是民族间鲜明的服饰习俗。如裕固族的服装，女子“身着高领长袍，外套短褂，衣领、袖口、襟边均绣有丝线图案，头戴喇叭形红缨帽，镶上黑色边，帽沿虽然不宽，但后缘微翘，前沿平伸，很潇洒”。[①] 藏族一般穿藏袍，朝鲜族穿长裙，傣族穿无领短衫，下着筒裙。这些大家都非常熟悉。还有些服饰虽然仅限于民族间通行，但特点却非常的鲜明，如傣族、黎族、高山族等民族的文身，傣族基本上男子文身，黎族则是女子文身，而高山族则男女都文身。文身的样式不仅有民族的认同作用，还有支系、村落、家族的认同作用，另外还具有许多文化象征意义。[②] 双江拉祜族妇女的剃光头，新中国成立前部分仡佬族的凿齿等，都具有民族的认同价值。

民族间鲜明的服饰个性特点，并不是一朝一夕能形成的，有其历史的、生活的和不同文化影响的各种因素。然而，一旦这种服饰个性形成，它就拥有强烈的民族意识积淀，对每一个民族成员都具有约束力，使服饰的民族认同感，最终成为民族凝聚力的表达方式。

对于服饰民俗文化，有一点还须给予指出的是，如果我们稍加关注，可以发现，许多服饰习俗的内涵在漫长的历史长河中很少有根本的变化。比如，人类对红色的崇尚，在山顶洞人时期即已普遍存在，当时以红矿石粉来打扮自己，可能还用以驱逐敌人和野兽。又如，围裙或裙子，在以树叶制衣的时代就已产生，如今女性的围裙或裙子，不过在花色、布料、款式上稍有变化，根本形态没变。项链的情况也如此，原始人用木、骨、贝类来串制项链，而现代人用金、银、宝石、珍珠等来制作项链，样式没变，只是材料换了，它照样挂在脖子上。还有原始人很早就用毁坏自己的身体来制造某种标志符号，文身是非常古老的一种。在全世界大部分民族中曾施行过。它一方面具有文化蕴含，另一方面施行久了之后又产生了美感，所以，至今文身仍为现代人所喜爱，常举行文身博览会之类以交流技术，甚至成为现代绘画的一种流派。由此也可以看出，服饰习俗与人类的需要、共同的爱好和审美相结合，源远流长，传承至今。

不过，服饰习俗文化中，关于不同文化的影响也同样是不可忽视的。历史

---

① 钱卫东:《裕固族的服饰》,《民族团结》1980 年第 9 期。

② 参见拙著《文身:裸体的雕刻》,上海文化出版社 1997 年版。

上如胡服的影响，从春秋战国时便已开始，后来在魏晋南北朝时，尤其在唐代形成高潮，表明不同的文化影响是非常直观，也是非常大的。近现代社会，这种影响就更加明显了，不仅表现在服饰的样式，如西装、羊毛衫、皮鞋、领带等等方面，更表现在服饰的面料的影响上，现在几乎所有的面料都来自于西方国家而不是我们自己的发明。从服饰文化也可以看到，现代社会不同的文化的影响已经越来越直接，也越来越大。

三、个性鲜明的居室

人不仅要穿衣，晚上休息也要居处，这是人从动物走向人类时便已经具有的本能。因此，居室民俗成为人类文化中一个非常重要的内容。

(一)居室的发展

居室的发展大约经过两个阶段，一个是利用自然空间阶段，一个是自选建造居室空间阶段。

原始社会时期，当人类还不知道建造房屋的时候，就选择自然的洞穴作为自己的居处，这是利用自然空间阶段。后来人类用自己的智能建造了房屋，便开始了建造居室空间阶段。传说中国最早的房屋发明者是有巢氏，他构木为巢，建造人所居住的房子。这种房子大约是模仿鸟巢而建的，故曰巢。有巢氏的房子样式我们当然已无法知道，但从现代考古发现来看，在距今5000年之前的房子，已与现代的房屋结构相去不远。近期在江苏连云港考古发现，5000年前的房子与当地现在的房子，从地基夯打到房屋建造，都没有大的区别，说明人类在很早的时候，居室的建造技术就已极为发达。

如今我们仍然处于建造居室空间的阶段，只是与原始社会相比，在建造技术、建筑材料等方面有了更大的发展而已。

(二)居室的选择

中国人对两种人居住的宅舍都非常重视，一种是活人居住的，称阳宅；一种是死人居住的，称阴宅。阳宅和阴宅都必须经过严格的选择才能确定，这就是风水术。

人们相信，在建造新屋时若选择了福地或龙地，就能使家门兴旺、儿孙满堂，而如果选择了凶地或绝地，就会使家道衰落，甚至断子绝孙。《黄帝宅经》说："夫宅者，乃是阴阳之枢纽，人伦之轨模，非夫博物明贤而能悟斯道也。……凡人所居，无不在宅。虽只大小不等，阴阳有殊，纵然客居一室之中，亦有善恶。大者大说，小者小论，犯者有灾，镇而祸止，犹药病之效也。故宅者人之本，以宅为家。居若安,即家代昌吉;若不安,即门族衰败。”

因此,在居室建造选择时,常常遵循以下几个原则:

1.背阴向阳。这可能是从原始社会就存在的,人们对居室的普遍要求。背阴向阳有一个绝大好处就是,人们在早上的时候就可以享受阳光。一般的情况下,早上较为寒冷,下午则较为暖和,背阴向阳的宅舍则可以弥补这种缺陷。所以,尤其是南方的房子,基本上都是坐北朝南。

2.阴阳冲合。这里的阴阳是指冬夏,即《黄帝宅经》上说的“冬以温暖为德,夏以凉冷为德。”也就是我们平时说的冬暖夏凉。在我国东南部阴阳冲合的选择就是居室以朝东南、东和南向为宜。(冲合是调适,冲是对立,合是相合。)

3.辨风正位。风水的一个重要因素就是辨风,看看不同季节的风是从哪个方向来的。辨风之后要做到藏风,藏风就像人穿上衣服不惧风寒一样,因此,地形、竹木等都可起到藏风的作用。寒冷的风从哪儿来?主要是从西北来,所以,藏风主要也就是藏西北风。鉴于藏风的原则,风口或风口之风能吹到的地方不能建宅。在江浙一带经常可以看到大门上大书“紫气东来”几个大字,其实就隐含着藏风的原则和门朝东或东南可以接受紫气的观念。

4.以水为龙。风水的水就是重视水的作用。水是生命的源泉,古人在很早的时候就已认识到了,所以在选择居处的时候,必须要有水。于楷在《天元余义》中说,“旷野之宅,以水为主,而风门方隅次之,道路又次之。若大江大河,则其应亦大,小沟小涧,则其应亦小。”由于水的大小与征应相关,所以,最好选择大江大河的地方居住。但同时又注意,近水又要避水,不可为大水冲毁,最好是顺流的河湾处。这种地方居住很安全,又像龙有了水,可以畅游天下,有所作为了。

另外,还要辨别土地的丰厚与否,能否养人等各种因素。只有做到这些,所建的宅舍才能使子孙万代兴旺发达。风水的原则有许多包含着原始朴素的科学观念。

(三)居室的功能

居室是人居住的地方,自从人们定居生活之后,居室就处于人们生活中最重要的地位,一日不可离。然而,人是文化的动物,居室的功能,既表现为人们适应地方环境的需要,也表现为人们的文化需要。前者以风水和人们为特殊环境而建造的不同的居室为代表,后者则以人们生存空间的布置划分为特色。

风水的原则我们在前面已谈到,为适应环境的另一个表现方法就是以不同的建筑来削弱或抵消环境对人的影响。在南方，为了使潮湿的气候对人的影响减低到最小限度，一是将居室建造在温暖干燥的地方，另一个则是用干栏式的建筑来减低潮湿的影响。古代吴越人和现代许多生活在南方的百越族后裔民族如壮族、傣族、基诺族、布朗族等都还盛行干栏式的居室，房屋悬空建在木柱之上，楼上住人，楼下关牲畜。如今南方盛行的楼房方式，与这种思维有着很深的联系。我们的"家"字造法，其观念就与这种居住方式分不开，家就是宝盖下面有豖，豖是猪，也就是在居室下面养猪。这就是上面住人，下面养牲畜的方式。

在北方，则多平房。原因是北方干燥，雨水少。陕西等地盛行的窑洞，也是基于环境的因素，主要是为了冬暖夏凉。这种窑洞要在南方就不行了，为什么，雨水太多，非常容易将窑洞冲塌了。

居室的另一个功能则是文化的表达。有几点是值得注意的：

1. 四合院式，窗子特小，是封闭观念的表达。这是家或家族特别发达的结果，一个四合院就是一个家或家族的天地，人们生活于这方天地，尤其是女性，很少或根本不与外界交往，形成封闭的观念。

2. 主次有序，长幼嫡庶分明。正房与左右厢房的结构，主要是为了生活中的主次位置和长幼次序而设置的。正房属家长或长兄，厢房则是兄弟或侄子居住。过去人们习惯上把小老婆叫侧室，就是因为正妻是居正室的，小老婆则居住在旁边的房中。旁边的房子叫侧室，故居住在旁边房子的妾也就叫侧室了。

3. 庭院深深，内外有别。这是男女有别观念的一种形象化表达，当然这种深门大院主要是一些富贵和特权者的家族才存在。他们将男女生活区域加以严格的区分，防范淫秽事情的发生，严格限制男女之间的交往。

4. 多重结构，尊卑有别。皇帝的皇宫是九重制结构，这是最高等级的居室制度，王可以七重，诸侯则五重。在中国的历史上非帝王而拥有皇帝居室九重结构的只有至圣先师孔子子孙的府第孔府，孔府是九重制结构的，表示孔府的地位尊崇非同一般。否则，九重制结构将招来杀身之祸。

5. 层层叠叠，聚族而居。生活中可见的大房子，一般都是大家族聚族而居的象征。像湖南岳阳的张英谷村，共 600 多户 2160 多人，他们共同居住于一所互相连通的大房子里，下雨天互相串门可以做到不湿鞋。另一种聚族而居是同姓居于同一村落，虽不见大房子，但仍然以血缘纽带为最基本要求。我们现在可以见到的赵村、何村、李宅、王宅等都是同姓而居的遗存。

居室的功能在现代城市住宅社区化过程中，由于共同建造和统一规划，已经逐步淡化。不过，一些工厂甚至机关单位，在选定地址之后，对于开门的朝向、院内屋址的朝向、高低等非常重视甚至迷信，可以看到，风水的观念在人们的生活中仍然具有潜在的影响。

(四)居室的装饰

居室的装饰不仅是出于对生活的需要，也出于人们爱美和信仰的需要。

对于前院的装饰，比如居室大都有前院，有的用篱笆墙，有的用土墙，也有的用砖墙来围建。前院的存在既美化环境，也对门户起防护作用。富有的人家，往往还建有后花园，其主要目的在于娱乐和休闲。

房屋的外观也有各不相同的装饰。除了涂上各种石灰之类的涂料之外，也有各种民俗绘画，有些固定建造一些外装饰样式，徽式建筑中的青砖黛瓦马头墙，便是典型方式。在台州等地的沿海地区，还有一种大约是专为防止台风吹刮的屋脊，似龙形，中间低，两边高高地翘起。金华等地有些富有之家的屋脊和四檐则都放置狮子之类的镇邪物，这种镇邪物在寺庙等建筑中也极其盛行。

居室装饰中最重要的是室内装饰，在过去这种装饰基本上都是由木工完成，称“八宝图”。它装饰在门楣、门窗裙板、堂内挂落以及隔间的屏风上，是一种寓含着深刻文化意蕴的浮雕装饰。它有三种组合：

第一种：和合、玉鱼、鼓板、磬、龙门、灵芝、松、鹤八种吉祥物。

第二种：以八仙手中所持之物作为吉祥物的装饰，又称暗八、代八仙。即宝剑(吕洞宾)、葫芦(铁拐李)、鱼鼓(张果老)、花篮(蓝采和)、横笛(韩湘子)、荷花荷叶(何仙姑)、蒲扇(汉钟离)、阴阳板(曹国舅)。

第三种：以佛教八种宝物作为吉祥物，即法轮(万劫不息)、法罗、宝伞、宝盖、莲花、金鱼、宝瓶、盘肠。

这几种装饰主要包含这几层意思，合和、双鱼等是夫妻恩爱，家庭和睦的象征；鼓板、磬是子孙兴旺、富足长乐的象征；龙门是仕途顺利、功名有望的象征；灵芝、松鹤等则是延年益寿、永生不死、飞黄腾达或得道升天的象征。清代时的许多建筑，除了八宝图外，还有八仙图以及许多当时社会上流行的各种戏文的浮雕和一些花卉、吉祥花纹等形式。

这些装饰不仅表明人们的信仰，也表达了人们对美的追求。

四、让人更舒适的用具

人是一种不断地努力去创造，并试图使自己的生活不断变得更美好的动物，因此，在历史的发展过程中，创造了许多使人活得更舒适的用具，以满足生活中的不同需要。

(一)车

车是古代人交往和生活、生产中不可或缺的交通工具，同时也是身份地位的象征。因此，在商周墓葬中，那些奴隶主们便以随葬大量车马作为突出自己身份地位非同一般的象征。

那么，车子是什么时候开始出现的呢？古籍中有说是黄帝造车，也有说是夏代的奚仲造车。但那都不过是传说而已，确切的车子发明人，事实上已无法考证清楚。车在甲骨文中作“”，中间一竖为辕，后面两个轮子，轮子中间为舆，也就是后来的车厢。辕木前有衡，衡两边有轭。这是金文“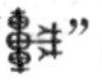”，形制同甲骨文，只是衡木由曲变直。根据 1980 年从秦皇陵出土的两辆铜车情况来看，车是用马来拉的，单辕，车厢可坐可卧，有窗有户，冬暖夏凉，已经具有很强的实用性。

在我国历史上曾有过不同类型的车，其中有马车、牛车、战车、羊车、太平车、独轮车等，以适应各种不同身份的人和生产、生活、战争的需要。

马车是一种用马作为拉动力的车子。秦汉以前极其盛行，其中的战车，便都是以马作为动力。马车由于速度快捷，受到人们的欢迎。当时的马车有两匹马拉，也有四匹马拉。我们现在常说的“一言既出，驷马难追”的俗语，便出自对四匹马车子速度之快的一种比喻，其意为说出去的话，决不反悔，即使是四匹马拉的快车也追不回来。马车大约在秦汉之后变为双辕，在北方的农村中，至今仍是一种重要的运输工具。

牛车是一种以牛作为拉动力的车子。牛的力气大，因此，在很早的时候人们便已经用牛作为拉车的动力，但牛车一般只作货运。这种情况到汉代时开始改变。汉代开国之初，由于贫穷，将相以至天子都有乘牛车的。《史记・平淮书》载，“汉兴，接秦之敝……自天子不能具钧驷，而将相或乘牛车”。后汉之后，天下大乱，经济凋敝，从天子到士都以乘牛车为常事。到魏晋南北朝时，牛车变得非常时髦，成为当时人们代步的最主要的交通工具。《晋书・王导传》载，王导非常惧内，一天，听说妻子曹氏要声讨自己安置别馆的众妾，便驱车前去救援，怕落后于曹氏，就“以所执尘尾驱牛而进”，说明用的是牛车。石崇与王恺出游后曾以牛车比赛看谁的车子先跑进洛阳城，结果，石崇的牛“迅若飞禽，恺绝不能及”[①]。南北朝时，帝王乘牛车的习惯一点也没有改变。《南齐书・武陵王晔传》载：“冬节问讯，诸王皆出，晔独后来。上(世祖)已还便殿，闻晔至，引见问之。晔称牛羸，不能取路，上敕车府给副御牛一头。”可知帝王也养牛以备御车

① 《晋书・石崇传》。

之用。牛车后来主要成为运输工具,至今仍在使用。

战车是一种用于战争的车子,主要用马拉,以适应于奔驰作战。春秋时用战车布阵作战是常见的事,同时也使用各种不同的车子加入战斗。如攻城时用于冲撞城墙的冲车(西周)、用于侦察的巢车(战国)、用于抛掷石块的炮车(东汉),此外还有用于填壕的桥车,纵火用的火车等。

羊车是一种用羊作为拉动力的车子,它比较小巧,因其拉力小,一般只适用于非常平坦的地方。羊车温顺,因而大都用作帝后们乘坐的工具。羊车在汉代时已经出现,魏晋南北朝时宫廷中相当流行。《晋书·胡贵嫔传》载:"武帝掖庭并宠者众,帝莫知所适。常乘羊车,恣其所之,至,便宴寝。"任羊车拉着,走到哪儿便在哪儿睡,真是别出心裁。《南齐书·魏虏传》也载:"虏主及后妃常行乘银镂车,不施帷幔,皆偏坐垂脚辕中。"说明羊车不仅是帝后们乘坐的交通工具,而且制作也非常精致。

独轮车是一种用人力作为推拉力的车子,因其只有一个轮子,故称。西汉时已出现,称一轮车。[①] 民间因其似井台吊水的辘轳,也称"鹿车"。独轮车非常灵活,可以适用于平原、山地和丘陵地区,至今在全国大部分地方都还有独轮车在使用。

除以上各种车子外,不同身份的人所乘坐的车的名称也不同。如帝后们乘坐的各种车子叫辂车,士大夫们乘坐的大车子叫辎车、小车子叫轺车,平民百姓乘坐的简陋的车子叫役车,载重量极大的车子,在宋代时叫太平车等。人们还根据车子的不同用途,把指方向的车子叫指南车,丈量里程的叫记里鼓车,还有斧车、鼓吹车、鸾旗车、杂技车等等。

(二)船

船是一种借助于水的浮力,以及水的推力、人的动力或风的动力(现在则基本上用机械动力)来行进的交通工具。造船术大约始于新石器时代,最初的形式是筏和独木舟。《物原》说"伏羲始乘桴",《周易·系辞》则说"伏羲氏刳木为舟",说的便是筏和独木舟。但从考古发掘的情况来看,时间比伏羲时代要早得多。河姆渡文化遗址曾发掘出柄叶连体木桨,说明已有舟船存在。而且吴越一带的人由于所处地理环境的特殊性,特别善于用舟船。《淮南子·齐俗训》说,"胡人便于马,越人便于舟"。越王勾践自己也承认,越人"水行而山处,以船为车,以楫为马,往若飘风,去则难从"。[②] 当时的船就有大船、小船等不同规模,运

---

① 《说文解字·輦》

② 《越绝书·越地传》。

输、载客、作战等不同用途。到魏晋南北朝时，造船的技术已经非常高超。《晋书·王濬传》载："武帝谋伐吴，诏濬修舟舰，濬乃作大船连舫，方百二十步，受二千余人。以木为城，起楼橹，开出四门，其上皆得驰马往来。"这种船已经非常大。但到梁朝时，最大的船可以载重二万斛（约一千吨）。[①] 在与东南亚、朝鲜、日本的交往中起了不可低估的作用。唐宋时，造船技术更进一步发展，所造的船船体大，如宋代出使朝鲜的"神舟"载重量在1500吨以上；造船数量多，如唐初在江苏仪征一地就建有10个造船场，宋代时明州（今宁波）、温州年出产船只600多艘；工艺先进，如在唐代除用榫合外，已用铁钉，有水密隔舱技术等，在宋代则比欧洲早500年有了船坞，有了用轮激水的脚踏动力轮船[②]等。明代时，造船技术在整个世界来看更是处于领先地位，郑和下西洋的一百多艘船只组成的船队中，便有当时世界上最大也最先进的船只。

（三）轿

轿是从舆、辇发展过来的一种交通工具，是车子去掉轮子的一种变异方式，采用的是人力肩扛而行。在夏代时已出现，《尚书·益稷》中所载的禹治水时所乘的交通工具四载之一，即樏。《史记·夏本纪》则作"檋"。有人认为它就是后来轿子的滥觞。从目前已知的1978年在河南固始古堆春秋战国之际的古墓中出土的三乘肩舆的情况来看，肩舆这种轿子的鼻祖起源于夏代大致是可信的。但这种以人力肩扛的交通工具，基本上限于山区或丘陵地区使用。一直到秦汉也未成为普遍使用的交通工具，直到魏晋南北朝才盛行起来。《晋书·谢安传》载"谢玄尝衣纶巾，乘平肩舆"。同书《王羲之传》也有子敬乘肩舆入顾氏园看竹子，旁若无人，不和主人周旋而使主人大受其窘的故事。而《三才图会》中有篮舆图，说晋"陶元亮有脚疾，每有游历，使一门生与其子舁以篮舆"。这种篮舆大约与今天的过山轿相仿。与舆相类似的是辇。辇本是辇车，供帝后们使用。但后来辇车也去除了轮子。《隋书·礼仪志》载"今辇制象轺车而不施轮，……用人荷之"。其轮子不知何时被去除。《宋书·礼志五》"辇车下"云："汉制乘舆御之，或使人挽，或驾果下马。……未知何代去其轮。"但至少在魏晋南北朝时已将轮子去除，称步辇。《晋书·桓玄传》载："（玄）更造大辇容三十人坐，以二百人舁之。"这种用人抬着走的交通工具，唐代时已专叫担子，宋代时则有了轿子的称呼。但一般的人不得随便乘坐，非宰相以上退休回家的人不得乘轿子。后因轿子在都城中逐渐盛行，才许王公以下皆可乘坐。北宋后期，轿子的使用在

① 程应鏐：《南北朝史话》，北京出版社1979年版，第41页。

② 《宋史·岳飞传》载，岳飞在征杨么起义时曾用木叶轮的脚踏船，它们"以轮激水，其行如飞"。

京城开封已非常盛行,读书人、有钱人皆以轿子为代步工具,结婚时也以之作为迎娶新娘的工具,而专门装饰的花轿,明清之后成了新媳妇坐的专门用具。至今,我们称小汽车仍然叫轿车。

(四)坐卧具

坐卧具主要是指床、榻和椅。

床的历史非常悠久。《释名·释床帐》说:"人所坐卧曰床。床,装也,所以自装载也。"可知床是坐具与卧具兼备的。汉代以前,床都比较矮,到魏晋南北朝之后,由于房屋建筑的增高,室内空间的扩大,床的高度也有所提高。晋代画家顾恺之的《女史箴图》中所画的床,高度已和今天差不多。《三国志·吴书·陆凯传》注引《吴录》载,孙权晚年时,其子孙霸与太子孙和争继承权。杨竺为孙霸一党,面见孙权时屏退左右,向孙权进言孙霸有文武英姿,宜为嫡嗣,于是孙权乃立孙霸。"有给吏伏于床下,具闻之,以告太子。"床下可以潜伏下人,一定不会矮。床既做卧具,也做坐具。《晋书·王导传》载:"及帝登尊号,百官陪列,命导升御床共坐。"这种坐卧兼具的床,后来发展为专门的卧具。

与床的功用相近的是榻。榻比床长而窄。《释名·释床帐》曰:"长狭而卑曰榻,言其体榻然近地也。"卑是低矮,从描述可知榻是一种比床长且窄和低矮者。因此,严格意义上说,榻是床的一种变种,它同样兼具坐卧之功能。《世说新语·排调篇》载:"刘遵祖少为殷中军所知,称之于庾(亮)公,庾公甚忻然,便取为佐。既见,坐之独榻上与语。"这是坐具。《三国志·蜀志·简雍传》载,简雍"优游风议,性简傲跌宕,在先主坐度,犹箕踞倾倚,威仪不肃,自纵适;诸葛亮以下则独擅一榻,项枕卧语,无所为屈"。这是卧具。由于床的升高,榻后来成了床前的一种低矮的搁鞋用具,床榻则成了卧具的代名词。

胡床是与床和榻不同的一种专门坐具,它的传入从本质上改变了汉族人的坐姿,并促使椅子这一专门坐具的产生。胡床原本是北方少数民族的一种轻便坐具,在东汉时传入中原。《后汉书·五行志》载,汉灵帝"好胡服、胡帐、胡床、胡坐"。所谓胡坐其实是一种坐于胡床上而垂脚的姿势。胡床在魏晋南北朝大为盛行,《搜神记》说:"自太始(256—274)以来,中国尚之。"胡床类似于我们现在还可以见到可以开合折叠的交椅。由于开开可坐,挟起可行,非常方便,因而很受人们的欢迎,并且从根本上改变了汉族独有的跪坐和箕踞姿势,据说"席地而坐之风,此时(魏晋南北朝时)盖几绝"[①]。到唐代之后,椅子这种从胡床上获得灵感,并与床榻相关,在坐面之后加设靠背的坐具开始创造出来,到宋初时已

---

① 吕思勉:《两晋南北朝史》,上海古籍出版社 1983 年版,第 1178 页。

相当成熟，但只限于官宦衙门中作坐具，即使到南宋初，椅子依然还不普及。陆游《老学庵笔记》卷四载："徐敦立言，往时士大夫家，妇女坐椅子、兀子，则人皆笑其无法度。"这儿的"无法度"，一方面表明"椅子"具有特权含义，同时也说明，椅子的使用当时还非常有限。但到南宋后期，椅子已非常普遍，成为至今仍对汉族坐式产生影响的一种坐具。

从车、船、轿和坐卧具的形成发展过程我们可以清楚地看到，所有的生活用具的改进和创造，都是以使每一个人过得更为舒适为前提的。

第九章

社会民俗文化

社会民俗文化的内容非常丰富多彩，而且，各个不同历史时期、各个不同的地区也都存在着很大的差异。

第一节 血缘、地缘、业缘民俗文化

人生活在社会当中,但社会又由人、家庭、家族、乡里和各种行会集团组成,人们生活在各种由自己编织而成的网络之中。正是这种由个体到集体的过程以及两者的互动关系,个人在集体当中,必须遵守人们自己创造的行为规范,这便是我们的社会习俗文化。

一、家庭、家族及习俗

家庭或家族是中国传统社会中最基本的单位。人们结成家庭或家族进行生产和生活,将人类需要在社会中生存下去的法则,化作最明确也最简单的且有血缘保证的结构,以保证整个社会的正常发展和文化的延续。

(一)概 念

家,古时指居所,《说文》:“家,居也。”其实,家的最重要的意思是家人所居,也就是包括家中所有成员。因此,家也指家庭,就是以姻缘和血缘关系为基础结成的社会单位,一般也称它为社会细胞。

最初的家庭形式只以血缘关系为组合,并且仅局限于母系血缘。那时,人们的婚姻以血缘杂合婚为主,大家都只知其母而不知其父。其实何止是不知其父,而是根本没有父亲的概念。所以,那时的家庭,往往是大家庭,一个非常庞大的单位,类似于我们后来的家族。我国最早使用“家庭”一词是在《后汉书·郑均传》,郑均“常称疾家庭,不应州郡辟召”。此处的“家庭”主要是指一家之内,即在家里面之意。摩尔根把易洛魁人的家庭称作“对偶家庭”,主要是因为组成这个家庭的个体婚制是不稳定的,随时可以离异。在对偶家庭时期,姻缘并不能与血缘相提并论,更毋庸说以姻缘为第一因素了。因此,摩尔根辩证地认为,家庭“是一个能动的要素,它从来不是静止不动的,而是随着社会从较低阶段向较高阶段的发展,从较低形式进化到较高的形式”[①]。从纯血缘关系的只知其母不知其父的群婚或对偶婚制家庭向血缘与姻缘两者统一的家庭发展确实经历了漫长的历史时期,尤其是现今家庭样式的确立,那是经过婚姻形式的

---

① 转引自《马克思恩格斯选集》第四卷,人民出版社 1972 年版,第 25 页。

阵痛而获得的，即它是通过婚姻形式以确定血缘关系并进而统一两者关系以使其永久地固定下来的。男子在婚姻上的胜利，同时也使男子在家庭中的地位由次要一跃而成为主宰。

家族是家庭的延伸，因此，家族往往由若干不同行辈的家庭组成，但一般不会超过五代，否则只能算是同宗关系了。在母系制时期，家族只是家庭的一种表达方式，他们只有血缘关系。到了父系制之后，家族就由不同的家庭组成，而家庭则由不同的姻缘和血缘关系组成。小的家族也可以称家庭，它可能由父母和子女两个不同的家庭共同组建而成；而大的家族则由若干个家庭组成，有时人口可多达几千人。我们常常把这种庞大的家族称为宗族。

家庭和家族都以姻缘为联结社会关系网络的纽带，以血缘关系为传宗接代的构筑桥梁。因此，家庭和家族都以姻缘和血缘为自己的唯一前提，并以姻缘保证血缘的绝对性。家庭或家族的稳固和幸福，往往取决于婚姻的稳固程度、美满程度；反过来，婚姻的稳固又保证了血缘后代的可靠性。所以，社会或个人总是要求妇女从一而终，做贤妻良母，成为丈夫的牺牲品也就并不是不可理解的了。

（二）家庭和家族的两大职能

家庭或家族的建立不仅是出于生物意义上的需要，同样也出于社会的需要。人是社会的也就是文化的动物，这种高等动物，除了满足生存的需要外，还有特殊的社会需要。而家庭或家族正是在社会发展的基础上建立起来的一种既对血缘等动物性关系负责，也对姻缘等社会性关系负责的特殊结构。从生存和生活现实来看，他们有两大功能。

第一，维护家庭经济，保持家庭成员的和睦以及生儿育女、传宗接代。在这里，家庭经济是一切成员生存下去的前提，没有家庭经济也就失去了家庭生存下去的物质基础，因而，其他的所有内容都是空的。而要保持家庭经济的正常发展，必须有和睦的家庭关系作为前提。因此，发展和维护家庭经济，保证家庭成员之间的和睦关系，就成为家庭或家族内部一个非常重要的功能。而维护家庭经济、保持家庭成员之间的和睦关系，最终则是为了既属于生物意义上也属于社会意义上的生儿育女，后继有人。有人曾把传宗接代这一功能，归为生物意义上的动物本能，其实是不确切的。因为人之所以成为人，就在于他是文化的动物。即使是人的本能部分，也已经具有了一定的文化意义，与自然界一般动物的本能有着很大的区别。生儿育女、传宗接代具有动物性，但也具有社会性。因为它除了是家庭得以建立和延续的唯一前提之外，还是社会延续和发展的动力。

第二,保持与外界的联系,保证与乡里、社会建立和睦可发展的联系。这是家庭或家族自身得以生存或发展的对内功能完成之后的一种对外功能。正是这种功能使家庭或家族保持与社会的联系,并建立可持续发展的与整个社会协调一致的关系。这种关系,有时由家庭或家族成员去完成,有时以家庭或家族的集体的形式去完成。如家庭成员与非家庭成员之间建立起来的友谊,便属于家庭成员与外界社会保持联系的纽带;而家庭或家族与不同的家庭或家族之间的来往及共同遵守宗族或村社以及社会共同的习惯法或法律制度,则属于家庭或家族之间的对外联系。正是两者的结合,使家庭或家族能在一个有许多家庭或家族组成的社区或族群中生存下去。

家庭或家族之间的功能,在一定意义也是人生存下去所必须具有的前提,因此,它是人类生存的缩影。

(三)家庭与家族的习俗

从宽泛的意义上来看,所有的习俗内容,都与家庭或家族有关:要么由家庭或家族承担,要么由家庭或家族中的成员去完成。不过,我们这里的家庭或家族的习俗,仅仅是指从家庭或家族功能中表现出来的一些属于家庭或家族中所具有的特殊的习俗内容。

一是有严格的因姻缘和血缘关系建立起来的称谓体系,夫与妻、父母与子女、祖与孙、兄弟与兄弟的子女等之间,都有严格而明确的称谓。如夫妻之间在不同时期妻有称夫为郎、欢、官人、夫君、先生等,夫则称妻为娘子、夫人、太太、老婆、内人、家里的等;在自称方面,丈夫称为夫,妻子则称妾等。父母与子女之间,前者称子女直叫名字,但后者则不允许叫前者的名字,必须称父亲、母亲或爸爸、妈妈、爹、娘、爷、姆等,祖孙之间也是这样,后者只能叫前者为爷爷、祖父等,而前者则可直呼后者的名字。兄弟之间,长者称兄,幼者称弟,兄弟较多则以序数加以排列。兄弟称对方的子女为侄,侄称与自己父亲同辈而大于父亲者为伯,小于父亲者为叔……所有的称谓不可省略也不可混乱,否则将被视为无教养和不孝。

二是家庭与家族成员之间有抚育和赡养义务。它包含两层意思:第一是家庭成员有抚育自己直系亲属的义务,如父母必须养育自己的孩子,也包括养子女等社会属性的孩子。如果直系亲属去世或因某种原因而不能抚育自己的孩子时,则由家庭或家族加以抚养。第二是长大成人的孩子,必须赡养自己的家庭长辈,其中最重要的是直系长辈,同时,家庭或家族中的其他长辈的赡养出现问题时,则由家庭或家族共同赡养。前者是义务也是前提,后者的义务则完全建立在前者的基础之上。如果家庭或家族成员出现抚育或赡养方面的不道德行为，家庭或家族甚至社会，将给予监督，进行舆论上的谴责和道义上的声援，也有的会给予家规或族规的制裁，以保证家庭或家族抚育和赡养义务的执行。

三是注重家世家范。强调家教，制定家法，重视家谱。这主要是保证作为一个家庭或家族在社会上的形象问题(有关内容参见下文的家规、家谱等)。

四是有自己与社会规范相同的财产继替制度。这种继替制从目前可知大约有以下几种：

1. 长子继替制。这是一种以长子为继替原则的财产继替制度。这种制度首先保证长子继承父亲的事业或财产，像特权方面，如皇帝的继承权只能保证长子、贵族爵位的继承也保证长子等。财产方面也是如此，长子可以大部或全部继承父亲的遗产，而其他儿子则分得很少或得不到财产。至于女儿，则根本就没有财产的继承权。如目前在浙江的温岭市等地还实行协商的长子继承制，其表现形式是，长子和长孙(长子的第一个儿子)一起参加其父或祖父的财产分割并将其平分。如果是两个儿子，那么，长子可得到三分之二，如果是三个儿子，则长子可分得二分之一。长子继替制在某种程度上可以保证父亲的基业有序地延续下去，如皇帝的继承权。如果无序任由儿子去争夺，势必造成天下大乱，危及的不仅是家族，而且还有老百姓；在那种分了财产就可能使大家都面临生存危机的社会，则能保证长子可以继续优先生存下去。因此，具有相对的可行性。

2. 幼子继替制。这是一种与长子继替制正好相反的财产继替制度。这种继替制度一般是，每当一个子女长大成人成家立业后，便分家另过。待所有的子女都成家立业只剩下一个小儿子后，父母与小儿子一起生活。父母百年之后，所有的财产归小儿子，其他已经成家另过的儿子没有继承权。如过去蒙古族就实行幼子继替制，称幼子为“额毡”，意为“家之主”“灶君”或“主灶”。

3. 女儿继替制。这是一种排除儿子的财产继替制度。如永宁纳西族实行的是“阿注婚”，家庭世系继承只以女性为计算依据，因此，在他们那里，儿子根本就没有财产的继承权。女儿继承制在汉族和其他一些少数民族当中也存在一些异化了的形式。如那些只有女儿没有儿子的家庭，便以招赘女婿的方式让女儿结成婚姻。入赘的女婿在形式上没有继承财产的权力，父母的财产由女儿继承，而且只有住在父母家中招有女婿的女儿才有继承权，其他女儿同样没有继承权。

4. 不分长幼继替制。这是一种凡是儿子都有继承权的财产继替制度。在一些少数民族和汉族的许多地方，都在实行不分长幼的继替制，比较公平合理地分配由父母遗留下来的所有财产。但一般情况下，女儿依然被排除在财产继承的行列之外。目前我国遗产继承的有关法律,便是不分长幼的继替制,而且保证儿子与女儿,也包括婚生和非婚生及养子具有同样的继承权。

二、宗族组织及其民俗文化

宗族是家族的一种延伸,它是同聚落居住的父系血亲按伦常关系建立起来的社会组织,通常拥有一些共同的财产和共同的宗族亚文化形态,具有政治、经济、宗教、教育等方面较为完整的功能。

宗族的概念是不断变化着的。周代的宗族以宗法制为原则,以同高祖为同宗。实行的是宗主制,一个宗族只能有四个小宗,即由亲兄弟、堂兄弟、再从兄弟和三从兄弟组成,四从兄弟就不属于同宗族。这一点从当时创制,后来一直流传的五服制当中也可以体会得到。五服制以斩衰、齐衰、大功、小功、缌麻标志,来区别对待亲属之间的血缘远近,出了五服就没有了任何法律上或道义上的连带责任。然而,这种划分,随着宗法制的消亡逐渐地发生变化,同血缘与同姓成了同宗族的象征,而五服制则成为血亲的标志,宗族的结构大大地扩大了。到明清时,宗族成为普遍的民间组织。以姓氏为基础,“敬宗收族”的活动非常流行,成为民间现实生活和人们之间情感交往的最重要途径,形成了一些自已独特的习俗文化。

(一)称　谓

同一族的人都以血缘称谓加以区别。除了现实中存在的高祖、曾祖、祖、父、我、子、孙、曾孙、玄孙及相对应的配偶之外,凡同姓而已出直系或旁系血亲范围的,也以相应的辈分排列并给予称号。当然这是指比自己年长者,年幼者则以其名相称。如曾祖兄弟之子孙与父亲平辈者,长于父亲者以伯称之,小于父亲者以叔称之,同辈之中成员很多,则以年龄排序来称呼之,如大伯、二伯、三伯等及二叔、三叔等。对长辈若不以辈分序列称呼,是没有规矩和家教的表现。

(二)修　谱

同族修谱不仅是对同血缘关系的一种确定,主要还是为了加强同族之间的凝聚力和向心力。族谱内容包括族源世系、族籍登记、先贤礼赞、界址墓图以及族规家训等内容。族源世系和族籍登记是关于同族源流的传说和实录的记载,先贤礼赞是记载本族中一些显赫人物的生平事迹的,与本族源流一样,主要目的是为了宣扬当时所崇尚和认同的观念,以感召后代子孙。

修谱可以厘清支系、确定长房嫡传、弘扬宗族精神、团结同族之人。

(三)族　规

族规是宗族中制定,全体宗族成员必须遵守的"公定条约"。也有称"宗法""宗规"或"家法""家训"等的。但家训之类主要是劝人学好和为善的。如长沙颍川《陈氏续修支谱》"家训"是这样的:

一、要孝。父母面前无违拗,在生不见子承欢,死后念经有何效?尔子在旁看尔样,忤逆之人忤逆报,当知孝。

二、要悌。兄长面前无使气,手足痛痒本相关,你尖我妒终何益?有酒有肉朋友多,打虎还是亲兄弟,当知悌。

三、要忠。富贵贫贱本相同,譬如替人谋一事,能尽其心便是忠,一点欺心天不依,弄得钱来转眼空,当知忠。

四、要信。一诺千金人所取,譬如约人到午时,不到未时终是信,若是一事不践言,下次说来人不听,当知信。

……①

族规中往往还有非常严厉的处罚规则。如江州陈姓族规中规定,对"恃酒干人,及无礼妄触犯人者,各决杖五十"。对"不遵家法,不从家长令,妄作是非,及诸赌博斗争伤损者,各决杖一十五下,剥落衣装归役一年,改则复之"等,非常严厉。②在江浙一带,对违犯族规者常常开"祠堂门"以公开的方式进行处罚。人们常说"法大不如族大",不仅说明族规的重要,也是人们以族规代替法律的写照。旧时金华一带,族人若犯族规可能动用酷刑。如将不孝之子和淫乱之徒抓到祠堂,剥去衣服,投入发烫的石灰池中,俗称"石灰浴",以示惩戒。触犯族规严重者,甚至用一根青竹深埋土中,将上面一头扳成弓状,梢头勾住犯者肛门,然后将竹竿弹开,把肠子全部拉出而致死,叫"打竹青"。也有的将犯者活埋。不过若有娘舅出面担保则可以赦免,但须举行隆重的赎罪仪式。③

(四)族　产

宗族有共同的财产,不仅保证宗族的维系需要,也是出于对宗族中各种不同成员在需要时进行资助,尤其是可以使祖先的祭祀拥有物质的保证。族产可分为几种:

第一是宗祠,也叫祠堂,是族人共同建造并对祖先进行祭祀和供奉祖先

---

①② 何光岳、聂鑫森:《中华姓氏通书·陈姓》,三环出版社1991年版,第136—137页。

③ 浙江民俗学会编:《浙江风俗简志》,浙江人民出版社1986年版,第476页。

灵位的地方。早年贵族有家庙，祭祀都在家庙中进行，平民没有家庙，则在家中祭祀。宋代之后，祠堂之制盛行起来，并成为宗族共同祭祀的特殊场所。明清之后，祠堂遍布中国城乡各地，至今这种祠堂仍然被各地不同姓氏的人们所保存。

第二是族田。族田也称义庄、庄田，浙江过去大都称太公田或祠堂田。太公田由族人轮流耕种，其所得的一部分用来作为祭祀。多山的地方还有太公山，所产林木用于本族的公共事业如办学、供考取功名的子弟举办宴席庆贺等开支。

第三是公共的墓地或坟山。

(五)族　祭

族祭是尊祖的一种表达，同时也能够联络族人的感情。族祭有两种方式，一种是墓祭，一种是祠祭。墓祭与祠祭有合二为一的，也有分开祭祀的。墓祭一般在清明时举行，祠祭则常常分春秋两祭，春祭在元宵时举行，秋祭在中元节即俗谓“鬼节”时举行，也有在冬至举行的。祠祭常常在祭毕还有合族宴享的大宴席，这种宴席，有的规定只有有功名或高小以上毕业或60岁以上的男丁才能参加，有的则规定女性不能参加，也有的因族产丰厚而族中男女都可参加。

族祭是族人凝聚力的一种表达，新中国成立后族祭被取消，宗族的观念也随之淡弱。

三、乡里及行会等习俗文化

乡里也称村落，是地方民俗文化传承的一个最具体单位，有时这种村落也可扩大为村镇。乡里社会大都由几个不同的姓氏组成，但也有单一姓氏的村落。这儿的姓氏表现为宗族或家族，因此，乡里社会也是家族或宗族组织的一种延伸。

行会是与乡里不同的一种社会组织，它以行业来组成自己的民俗文化传承单位。

乡里及行会等习俗文化，在我国的传统社会中表现得极富个性，具有自己的特色。

(一)乡里及习俗文化

乡里是人们生存的最主要空间，它是由家庭到社会的一个过渡地带，也是家庭传承习俗到社会传承习俗之间的结合部，因此许多时候它既表现为家庭习俗的个性，也表现为村落集体习俗的特征。比如正月时的舞龙，它以村落为单位，以个人参加的形式组成，同时又代表村落进行舞龙的民俗活动。由于乡里是一种自然的行政区划，人们的情感除了亲情之外，也加入了因居住于同一村落而形成的地缘情感。因此，乡里及其习俗文化在下面几个方面具有典型性：

1. 建立同乡里需共同遵守的村规村约。村规村约也称乡规民约，传统社会就靠这种村规村约来维护乡里的生活秩序。乡规民约写在纸上或制成石碑放在村落的边上，既可随时让人看到，也可以让人随时遵照执行。乡规民约大致包括这样几方面的内容：第一，要求村人孝敬父母、尊长，同时做到和睦乡里。这一点在宋明清时的乡规民约中特别得到强调。第二，厚教化，整风俗，重视伦常关系。不得恃强凌弱，斗殴生事。第三，严禁偷盗抢劫，维护村落社会治安。第四，保护乡里的山林田地，严禁破坏农业生产。武义一带若有村人偷盗山林中的树木，除了正常的罚款外，盗树人还须自行上街敲锣或放鞭炮以示向众人认罪。

2. 举办公益性事业。如组织修桥铺路，对村落水利设施进行建设和维修，组织村落祭祀，兴办义学，或募修庙宇等。另外，在迎神赛会和大型村落活动以及逢年过节等特殊日子里，出面聘请戏班子来村里进行演出。过去有些村落还设有义田、义仓，对孤寡老人或遇灾荒年岁进行救济。

3. 维持公有财产，保护村落利益。对村人的山林、田地等，乡里都有义务进行保护，其中对公有财产，如道路、桥梁、水利设施等，更需进行保护。对村民在用水等方面与其他村落发生争执，必须全力以赴地给村人以支持。早年不同村落之间经常为水资源械斗，就来之于乡里对各自利益的维护。

4. 生产、生活中的互帮互助。农忙时的换工、换畜，或者畜换人工，或者男女工互换，或者农具的互借和共享等，在村落的生产活动中都极为常见。

在日常生活中，这种互相帮助的现象更为常见。结婚、丧葬、建房等一些重大事件，村民们都无偿或以换工的形式，提供各种帮助（出人出力，出借东西等）。

乡里及其习俗有这样几个特点：

第一是乡土性。即它是以地缘关系联结起来的，以农耕生产为主的一种乡村经济的文化方式。他们的祖辈世世代代都生活在这块共同的土地上，他们的交往也从祖辈开始，一直延续到他们身上，因此，乡土的特征极其明显。

第二是地域性。地域性也可称为地方性，即它是以乡里村落为最基本单位的一种地缘组织。为此，乡里习俗基本适宜于一村一镇的民众生产、生活的需要，与邻乡邻村有时拥有很大区别。费孝通先生说，乡土社会是富于地方性的。地方性是指他们的活动范围有地域上的限制，在区域间接触少，生活隔离，各自保持着孤立的社会圈子。[①] 从传统社会的情形来看,这话是很有道理的。

第三是普遍性。普遍性是指它的参与性特别强,即一切习俗活动几乎无一例外地都由全体村民参与,他们或出钱,或出力,共同参与组织、实施村落性的民俗文化活动。即使是村落之间的械斗,也要求全体人家都有人参与,出了问题,包括因械斗致残则由村落组织共同负责后半生的生活。

第四是个别领袖型人物影响大。这种影响大的人物尤其以旧时的乡绅地主最为普遍,一个很大的原因就是乡绅地主在一些乡里民俗活动中能出更多的钱,包括有较丰富的知识和受到较高的文化教育等形成见多识广、社会关系复杂等村民没有的突出条件。他们依据习惯法对乡里的事务和活动施加最大限度的影响。

(二)行会及习俗文化

如果说乡里习俗文化是以地缘为最主要原则,那么,行会则以同行为最主要原则,他们出于各种需要,在同行业中建立组织,制定或历史地形成各种习惯法,对同行业中的利益进行分配和保护。

行会是商品经济发展到一定程度之后,由官方或自发组织起来的商业组织。这种组织,有着悠久的历史,在隋唐时已很发达。隋代"东都丰都市……资货一百行"[②]。唐代长安"东市……有二百二十行",[③]这种情况在宋代仍然持续发展,而且坊市也变成了我们现代意义上的市场。各行各业组织自己的行会,活动也非常频繁。当时行会的头目叫"行头",或叫"行首""行老"。入行的工商户叫"行户"或"行铺",主人称"行人"。行会中的行头既协助政府办理对行人的税收、科买、和雇以及平抑物价、监察不法行为等事,同时还代表本行与政府及外行交涉有关事宜,参与组织共同的祭祀和娱乐活动等。明清之后,行会组织更加严密,作用更加加强,成为行业之间的垄断性组织。它的作用和习俗表现在如下几方面:

1. 开业或入行必须履行一定的手续。

这种手续包括学徒期满有一定的行业工作经验和交纳若干行规钱等。如汉口的鞋行规定,非有经验者,不许擅自开业。四川自贡的烧盐行规定,未入行者,不得烧盐。北京的猪行开业须在财神庙前献戏一天,设宴请客才能开业。广州纱绸布匹行规定,只有缴足入行酒金五十两才能开业。上海、苏州等地的行会也都规定,只有缴纳一定的入行银两才能正式开业。

---

① 费孝通:《乡土中国》,三联书店1985年版,第4页。

② 韦达:《两京新记》。

③ 宋敏求:《长安志》卷八,《东市》。

2.严格规定招收学徒人数。

如湖南长沙刀业规定，所带徒弟3年为满，一出一进，同一时期只能带一个徒弟。江苏吴县蜡笺纸业和广东佛山石湾的陶瓷行业则规定6年才能收一徒。苏州的许多行业还规定，收一个徒弟须交纳一定的行规钱，以限制无限制地招收学徒。若违反规定，则要被处以罚金。有些行会出于技术保密的原因，严禁向外招收学徒。如苏州金线业就规定不得向外招收学徒，只得父传子业。

3.行规严厉，言语独特。

这种行规一是规范各行之间的不同分工，一是对自己的行业进行协调和监督。他们划定地域，各自经营，不得违规。各行业常常设立一些组织，进行督查和对违规行为加以处罚。如景德镇的陶瓷业规定，30岁以上者不得入行学艺，未入行者不得开业等。若违反行规，可能受到非常严厉的处罚。苏州的金铂业是利润丰厚的一个行业，规定只许收徒一人。有一个姓董的人收了2个徒弟，引起同业人员的不满，要求退去其一，但董不听。于是同业人员非常愤怒地召董到同业公所，认为董"败坏行规，宜寸磔以释众怒"。于是，将董脱去衣服，绑缚于柱上，众人各咬其肉，从头至尾，全部咬烂。[①] 河南等地流行戏业行规十禁：

> 一禁踏行灭道，二禁灭祖忘师，三禁忤逆不孝，四禁私买私卖，
> 五禁屙门尿户，六禁抛菜舍饭，七禁戏谑民女，八禁队巷躺街，
> 九禁私闯民宅，十禁偷摸拐骗。[②]

除了有严厉的行规外，在不同行业之中，存在许多言语禁忌和行业语言。如梨园戏业讳言狐狸、黄鼠狼、刺猬、蛇、老鼠等，而应呼为大仙爷、黄大爷、白王爷、柳七爷、灰八爷等。妓院中有自己一套语言表达，如开妓院叫"铺房间"，妓院的靠山叫"撑头"，妓女第一次留客叫"梳拢""开苞"，不是处女而冒充处女梳拢称"挨城门"，嫖客和妓女发生两性关系称"落水"，做妓女叫"吃七煞饭"（饿煞、吓煞、饱煞、忙煞、苦煞、跑煞、气煞。）

4.限制竞争，同业互相照顾。

建立行会的目的就是为了限制竞争，协调同行事务，获得共同而公平的利益。因此，在收徒、开业、资金流动等方面，都有不同程度的规定，以保证行业利益。同时，同行业之间则做到互相照顾，对老弱病残死及其他原因而出现困难者，实行行业救助。如建有行业公所，给行会议事等带来方便。设有公共墓地，

---

① 黄钧宰：《金壶七墨》，《金壶逸墨》卷二，"金铂作"。

② 高其才：《中国习惯法论》，湖南出版社1995年版。

安葬病故同业者。建立基金,给老弱病残者以救济和开支医药费等。

5.祭祀祖师神灵,参与迎神赛会。

每个行业都有自己的行业神和崇拜的神灵,在他们的诞辰和忌日以及开张、收徒等都要举行祭祀活动。如北京银号即银行就规定,每年要祀神 18 次,大祭 6 次,小祭 12 次。所有开支由同业人员共同负担。由于祭祀众多,迎神赛会成为行会之间常有的信仰和社会活动。同时,社会上的各种节假日及神灵祭祀和赛会活动,各行各业的从业人员也都大力出资,以期获得神灵的保佑,使自己生意兴隆、财路广进。

乡里和行业的习俗文化构成了中国最基本的底层社会民俗,是中国整个社会生产、生活的缩影。它在中国家族文化与社会文化的交融中,具有任何民俗样式都不可替代的作用。因此,它不仅对中国的家族、地方和职业民俗文化有着直接的和巨大的影响,也对中国社会文化,尤其是对制度文化,产生不可低估的影响。

第二节　人生礼俗民俗文化

人在社会所编织的网中生活,他的行为是个体的,但拥有这种行为方式则是源于集体和民族文化的,谁都不能脱离现实而生存。然而,人又是独立的,他必须面对社会中对于他个人必须面对的所有民俗文化。

一、诞生礼俗

在中国人的生命观中,传宗接代是最重要的,人们讲究的是"不孝有三,无后为大",强调多子多孙多福。这种观念给中国人在诞生礼俗方面创造许多与众不同的习俗提供了最好的借口。诞生礼伴随于整个生命孕育和生产的最初阶段,因此,诞生礼的构成也由一系列的过程组成,包括生命孕育的祈求仪式、孕育期的习俗和禁忌以及诞生后的庆贺等内容。

(一)求子仪式

求子除了存在于婚礼等仪式中之外,对于已婚一年以上而未怀孕的妇女,是一项非常重要的内容。人们通过对各种神灵的祈拜和乞求,通过各种习俗的表象活动以及各种巫术或直接的野合等行为，来达到怀孕生子的目的。在民间最常见的求子活动有以下几种：

1.求子于神佛。

这是民间求子仪式中最普遍的方式。当家中出现了一个已婚数年而未孕的妇女时，人们最初采用的求子仪式，常常是到寺庙中向神佛祈求赐子。主要原因是人们相信子嗣是由神佛掌握，全由人们的虔诚而获得的，其中包括积德行善，虔诚地礼敬神佛。因此，家中的长辈，尤其是婆婆之类，会竭尽全力去礼神拜佛，以使自己能早日抱上孙子。这种神佛非常多，几乎包括所有人们崇拜的神灵，如女娲、伏羲、注生娘娘、金花夫人、城隍奶奶、福建的陈夫人、社神、碧霞元君、天妃娘娘、东岳大帝夫人、张仙、送子观音等。

求子于神佛，一方面增添了生育的神秘性，同时也说明人们对于生育缺乏科学的研究，是一种自然生育加信仰的表达。

2.求子于习俗。

人们重视新生命，所以在许多重大的习俗活动中都隐含求子的行为。在湖南，“妇女多年不生育者，每于龙灯到家时，加送封仪，以龙身围绕妇人一次，又将龙身缩短，上骑一小孩，在堂前行绕一周，谓之麒麟送子”①。中秋时偷瓜送子的习俗，在许多地方流行。他们偷了别家的瓜不使人知，然后送到无子而希望得子的人家。因瓜是多子的，人们相信这种送瓜，可以使被送者得子。北京妇女在正月元宵节时到正阳门前去摸门钉，认为这样可以得子。② 福建则有所谓拍喜的习俗，他们在正月十五时，专门用竹杖击打已婚未育的妇女，叫拍喜，直到妇女答应有喜才停手。那些未育的妇女每年都要被拍。

3.求子于性崇拜。

性崇拜的历史非常悠久，在原始社会时期就已存在。如1974—1978年在青海柳湾原始社会墓地中，出土了一件人像彩陶壶，极力夸张女性的特征，像丰满的乳房、肚脐和阴部，尤其是阴部，又用黑彩勾勒出其轮廓。③ 这种崇拜在后来的历史过程中逐渐变化，由生殖器的直接崇拜，演变成与生殖器崇拜相结合的性崇拜求子仪式。如摩梭人的“久木鲁”即生孩子的石头的崇拜，就是这种性崇拜求子的典型代表。“久木鲁”在摩梭语当中与“巴窝”即男性生殖器同义，是一个天然形成的钟乳石柱，当地汉族人称为石钮。摩梭人为了求生育，就在“久

---

① 胡朴安：《中华全国风俗志》下篇卷六，第23页。

② 潘荣陛：《帝京岁时纪胜》“走桥摸钉”条。

③ 青海省文物管理处考古队，中国社会科学院考古研究所：《青海柳湾》上册，文物出版社1984年版，第116页。

木鲁”处举行一个叫“内考姑”(意即转山洞)的仪式。妇女们在巫师、丈夫和结婚时的伴娘的陪同下,举行仪式以求子。① 仪式结束后,夫妻回家必须于当夜同床,才会真正具有求子的效应。

这种性崇拜的象征物非常的多,如葫芦、瓜、树木、山洞、石洞、陶祖、石祖、钉子、阿央白(彝族的一种象形女性生殖器)等。

4.求子于野合。

野合从字面上看,是男女在野外交媾,其实是指男女在婚姻之外的一种性行为,而且是一种被习俗认同的婚外性行为。在中国不仅具有悠久的历史,也有广泛的流行范围。

野合以求子的习俗至今仍然保存在汉族和一些少数民族的庙会或节日聚会及特殊的习俗之中。

在汉族,被习俗认同的野合求子往往在庙会当中出现。旧时,在陕西岐山与扶风交界处的西观山祈子会、凤翔县的灵山祈子会、宝鸡钓鱼台庙会、临潼骊山娘娘庙会和宝鸡的周公庙会等,都有野合习俗。就拿周公庙会来说,主要目的是求子,所以也叫祈子会。周公庙也叫周公祠,位于陕西岐山县城西北七公里,三面环山,整个建筑占地918亩,主殿塑有周公旦、召公爽、太公姜及姜嫄、后稷、效媒等。姜嫄在当地人心目中是掌管生育的“送子娘娘”。庙会在农历三月初十到十五举行,四面八方的善男信女,除了一部分是做小买卖的之外,大都是求子的。她们在烧香之后,在姜嫄神像前神圣地祈祷许愿,并讨得一只童鞋或一个泥塑童子。若祈男孩,则须将“娘娘”怀中所抱童子的生殖器拔下吞服。这个童子的生殖器是用面捏的,庙中为祈子妇女的需要,临场备有面块,即拔即捏。至于那些婚后多年不孕的已婚妇女,往往在姜嫄殿前祈祷之后,就地宿于庙中。庙内的三面崖下,有多孔窑洞。“这些在庙中过夜的妇女,在庙中找个男子同宿于洞中或坡岭。前来赶会的男子,大都懂得这个风俗,当某一个妇女示意时,如果愿意,两个人一起离开人群,找个窑洞或坡上林中同宿。有的妇女,因一时找不到男子,在夜幕降临后,手持一炷点燃的香头,在前行走,男子见到光点,明白其意,即跟随而去,这种习俗当地人称‘撵香头’。如果有一个妇女有了一个男子后,熄灭香头,其余的男子会自动退去。”②

这种野合是被习俗所认同的,所以,那些盼孙心切的婆婆会陪着自己的儿媳妇或姑姑带着侄女到周公庙会中来祈子。夜里睡觉时长辈总是会找个年轻

---

① 赵国华:《生殖崇拜文化论》,中国社会科学出版社1990年版,第161—162页。

② 刘宏岐、王满全:《周公庙祈子会“野合”现象之透视》,见高占祥主编:《论庙会文化》,文化艺术出版社1992年版,第223页。

的男子与儿媳或侄女同宿。但是习俗也规定，同宿的男女决不通报姓名，尤其是妇女，更是守口如瓶。

与汉族这种秘密的野合不同的是，在一些少数民族中不仅盛行野合的习俗，而且要比汉民族更加大胆和直接。贵州生江苗族祭祖叫“吃牯脏”，历时 4 年，共分 3 个阶段。最后一个阶段叫送鼓，即送祖先。有一个交媾舞，由两个男子背着男女祖先的木雕像，边走边舞，不时让两个木雕像作交媾状，旁边有一人用水枪向木雕喷射酒糟，象征射精。求嗣的妇女争先恐后地用衣裙去接，以为可以怀孕之兆。舞毕，人们把木雕像、木鼓、酒糟桶、葫芦等送到野外的山洞内贮藏，下届再用。送木雕祖先像的晚上，人们往往在野外媾合，习俗予以认同。

野合以求子在有原始风味的同时，也具有一定的生殖直观知识性，说明人们已经明确地认识到生殖与性生活的紧密关系。

5. 求子于仙药、秘方。

仙药秘方是一种既具有原始科学性又具有巫术内涵的东西，有些巫术性强，而有些则科学性强。如《玉房秘诀》载有这样一个秘方，“妇人无子，令妇人左手持小豆二七枚，右手抚男子阴头内(纳)女阴中，左手内豆着口中，女自男阴同入，闻男阴精下，女仍当咽豆。有效，万全不失一也。”显然这是一种缺乏科学依据的秘方。至于如南宋时的陈自明的《妇人良方·求嗣方论》中求子方，要求男女同时服用七子散和胞汤，采用中药来诊治男女不育，大约是有一定的科学性的。明末江苏武进的岳嘉甫的《种子篇》中所开列的“中和种子丸”“河车种子丸”“斑龙种子丸”“通真延龄种子丹”“心肾种子丸”“广嗣即济丸”和“固本健阳种子丹”等，也同样具有一定的药理和科学性依据。

求子于仙药、秘方的形式，对后来妇产科的形成和发展，具有积极的意义。

(二)孕育期的习俗

求子之后妇女有孕，则进入了孕期对胎儿的胎教和对孕妇的有关禁忌及形形色色的关爱孕妇的习俗阶段。

胎教在很早的时候就已非常受重视。北齐颜之推《颜氏家训·教子篇》载：“古者圣王，有胎教之法，怀子三月，出居别宫，目不邪视，耳不妄听，音声滋味，以礼节之。”这是很有见地的。在民间，这种胎教的方法仅局限于孕育阶段的某些禁忌，如怀了孩子之后禁食某些食物、禁受某些刺激，或禁止房事等。在温州，这种禁忌非常具体，如孕妇不能看戏，认为它会使胎儿面花，因为剧中有花脸出现；不能包塞瓶口，认为会使胎儿的口、鼻、耳、肛门闭塞；不能吃螃蟹，以为它会使孕妇胎横难产；不能切鱼肉，否则会使胎儿皮肤破裂，或者四肢畸形，五官不正等。许多地方还禁忌孕妇钉东西或往高处挂取东西，认为这样会伤胎。

孕期还有许多对孕妇和家人的保护性禁忌措施，如胎神禁忌，禁止孕妇怀孕后再去动房中的东西，否则会伤及胎神而危及孕妇。孕妇在日常交往中也有许多禁忌，如不能与结婚的新人相遇，否则新娘将不会生育。孕妇之间也不能交往，否则将因二虎相争，必致一伤。孕妇忌进入生子之家，小儿魂魄不全，易受侵害，不洁的孕妇进入产房，会给小儿带去疾病和灾厄。在蚕乡，忌孕妇参与养蚕，否则将冲撞蚕神，使蚕宝宝生病死掉。[①]

孕育期还有一个习俗是非常重要的，那就是催生礼俗。这是娘家送给怀孕即将临盆的女儿的一份礼物，有孕妇的食物，也有婴儿的用物以及一些特殊的东西。在嘉兴等地，催生时所送的礼物有婴儿的衣物、红糖加益母草煮成的糖剂、鸡蛋等东西。农村中则特别讲究送状元糕以催生，鸡蛋则要成单，一般51只，粽子一般31只。杭州城中送催生礼时，要携笙一具，到男家时吹笙入门，表示“催生”。湖州则有送催生礼时兆验生儿生女的，习俗认为，送催生礼的母亲若进门时女儿是站着的，则是生男之兆，若坐着的，则是生女之兆。

(三)生子庆贺

对新生命的重视，最终体现在生子之后的隆重的庆贺习俗之中。不过，这种庆贺从新生儿出生的一些象征仪式开始，就充满了男女不平等的观念。《礼记·内则》载：“生男子设弧于门左，生女子设帨于门右。”弧是木弓之类，象征男子的勇武；帨为佩巾，即如今的手绢之类，标志女子的阴柔。所以《诗经·斯干》上说：“乃生男子，载寝之床，载衣之裳，载弄之璋。”生女子呢，则“载寝之地，载衣之裼，载弄之瓦”。这种家中生了孩子之后，用某种象征物悬挂于家门口的习俗，至今还存在。如江苏连云港就有生了孩子之后挂红布条的习俗。

新生命来到世上之后，要将这一消息告诉有关的亲朋好友，习俗叫报生。报生也有不同的象征。如湖州等报生时不说生男生女，只用鸡来表达，公鸡是生男，母鸡是生女。旧时东阳义乌一带的报生也非常有特色。妻子生下孩子后，丈夫先向岳家报生，他们提盛酒的锡壶一把，生子系红头绳于壶嘴或挂用红头绳扎的两个桂圆，壶嘴插以香柏和万年青；生女则扎红绳于壶把或无装饰，壶嘴朝后。

岳家在接报后，首先进行贺生的庆贺活动。他们往往带上一些孕妇在坐月子时吃的食物如鸡蛋糯米、红糖、生姜、桂圆等，各地根据自己的习惯稍有不同。

生子之家则举行贺三朝或做三日的隆重的庆贺宴席，至亲好友皆需送礼以示庆贺。三日礼之后则做满月，满月有两个重要的内容，一个是请亲朋好友吃

---

① 参见拙作《生育禁忌研究》，《浙江师大学报》1993年第3期。

满月酒。嘉兴习俗，是日舅家要送米粉、三角实心包子，还要设果品供神，然后将包子分送亲戚邻里。另一个则是剃满月头。金华人在剃满月头时，将剃下的头发挂在门后压邪。嘉兴的新篁有一种做“头发圆”的习俗，他们在满月给婴儿剃头时，先用绿茶水轻擦头发和额头，口中还要念道：“茶叶清白，××头皮清白。”剃发之后，将头发收集起来，并在家中所养的小狗身上拔下一绺毛，嘴里说：“××大起来乖，和小狗一样胆大，一样灵巧。”还要从猫身上拔下一绺毛，嘴里也说：“××大起来乖，和小猫一样听话，一样活泼。”然后将头发、狗毛、猫毛混在一起，喷上茶水，放在手心搓成圆球形，串在大红绢线上，上方串一个红枣，下方串一个桂圆，做成一个头发圆，挂在床头，以镇邪。① 用红枣和桂圆还有一层意思，那就是早生贵子。

满月礼之后，有些地方也有做百日的，称“百岁”，其意一个是庆贺，另一个则是祝福孩子健康长寿。

生子庆贺习俗中一个与后来的寿诞相衔接的则是周岁庆贺。许多地方在婴儿周岁时要举行隆重的集会，亲朋好友都要出席。其中在很早的时候就流行的一个仪式是抓周礼，以验小儿之贪廉智愚和预卜将来的生命发展。家长在婴儿前面放上糕点果品、文房四宝、书籍玩具和刀尺秤剪等物，由孩子任意去抓。人们相信孩子所抓到的第一件物品，将兆示他今后的志趣和发展方向。宋代之后，这种抓周礼在社会上非常盛行。《红楼梦》第二回，冷子兴说到贾宝玉之奇时，慨叹宝玉的抓周，书中这样写道：“那周岁时，政老爷试他将来的志向，便将世上所有的东西，摆了无数叫他抓，谁知他一概不取，伸手只把些脂粉钗环抓来玩弄；那政老爷便不喜欢，说将来不过酒色之徒，因此不甚爱惜。”抓周也确实成了贾宝玉一生的暗示。

周岁之后，这种对生命极其重视的习俗开始转化为常规的每年都不可少的生日习俗，并随着年岁增大，生日也越来越重要越来越隆重。

诞生礼是成人社会对婴儿的一次最大的生命洗礼，既表现成人对婴儿的恩宠并加，也表现成人社会的偏向和喜好。其中最明显的就是男女有所区别，表达人们对性别的社会认同趋向，拥有不同的期待。

二、成人礼俗

(一)概念和类型

成人礼又叫成年礼、成丁礼，是一个人在进入负有使命的成人社会时所进

---

① 浙江民俗学会编：《浙江风俗简志》，浙江人民出版社 1986 年版，第 310 页。

行的一系列仪式,通过这种仪式,证明他们已从青少年进入了成人行列,并相应获得了成人社会所具有的权力,尤其是婚姻—性关系的权力。

所有的成人礼都有一整套相关的仪式,只有通过所有的仪式,才是真正的成人。在古代的中原地区,主要以冠礼和笄礼作为成人礼,在我国的一些少数民族和国外的一些部落、氏族、民族中,则有五花八门的成人礼礼仪,如古吴越的“断发文身”,百越民族中的凿齿、拔牙、染齿,西南一些少数民族中的“穿裙子礼”和“穿裤子礼”,以及像澳大利亚土著的割痕、拔牙、耐苦考验等礼仪。

世界上流行过的成人礼可分为以下几种类型:

第一,标志型。这是一种以某种物化或在身体上留下痕迹作标志的成人礼仪式。标志型成人礼是最古老的形式,目前在许多民族中仍然存在的染齿、文身等是它的遗存。

第二,开导型。这是一种主要以指导少女如何过婚后生育、抚养孩子、操劳家务等为主的成人礼仪式,以女子为多。往往在女子初潮后立即实行隔离、破身、洗浴等仪式,并在仪式过程中传授性和生育等知识,以隔离的方式最流行,其中包含有非常古老的对月经的禁忌。

第三,考验型。这是一种通过各种磨难来考验参加成人礼仪式者的礼仪,以男子为多。仪式有割礼、拔牙、凿齿、烟熏、鞭打、割痕、有时限的放逐等等。

第四,装饰型。这是一种在成人时进行某种点缀装饰以象征成人的仪式,古代汉族的冠礼和笄礼,裕固族的“帐房戴头”都是。

第五,象征型。这是一种以替代物或某种仪式来表达成人的成人礼,其目的是通过物化或仪式,表达成人。因此,象征手法或意义,往往大于成人礼本身的仪式。如纳西族等民族中实行的“穿裙子礼”“穿裤子礼”,彝族的“换裙礼”,亚马孙平原亚瓜人的梳头礼等都是以象征性的替代物和仪式来表达成人,从而赋予参加者成人的权利的。

需要指出的是,类型的划分仅仅是为了在学术上进行某种规范,使我们能更清楚地感受到成人礼所拥有的不同的形态。事实上,每个民族所实行的成人礼,从来都不是可以机械地进行强行划分归类的。如冠礼既具有装饰的内容,同时也是一种成人权利和男女性别的象征。割礼、拔牙、文身,既是对成人礼参与者的考验,也是成人标志的方式。所以,从文化意义上来说,不同类型之间的成人礼,其目的和价值指向不仅是可以互相转换的,而且也是互相贯通的,甚至仅仅是多种文化蕴含的表征之一。

(二)成人礼的形式

我们可以把成人礼分类,但是,任何民族、氏族或部落的成人礼又都是具体的，它有自己完整的仪式和文化蕴含。因此，每一个民族、氏族部落的成人礼，都是一个独立的成人表达方式。下面几种是在我国可知的最主要的成人礼形式：

1. 冠、笄礼。

这是古代汉族，即中原地区盛行的一种成人礼形式，男人的为冠礼，女人的为笄礼。主要方式是在一定的年龄男女青年束发加冠或加笄，以示成人。

冠是束发于顶并将之固定的物件，类似于帽，但绝不是帽。笄礼是将头发盘于头顶并用“笄”（簪子）进行固定。

笄礼在进入以男人为主的信史时代已经衰落，我们只知道笄礼是女子所行的成人礼，在十四五岁时举行，目的是表示成人许嫁。《仪礼·士昏礼》载，“女子许嫁，笄而醴之，称字。”（醴，甜酒，区别于非甜酒的酒）近代社会妇女在出嫁时所行的“开脸”，是对毛发进行修饰的一种仪式，它是古代笄礼的一种变异遗存。

笄礼虽然衰落，但我们从冠礼中可以找见笄礼的影子。因为从民族学、民俗学的角度来看，女性的成人礼往往早于男性成人礼，男性成人礼常常是对女性成人礼的模仿（女性成人明显）。冠礼是不是这样呢？我以为是的。这一点我们后面还要讲到。

对于冠礼来说，以下几点非常重要：

第一，严格的年龄限制，约在二十岁时举行。“男二十而冠，女许嫁而笄。”① 但对于天子诸侯来说，则提前一岁加冠，“天子诸侯，十九而冠”，② 以示与平民百姓的区别。这是周礼的规定。但在早期，这种限制可能要宽松并提前。“周制文王十二而冠，成王十五而冠。”③ 所以，对于熟悉后期周礼的汉儒，认为这种十二、十五而冠的形式是“非法”（不合礼制）的。《淮南子·氾论训》曰：“礼三十而娶，文王十五而生武王，非法也。”高诱注解的时候给予开脱，说“岁星十二而周天，天道十二而备，故国君十二岁而冠，冠而娶，十五生子，重国嗣也，不从故制也。”其实，岁星之说是高诱的一种解说。在更早的古代，人们是依据女性成人的标志——月经初潮来判定并实行礼仪的。女子在十三四岁时初潮是常有的事，因为女子在十四五岁时行笄礼，故模仿女子笄礼而实行冠礼的男人们，便也在相应的年龄实行成人礼，时间必定是提前的。

不过，二十岁加冠成了春秋之后的礼制，所以，弱冠，刚刚加冠便成了二十

---

① 《礼记·乐记》。

② 《荀子·大略篇》。

③ 《通典》卷五十六。

岁的代名词。

第二,裸祭祖先。《孔子家语》说,“行冠事,必于祖庙以裸享之礼将之。”裸是灌祭以酒,就是用酒祭祀祖先;享是祭先君。这可以使我们想起女性笄礼之中的甜酒,只是冠礼已完全礼制化。

第三,隆重的仪式。第一,须择吉日嘉宾,即“冠礼筮日筮宾”①。第二,于祖庙之中行冠礼,须有礼乐之器。第三,亲朋齐集,发表祝词。第四,冠礼后要取字。《礼记·曲礼上》载,“男子二十,冠而字”。这又使我们想起了女子笄礼称字的记载,一脉相承。冠字后不可复呼其名,是因为“敬其名也”②。后来的名与字的习俗及同辈必称字不称名的习俗,都是冠礼的文化迁延(晏殊字同叔,范仲淹字希文,辛弃疾字幼安,陈亮字同甫,等等)。

冠礼在战国之后到汉代已空有其形式,作为礼制根本的内容消失殆尽。南北朝后幅巾的盛行,使“冠”作为束发用具的实用价值也失去意义,因此,在唐代之后终于不再实行,仅仅在帝王的成人仪式中还有所保留。随着冠冕制度在宋代之后彻底退出历史舞台,冠礼便成为一种历史的陈迹。不过在上海的青浦、松江等地至今还有“庆号”习俗。裕固族的“帐房戴头”与冠礼有相似的内涵。

2. 文身。

文身有绘身、文身、割礼三种。

绘身是用颜料在身上绘制各种图形的方式。文身是用针等工具和颜料在身上文刺图形的方式。割痕是用刀等工具在身上割裂皮肤并使其发炎结疤的方式。绘身流行于不同的种族之中,白人、黑人和黄种人都有存在;文身的方式则大致限于白种人、黄种人当中;割痕则基本上流行于黑种人当中。我国曾盛行过或仍然盛行文身的民族有古代吴越族、东夷部落,现代傣族、黎族、高山族、彝族、基诺族等民族。他们当中的文身大都属于成人礼式,拥有年龄、图式和权利义务的种种限制和规定。③

3. 染齿、凿齿、拔牙。

牙齿在成人之后很长一段时间,至少在有生育能力的时间之内,是很少有变化的。所以,对牙齿进行一些修饰标志,可以使人很容易辨别某个人是否是成人。

染齿之俗在布朗族和哈尼族等民族中存在。哈尼族男女在 15 岁左右互相染齿,表示成年,之后便可以寻找配偶了。布朗族则在一种叫“节”的成年礼上,

① 《通志》卷四十四。
② 《仪礼·士冠礼》。
③ 参见拙著《文身:裸体的雕刻》,上海文化出版社 1997 年版。

由15岁左右的男女聚在火塘边用一种叫"考阿盖"的树枝烧取的黑烟，先由姑娘们给小伙子染齿，然后小伙子给姑娘们染齿，只有经过染齿的男女青年才算成年人，具有恋爱的权利。同时，参加"节"的男女青年往往形成年龄等级集团。

凿齿和拔牙。这是一种将门牙（也有非门牙）凿断或整个拔去，以此作为成人标志的习俗。历史非常悠久。从考古发现的情况看，在苏北、山东大汶口、曲阜西夏侯、兖州王因、江苏邳县（今邳州市）的大墩子、山东胶县三里河、上海崧泽、福建、珠江三角洲及台湾等地都有发现，时间从距今6000年到二三千年不等。男女性都有，但限于成人。

凿齿和拔牙在古代的典籍中也有记载，神话中的凿齿国、凿齿民，古代的濮人，即后来两宋时的僚人，也即现今的仡佬族，就盛行拔牙，它们是通婚族属的标志，在成人时举行仪式后凿去牙齿。部分壮族也有拔牙习俗。

4.穿裙子、穿裤子礼。

这是在纳西族、普米族等民族中盛行的一种成人礼仪式。习俗规定，男女青年1到13周岁，便为他们举行隆重的仪式，改变他们的装束。在13岁以前，他们仅穿麻布长衫，腰系一布带。举行仪式后，男子的上衣是右衽短衫，下为长裤，故也叫"穿裤子礼"。女子则着短衫，下为百褶裙，腰束彩带，头上再缠上牦牛尾编成的假发结，故叫"穿裙子礼"。

仪式非常隆重，要杀猪杀羊，要祭祖，并依次给长辈行礼。父母要给成年的儿女说几句祝福的话或给一点钱。通过这种仪式的男女青年便具有了恋爱、结交阿注的权利。

5.割礼。

割礼是伊斯兰教的入教式和成人式。在我国信奉伊斯兰教的民族如回族等民族中就流行割礼。因为伊斯兰教规定，男孩到12岁时就要承担宗教义务，履行"天命"，因此要割去阴茎包皮，开始宗教生活。割礼由阿訇（师傅）施行，亲友都前来祝贺，家中要盛宴宾客。

（三）成人礼的文化意义

成人礼之所以来到人类中间，成为人类文化发展中一个非常重要的仪式，必定有它深刻的文化蕴含。这种文化蕴含，我以为下面两点是非常重要的。

第一，建立标志系统。从国内曾经存在的成人礼来看，建立标志系统，是非常明显的文化目的。冠礼、文身、凿齿、染齿、改变服饰等，都是如此。

由于建立标志系统的需要，成人礼的标志都选在明显的部位。冠礼、笄礼、"帐房戴头"是如此，文身也是如此。成人礼的文身在古吴越是文刺于额头，高山族对于成人礼的文身也是在额头，黎族则在脸上，至于手脚上，则并不是很重要的文身。

割礼虽然并不是最明显,但如果能理解我们后面所推定的成人礼作为一种婚姻—性关系的标志体系,那么,割礼仍然是非常直观的。

拔牙不仅明显,而且不容改变,要检验是否成人只要露出牙齿一看便知。

世界上所有盛行成人礼的民族,建立标志都是最主要的文化主题,极端的是以完全毁伤自己的身体来建立标志,如菩托库多人在下唇和耳轮上塞进巨大的栓子,爱斯基摩人的男子则在下唇中两口角所穿的孔中塞进骨片、象牙、石子、木片等物。澳大利亚原住民也有以在鼻子中穿进木条、骨片作为成人标志等。较为温和的则以象征性的仪式或物化作为标志。如赞比亚对女孩成人礼的标志是裹毯子和挑毯子,穆里克人以戴帽子来象征成人,阿卡洛列人以截短自己的头发作为成人的标志等。(是极端还是温和,不说明文化进化。)

这一切的标志,形式上是区别成人与非成人,目的是区别成人与非成人的所有权利。

第二,完成死亡—再生过程。在成人礼的死亡—再生过程中,死亡是手段,再生是目的。再生是一种更高层次上的新生,其本质结构是:死亡—再生—新生—生命—性权力(繁殖的权力),它以再生后的生命个体获得某种标志而结束,与建立标志归于统一。

成人礼中"死亡"的目的之一是与自己的儿童期隔断,同时,从男性来说是与女性隔断,从女性来说是与男性隔断,而最终是与原生命(未成年的生命)隔断。这种隔断在我国的一些成人礼中已经不是很明显,但部分改变自我,则还是明显可见的。黎族关于文身由来的兄妹婚传说中,妹妹文身,其实就是隔断原生命(妹妹)的一种有效手段。冠礼笄礼、穿裙子、穿裤子、凿齿、拔牙、文身都是改变部分原我以替代整个旧我的方式,目的是与未成人前的生命隔离分断。

既然与原生命隔断,那么就必然要有新生。这种新生有点类似于我们说的脱胎换骨,它的最主要表征是给完成成人礼的新生者以一个新的名字。在我国冠礼笄礼后都要取字,世界上许多民族在举行成人礼后都要赋予一个新的名字,并对旧名字实行禁忌。上海松江、青浦的"庆号"也是如此。

姓名从现代人看来,本应是一种符号,与主体没有本质上或内在上的联系,但原始思维却将它视之为主体,至少是人身体的一部分,它像身体中的眼睛、鼻子、嘴巴、耳朵一样是不可缺少的。对于名字的恶意将导致对身体器官一样的损害。因此产生了种种禁忌,如不让人知道自己的真名,常常取两个名字,非隆重场合不使用名字等。古时称字不称名,其原始含义也在于对名字的禁忌。据弗雷泽的研究,这些禁忌,主要是为了防止敌人利用巫术而伤及主体。

但名字的作用还包含另一层原始思维,即它像新生儿取名一样,标志着一种新生命主体,这种新生命主体拥有蓬勃的生机就是因为它的名字是远离死亡,不被死神所知的。许多民族在年长之后还要重新取名,其文化蕴含也在这儿。

所以,成人礼的新生往往以取一个新名字结束,这个新的名字就像婴儿一样,富有新的生命。而这种新的生命,被隐含在文化之中则是繁殖的权力和能力,因此,成人礼后随之而来的就是具有婚姻—性关系的权利,即具有繁殖后代的权利。

(四)成人礼:一种古老的婚姻形式

现在的研究者常常将成人礼作为人生过程中的一个仪式,成人礼仅仅是成人礼,如此而已。

但事实上,从我个人的研究来看,成人礼的背后潜藏着一种婚姻形式,或者更直接地说,成人礼本身就是一种婚姻关系。

现代婚姻制度用什么作为男女两性建立婚姻的杠杆?合法登记机关的登记注册。古代则以通行的习俗惯制。那么,非常古老,古老到人类只会说简单的语言,使用简单的工具的时代,婚姻用什么作杠杆呢?

非常盛行的观念是人类经历过杂婚、血缘婚、氏族外婚、对偶婚、一夫一妻制。杂婚和血缘婚是否真正存在,已受到越来越多的质疑。即使存在,用什么作为可以实行婚配的中介呢?

很难做出其他的选择,只有成人礼。即将成人礼作为划分成人与非成人两类,在成人中实行性交关系,繁殖后代,非成人则没有这种权利。

是否成人拥有最直观的表达的是女性,成熟的女性,开始来月经。因此,成人礼即区分成人与非成人,赋予生育的权利,首先在女性中开始形成。之后男性开始模仿,也实行成人礼。因为要区分成人与非成人,便要有标志,性的权利和义务便由这种标志来加以区分。

许多施行成人礼的民族,虽然还有结婚的一些习俗仪式,但最重要的则是,没有成人礼,便免谈其他的一切权利,尤其是生育的权利。没有参与成人礼者,终身不得结婚,没有生育的权利。

《礼记・昏义》中说,“礼始于冠,本于婚”。也就是说,冠与婚是根本的内容,孔颖达说,“始犹根也,本犹干也”。则冠比婚更在先,更重要。为什么会产生这种观念呢?我以为原因就在于早期实行的所谓婚姻,唯一的界限就是是否参加过成人礼。凡参与了成人礼者,便具有婚姻—性关系即生育的权利,不管是冠礼、笄礼、文身,还是拔牙、割礼,都是如此。盛行阿注婚的永宁纳西族和普米族,其阿注同居的婚姻对于血缘的排除除了与我们的认定不同之外,唯一的前提便是要经过“穿裙子礼”和“穿裤子礼”,其他再无限制。父子、母女同一阿注者并非绝无仅有。

我们可以推测,古代社会曾盛行过一种将婚姻—性关系权利,即生育的权利写在身上的婚姻形式,这种婚姻形式以成人礼为仪式,以其标志为唯一依据。开始在族内实行,后来逐渐形成族内血缘婚的禁忌后,它成为氏族外婚的唯一前提条件。凡行成人礼者,便具有与另一氏族异性发生性关系的权利。久而久之,某个氏族成人礼标志便成了氏族的标志。所以,现在许多氏族部落不仅实行同样的成人礼,也实行同样的标志。只是在进入氏族社会后,对偶婚逐渐形成,人们在个人选择性伴侣时,也加入了许多物质的、精神的条件,甚至家庭的条件,从而使成人礼仅仅成为一种建立婚姻—性关系的前提,在婚姻—性关系中还加入婚俗的内容,人们的生育权力附加了更多的限制。成人礼逐渐淡化,成为人生过程中的一项仪式。

所以,至少我个人认为,在对偶婚及以前的人类婚姻关系中,成人礼是人类建立性和生育权利的唯一标志和依据。可以说,成人礼本身就是一种婚姻—性关系,是一种古老的婚姻形式和制度。

三、结婚礼俗

对于婚礼我们历来说的是“合两姓之好”,目的是传宗接代。后者固然是传统婚姻的最重要内容,但对于前者,则仅仅是在脉脉温情下的一种美好的愿望而已。这里的两姓的姓,并非是事关男女之事的性,而是姓氏的姓,因此,婚姻是两个姓氏之间建立联系或社会网络的一种习俗,而绝不会考虑当事人的个人情感。这也是传统的婚姻特别讲究“父母之命,媒妁之言”的根本原因。

(一)婚姻“六礼”

其实婚姻“六礼”也是一个过程,它是周代形成的一种婚姻缔结过程中的礼制规定。《仪礼·士昏礼》中说,婚有六礼,纳采、问名、纳吉、纳征、请期、亲迎。它包括从提亲到迎亲成婚的整个过程,这种过程,由于后来特别强调礼制,而成为他们试图遵守的规范,并对社会上的世俗婚礼,产生很大的影响。

第一,纳采。

纳采是最早的礼节,属于现在的提亲阶段。主要由媒人进行沟通,传达男女两家的旨意。《仪礼·士昏礼》:“昏礼下达,纳采用雁。”

纳采是婚姻的提亲阶段,但媒人所做的却是“下达”,即将男家的意思传达给女家。这当中已包含了重男轻女的思想。贽见礼中用雁，也是深有含义的。据《白虎通·嫁娶篇》解释，在所有的“六礼”过程中用雁，都包含着“取其随时南北，不失时节，明不夺女子之时也。又取飞成行，止成列也。明嫁娶之礼，长幼有序，不相逾越也。”而汉儒则认为是顺阴阳往来，取妇人从夫之义。

纳采之礼在后来的历史发展中，仅剩下媒人这具有代表性的人物。

第二，问名。

《仪礼·士昏礼》载：“问名者，将归卜其吉凶。”它是纳采后由媒人到女家请教女方的姓名、生辰，以备合婚之用的礼俗。另外，当时还规定，“男女非有行媒，不相知名”，因此，男女青年要是没有媒人，不仅不可能相识，更不可能知名和相交往。①

问名礼反映出人们很早的时候就已对人的出生年月日有了特别的观念，相信人的前途命运和男女性之间能否百年好合白头偕老，有着某种神秘的关系。由于战乱或其他原因，问名等礼俗在魏晋南北朝时便已不行，杜佑《通典》说：“自东汉魏晋以来，时或艰虞，岁遇良吉，急于嫁娶，……六礼悉舍。”但隋唐之后，由于统治者中士大夫的推行和提倡，渐渐又开始时兴起来。宋代民间在通媒后，以细帖详书男女出生年月日时辰，以备占卜之用。后来，民间将这一礼仪称为“换庚”。不过，问名礼由于仅仅是了解女方（后来也包括男方）的姓名和生辰，在民间已经不作为一个单独的礼仪看待。然而，有关非常谨慎地对待生辰八字的习俗则畸形地发展起来，民间称合婚。

合婚先看男女二人的属相是否犯忌。谚云：“白马犯青牛，羊鼠一旦休。龙兔云端去，鸡狗不到头。虎蛇如刀断，亥猪怕申猴。”若属相不犯忌，则看生年五行是否相生相克，相生者可以结婚，相克者，对不起，你另起炉灶吧。所以，许多好姻缘也因算命看相者的一句八字不合而失去机会。所谓“婚姻虽由天定，作合须凭人言”，说的便是这种现象。

第三，纳吉。

纳吉是男家将问名之后所卜问的满意结果，通知给女方。因为所得是吉兆，所以称纳吉。《仪礼·士昏礼》：“纳吉，归卜于庙，得吉兆，复使使者往告，婚姻于是定。”《礼记·方氏注》也说：“纳吉者，得吉卜而纳之也。”根据《仪礼·士昏礼》“纳吉用雁，如纳采礼”，这里用雁，也是强调信义。

纳吉后来也叫“订盟”或“送定礼”，俗称“订婚”。浙江温州、台州等地的民间婚俗当中，“放小定”即订婚，是一项颇受重视的习俗，尤其是台州的温岭、黄岩等地，“放小定”必须有各种金银首饰，像金项链、金手镯、金戒指、金耳环，甚

① 《礼记·曲礼》。

至金脚链等,约需黄金数两,另外还需万元左右的人民币,花费相当巨大。

第四,纳征。

纳征也叫纳币,即后来人们常说的聘礼,俗也叫"放大定""下财礼"或"过大礼"。《仪礼·士昏礼》说:"纳征,玄纁束帛,俪皮,如纳吉礼。"其实,它远比纳吉礼要来得隆重,礼物也比纳吉要多。在浙江的温岭、黄岩等地,习俗规定,纳征即"放大定"的聘币数,一定是纳吉即"放小定"礼时的三倍,否则,将被视为失礼。《钱江晚报》1997 年 5 月 20 日载,宁波新婚夫妇结婚花费平均达 5.58 万元,是全国平均数的 2.8 倍,这当中的大部分钱都由男方以聘礼的形式支付给女方,然后在购置结婚用品方面消费掉了。

第五,请期。

请期是一种男家择定成婚吉日后告于女家之礼。这儿用请,是不敢自专。《礼记·昏义》疏:"请期者,谓男家使人请女家以婚时之期,由男家告于女家,何必请者,男家不敢自专,执歉敬之辞,故云请也,女氏终听男家之命,乃告之。"

请期在后来的民间也颇受重视,叫"提日子"或"送日子"。日子即吉日,由占卜或阴阳先生选定。旧时广东东莞婚俗,请期须写过"日章"送到女家。"日章上写着'谨詹本年某月某日与小儿□□完娶,肃此预闻'等字样,日章送过后,但仍须女家接纳许允,方能定夺。如果遇着女家有事所阻,不能料理;或者所订日期,与女子天癸相冲,那末,女家便将'日章'退回,另写着'恭请宽期'等字样送过男家,男家接了,便须要另选择迎娶的日期。"[①]浙江武义等地,成婚吉日除由算命或阴阳先生择定之外,往往是准备二到三个可供女方选择的日子,最后由女家确定。这当中,非常注意女方的"天癸"即生理例假日的打听,必须千方百计地避开。人们相信,结婚遇到经期是极其不吉利的事情,俗说"骑马拜堂,家败人亡"。

第六,亲迎。

结婚原意就是在黄昏时成礼,《释名》说,"婚,昏时成礼也"。昏时成礼与古代曾流行过的掠夺婚存在着直接联系,是乘着夜幕进行抢掠的习俗遗存。而且根据礼俗,迎亲者还得穿上黑色的衣服,连车子也都是黑色。《仪礼·士昏礼》载:"主人爵弁,纁裳缁施,从者毕玄端,乘墨车,从车二乘,执烛前马,妇车亦如之。"这样一支黑衣黑车的队伍,在暮色中出发去迎接新娘,在现代人看来是很不好理解的。而事实上,黑衣黑车在暮色中从事真正的抢亲,那是再恰当不过的了。所以说,亲迎之礼,在制定之初,仍然保存着远古的掠夺婚遗迹。

亲迎是结婚礼的高潮,是所有礼仪的归一终结。因此,内容非常丰富,也非

① 刘伟民:《东莞婚俗的叙述及其研究》,《民俗》1936 年第 1 期。

常繁杂，在历史的不同阶段，都派生出了许多色彩斑斓、个性突出的习俗，成为婚礼最具有代表性的仪式。

（二）特色习俗

在婚姻的缔结过程中，除了上层人士所要遵循的“六礼”外，在民间还有非常丰富多彩的习俗内容。

第一，昏时成礼。

这一点在礼制时代就已被写进婚姻规范之中，人们在夜幕降临之际，穿着黑衣推着黑车，于夜间前往女家迎亲，目的仅仅是为了在夜色的掩护下，易于抢婚得手。如侗族、苗族和白族等存在抢婚习俗的民族，其抢婚不管是动真格还是属于仪式性的，都在夜间或暮色下进行，说明昏时成礼，是有它的民族学意义的。儒者也有将昏时成礼解释为是阴阳合和，阴气入家宜于夜的，所以要阳往阴来，昏时成礼。这只是一种附会的解释。

第二，亲迎拦门。

在汉族的大部分地方，亲迎时都有拦门之俗，在亲迎队伍到达女家之后，决不轻易开门让迎亲的人进入女家，而是想尽办法去刁难或捉弄亲迎人。旧时北京亲迎时的婚俗是这样的，迎亲队伍到女家百米时停住，

> 女家闻讯后，即由四位送亲的官客，临时将街门关起来，谓之“闭门”。……这时，照例要由娶亲的官客们叫门，门里门外互相逗话。娶亲的在门外喊道：“天不早啦，开门吧！别误吉时！”
>
> 送亲的官客在门里问道：“你们是干什么来的？”
>
> “我们是来贵府求亲的。”
>
> “你们都有什么举动？”
>
> “花红大轿，旗鼓喇号！”
>
> “太好啦，那就请你们奏一个‘大头和尚斗绿翠’吧！”
>
> 鼓手们应声吹奏。随后，娶亲的再去叫门：“礼乐俱备啦，开门吧，别误吉时！”
>
> “不行，不行！还得吹打一个‘炒麻豆腐大咕嘟！’”
>
> 双方逗趣花样繁多，主要是女家送亲的官客不住地向门外点曲子。什么“赵匡胤打枣，一个一个地摘”；“油葫芦倒爬城，翻过来调过去的爬”；“蛐蛐爬城头，爬去爬回来”；“屎克螂爬竹竿，一节一节的”。最后，还要吹打一曲《夸得胜》。临要开门时，娶亲的必要随手将事先准备好的几个红纸包和茶叶包从门缝递到送亲人的手里。这时，送亲

人始大喊一声"合意开门!"迅速将门打开,并以铜钱或当时市面流通的硬币(后有红纸包纸币者)向空中一扬,谓之洒"满天星"。顿时,围观的小孩们一拥而上,争抢铜钱和喜包。娶亲人随之夺路而进,由送亲的引见,到堂上互相道喜叙坐。①

这种习俗在全国的许多地方也都存在。在武义至今还存在拦门的习俗,娶亲人非得有"开门包"和香烟等物给拦门人,即使要延误时辰,也绝不会轻易开门放人进来,让你轻轻松松接到新人的。

第三,新郎挨打。

这大约也是抢婚的一种遗俗,不满的女家及新人和同伴(伴娘)们,就用打新郎来表达自己的情感。这种习俗在很早的时候就已存在。《酉阳杂俎》载:"北朝婚礼,青布幔为屋,在门内外,谓之青庐,于此交拜。迎妇,夫家领百余人或十数人,随其奢俭挟车,俱呼'新妇子催出来',至新妇登车乃止。婿拜阁日,妇家亲宾妇女毕集,各以杖打婿为戏乐,至有大委顿者。"

这种打新郎的习俗,在河北的一些乡村中还有保存。"按惯例迎新娘这天,新郎要到新娘住所,同新娘交换在腰间系带的小铜镜和对把葱。可正当新郎在腰带上解系时,负责传递交换小铜镜和对把葱的岳父家的'送女客'(这种女客一般由新娘家嫂子担任),乘新郎不备,'哗'一声,从手中飞出一把大盐粒儿,像一场小小冰雹向新郎盖头盖脸袭去,常常打得新郎手足无措,满脖子都是大盐粒儿,狼狈失态。"②

不过,挨打的并不一定只是新郎,而是所有相关的迎亲人。瑶族中的"白裤瑶"娶亲时新郎不出面,所以,挨打的是担当重任的"布概"即牵牛人。由他负责到女家去抢新人,而新娘的女伴将围追堵截,追打"布概"。据说,女伴打得越厉害越表明她们与新娘的不忍分离。③ 这种打斗,有时简直就像是一场保卫战。在广东东莞的旧时婚礼中,所有的缔结过程都是由父母做主,女儿并不知道,只是在离出阁前一个月,一切准备就绪,实在无法再瞒女儿了,才告诉她。这种告诉叫"知日"。"知日"后预做新人的女儿,就不再出门,而待在自己的闺房中,由女伴陪着安慰她。晚上便高声号哭,将父母兄弟姐妹叔嫂及要好的亲属朋友都要一一哭过。同时,在临出阁前搜罗了许多竹枝、木杆及有刺的树枝,储满阁上,人们如临大敌,要进行一场生死保卫战一般。亲迎时"新娘在阁中大声哭喊

---

① 常人春:《红白喜事——旧京婚丧礼俗》,北京燕山出版社 1993 年版,第 58—59 页。

② 王和合:《盐打新郎反夫纲》,《采风》1984 年 10 月 1 日。

③ 雅瑟咪等编写:《中华奇风趣俗》,四川辞书出版社 1991 年版,"迎亲要挨打"条。

着，那班伴阁者已经个个携着武器在阁门严阵以待了。我曾经看见一个送嫁的人想上阁负新娘落轿，连上了四五次都被那班伴阁者打落来，甚至有时打破头皮，抓伤手脚，那种情景，真是最好看没有。直到打得七零八落，气喘力竭，方肯任那送嫁人上阁负新娘入轿呢"[①]。

这种类似于打斗，实际上仅仅是一种习俗表演的形式，在许多少数民族中也都还有存活，表明它们确实是古代抢婚的异化遗存。

第四，新娘哭嫁。

《周易·爻辞·屯》"上六"曰："乘马班如，泣血涟如，匪寇，婚媾。"哭成泪人一般，骑着马回旋不进不肯往前走，这不是劫匪，而是在缔结婚姻。这就是古代抢婚习俗的真实写照。

抢婚使女子失去自由和氏族的照料及自己的家庭，当然是非常伤心和痛苦的事情，女子当然要痛哭不止，这就是哭嫁的由来。哭嫁源于抢婚，但哭嫁的完整仪式，据姜彬研究，则主要是源于封建社会时期对妇女在婚后各种权利的剥夺，"一方面诉说对社会的不满，一方面也悲悼往古的妇女已失掉的地位"[②]。是一种对现实不满的表达。

哭嫁在汉族和许多少数民族中都存在，以汉族的哭嫁最为典型和完整。内容从叙述离开家乡和结束自己快乐的姑娘时代的忧伤，诉说男女不同的待遇，对男性中心社会的不满，到对家长制家庭的控诉，以及反映掠夺婚遗迹、封建买卖包办婚姻，最后到骂媒等方面，它形式多样，以歌代哭，以哭诉情，表达对旧式婚姻和缔结过程的不满。

在我国的大部分汉族和少数民族中，都认为哭嫁是婚礼不可缺少的内容，相信哭嫁是哭发，哭得越凶越久越发，娘家发夫家也发。所以，姑娘出嫁若不哭，便会被人指责为没有家教。浙江的绍兴人还认为，不哭嫁所生的孩子将会是个哑巴。广西永福一带认为，新娘不哭嫁，死后将无葬身之地。土家族认为，只有哭嫁歌唱得好才是聪明的好姑娘。有鉴于此，哭嫁歌在旧时的婚礼中成为一道重要的风景线，女子在哭哭啼啼中上轿出嫁，完成人生的重要转折。

第五，结发拜堂。

结发有二层意思，一是指束发，即表示年轻时。《史记·平津侯主父列传》载"臣结发游学，四十余年"就是此意。另外一个意思是民间常用的指原配夫妻，也比喻结婚。大约因结发的含义很容易从不同角度去理解，所以，在民间结发往往是一种将男女头发实际上盘结在一起的行动。晁采曾作《子夜歌》十八

---

① 刘伟民：《东莞婚俗的叙述及研究》，见《民俗周刊》复刊号第1卷第1期。

② 姜彬：《"哭嫁歌"和古代的婚姻习俗》，《民间文艺集刊》第二集，第20页。

首，其第一首云："侬既剪云鬟，郎亦分发丝。觅向无人处，绾作同心结。"因发丝不朽，所以结发同心也表示夫妻白头偕老。结发习俗在宋代的婚礼中，已非常盛行。《东京梦华录》载，新郎新娘"男左女右，留少头发，二家出疋段钗子、木梳头须之类，谓之合髻"。《梦粱录》则直称结发。此俗历经明清，直到新中国成立前，在杭州和绍兴等地的婚俗中仍然存在。杭州是在喝交杯酒后，"利市婆唱赞词，将新郎新娘两头互碰，谓之'结发到老'"。而绍兴等地则"在替新娘开脸时，在新娘头上拔七根头发，与新郎的长发混合搓成线，供新娘扎发髻用。这发线是结发夫妻的信物，也是妇女们最珍贵的东西"[①]。至今，"结发夫妻"一词仍是人们生活中最珍贵关系的一种表达。

拜堂是否是古礼庙见的一种变异形式，不能肯定，但它在后世婚礼中占有重要地位，则是不可否认的。庙见是古代婚礼中的一种成妇之礼，行于公婆去世的家庭之中，于婚礼后三月举行，未行庙见而去世的媳妇不能算男家正式成员，不能葬入男家墓地。因此，我以为拜堂是"夙兴，妇沐浴以俟见，质明见妇于舅姑"[②]的发展形式。这一形式在一定程度上同时也融入了庙见的一些礼俗观念，将祭拜祖先之礼，含于拜天地之中。在时间上，也逐渐地从次日晨前移到婚礼之中一次性完成。

拜堂因行于堂中，故名，也叫拜天地，取自拜堂中的第一拜。拜堂有三拜，即一拜天地、二拜祖先、三是夫妻对拜。拜堂由司仪主持，亲朋好友齐集，既隆重又庄严而且还非常热闹。许多地方还同时拜尊亲长辈，被拜的父母和尊亲长辈须给新婚夫妻送见面红包。所以，很多新婚夫妇乐于拜堂，就是因为有进账。

可以想见，这种既拜天地祖先，又拜父母高堂，还拜亲族长辈的礼仪，因它的隆重，具有神圣和崇高性，而获得了世俗和礼教的一致认同。只要拜过堂的男女，自然也就具有了夫妻的名分，成为正式的夫妇。

由于拜堂的重要性，一些因特殊原因不能在吉时进行拜堂的，便用其他人或动物来代替。冯梦龙《醒世恒言》第八卷《乔太守乱点鸳鸯谱》这样写道："迎亲的，一路笙箫聒耳，灯烛辉煌，到了刘家门首，傧相进来说道：'新人将已出轿，没新郎迎接，难道教她独自拜堂不成？'刘公道：'这却怎好？不要拜罢！'刘妈妈道：'我自有道理。教女儿陪拜便了。'即令慧娘出来相迎。傧相念了阑门诗赋，请新人出了轿子，养娘和张六嫂两边扶着。慧娘相迎，进了中堂，先拜了天地，次及公姑亲戚，双双却是两个女人同拜。随从人没一个不掩口而笑。都相见过

---

① 浙江民俗学会编：《浙江风俗简志》，浙江人民出版社 1986 年版。

② 《礼记·昏义》。

了，然后姑嫂对拜。”这是用人临时上场拜堂。在浙江台州、舟山等地渔民中，旧时由于男人出海捕鱼，常常不能及时赶回来而误了吉时拜堂成亲的，怎么办呢，这时“男方便用公鸡代行拜堂。拜堂时，伴郎手提公鸡，按捺鸡头交拜。然后，把公鸡关在洞房中，待新郎捕鱼回来，才把公鸡放出，称为‘公鸡拜’”[①]。在舟山，公鸡颈上还须系一条红布，并加以笼养。

第六，撒谷撒帐。

撒谷是一种在婚礼刚开始进行时，由福寿双全的妇女，手持米斗或簸箕，当中装着许多米和谷豆之类，在门前、新娘的花轿里、新郎家的门前院内等地进行抛撒的仪式。目的是祛邪避煞。高承《事物纪原·撒谷豆》载：“汉世京房之女，适翼奉之子，奉择日迎之。房以其日不吉，以三煞在门故也。三煞者，谓青羊、乌鸡、青牛之神也。凡是三者在门，新人不得入，犯之损尊长及无子。奉以谓不然，妇将至门，但以谷豆与草禳之，则三煞自避，新人可入也。自是以来，凡嫁娶者皆置草于门阃内，下车则撒谷豆；既至，蹙足于侧而入。今以为故事也。”说明此俗的历史非常悠久。

撒帐是一种在婚礼即将结束时所举行的仪式，它在新人拜堂之后，进入洞房里才进行，地点是在新人洞房的床上。所用的东西与撒谷豆有所不同，主要是金钱糖果。据高承《事物纪原》载，撒帐之俗源于汉武帝和李夫人的结婚之创制。据说，“李夫人初至，帝迎入帐中共坐，欢饮之后，预戒宫人遥撒五色同心花果，帝与夫人以衣裾盛之，云得果多，得子多也”。当然这仅仅是一种说法。据黄华节研究，撒帐和撒谷豆习俗可能源于印度或古希腊、罗马，是一种具有世界意义的习俗。[②]

到唐代时，撒帐已不限于同心果之类，开始铸造专门的钱币用于撒帐。吕程玉《言鲭》卷下载，“唐景龙(707—709)中，中宗出降睿宗女荆山公主时，铸撒帐金钱。钱径寸，重六铢，肉好，背面皆有周郭。其形五出，穿亦随之。文曰‘长命守富贵’。每十文系一彩绦。敕近臣及修文馆学士送婚拾钱，皆作却扇诗”。宋代时钱果并用。《东京梦华录》载，男女“对拜毕就床，女向左，男向右坐。妇女以金钱彩果散掷，谓之撒帐”。《梦粱录》也载，男女交拜礼后，“再坐床，礼官经金银盘盛金银钱、彩线、杂果撒帐。”到明代时，撒帐有了明显的变化，那就是撒帐时，祝祷求吉祥成为非常重要的内容，因此，撒帐歌普遍地流行起来。《清平山堂话本·快嘴李翠莲记》记叙张狼与翠莲进入新房后坐床，这时先生拿起五谷念道：

---

① 参见浙江民俗学会编：《浙江风俗简志》有关台州章的内容。

② 黄华节：《撒帐》，《东方杂志》第三十卷第13号。

撒帐东,帘幕深围烛影红,佳气郁葱长不散,画堂日日是春风。
撒帐西,锦带流苏四角垂,揭开便见姮娥面,输却仙郎捉带枝。
撒帐南,好合情怀乐且耽,凉月好风庭户爽,双双绣带佩宜男。
撒帐北,津津一点眉间色,芙蓉帐暖度春宵,月娥苦邀蟾宫客。
撒帐上,交颈鸳鸯成两两,从今好梦叶维熊,行见玭珠来入掌。
撒帐中,一双月里玉芙蓉,恍若今宵遇神女,红云簇拥下巫峰。
撒帐下,见说黄金光照社,今宵吉梦便相随,来岁生男定声价。
撒帐前,沉沉非雾亦非烟,香里金虬相隐映,文箫金遇彩鸾仙。
撒帐后,夫妇和谐长保守,从来夫唱妇相随,莫作河东狮子吼。

撒帐之俗至今保存在民间的婚俗之中。

第七,闹洞房。

婚礼中最热闹也是高潮的部分,则是闹洞房。闹洞房有文闹和武闹两种,当然这仅仅是一种划分,在实际的闹洞房当中,是文闹还是武闹,完全取决于当地原有的习俗和人们的兴之所至。

文闹主要是借助于言语、一些文明的行为,以挑逗或戏谑新人。全国各地文闹的情况比较常见。

武闹则是一种在闹洞房中很出格的行为方式,但大部分都是为习俗所容许的。人们常说越闹越发,是武闹兴盛的一个原因。河南俗语说,“三天不分大小,老公公可以摸摸新娘脚。”在封建社会,脚是女性的第二性征之一,除了丈夫其他人是不可以随便摸的。河南有叫新人脱花衣、罗裙、绣鞋的习俗,因此,即使在大热天结婚,新娘也须穿两套以上衣服,否则,会难以下台。南昌有偷新郎新娘衣服的习俗,于新人睡下之后,偷到衣服时便放鞭炮,然后于第三天,用一条长凳放上新人的衣服,在大街上游行一圈送回,还要讨一桌酒席。山西晋南则有所谓“吃鲜桃”,即让新郎当众吮新娘乳房的闹房习俗,甚至有明房即在新房中当众性交的闹法。

不管是文闹还是武闹,闹洞房习俗都由来久远,非一朝一夕之事。《群书治要》曾引仲长统《昌言》说,“今嫁娶之会,捶杖以督之戏谑,酒醴以趋之情欲,宣淫泆于广众之中,显阴私于族亲之间。污风诡俗,生淫长奸,莫此之甚,不可不断者也。”仲长统是西汉时人,由此证明当时确实存在闹洞房的习俗。这种习俗到了晋时就因为闹得过甚,而成为陋俗了。葛洪说,“俗间有戏妇之法,于稠众之中,亲戚之前,问以丑言,责以慢对,其为鄙黩,不可忍论。或蹙以楚挞,或系脚倒悬,酒客酗蓄,不知限齐,至有伤于流血,踒折支(肢)体者,可叹也。……民间行之日久，莫觉其非。”[①]可见当时闹洞房已有非常出格的行为。

闹洞房历经二千余年而不止，除了人们寻求在婚礼中制造热热闹闹的气氛外，更重要的是民间相信，闹洞房可以带来家庭和子孙的兴旺，可以带来多子的事实。诚如河南的一首在闹洞房时脱新娘的绣鞋时唱的歌中表达的：

新娘绣鞋小姑脱，隔墙擦，儿女多，
门里走不下，墙上扒成豁，
床上睡不下，地上打成窝。

如此能带来子孙兴旺的好事，出格一点又何妨？为了子孙后代，人们在求子的庙会上不照样允许野合吗？结婚已经实际上带来了生育后代的事实，若能再给这种生育后代增添动力，人们又何乐而不为呢？所以说，子孙兴旺发达的心理，不仅保证了闹洞房习俗的长期保存，也促使它不断翻新，容忍它胡闹非为，毕竟无后为大的观念，在人们的生活中超越了一切需要，成为至高无上的追求。

(三)种类繁多的婚姻形态

在中国的历史上和现实存在中，几乎囊括了人类发展过程中曾经存在过的所有不同的婚姻形式，这些婚姻形式的许多种类，至今仍然还存在于中国的各个地域和不同的民族中。它们不仅为我们的婚俗文化研究提供丰富的材料，也证明了我们婚姻文化的斑斓色彩；从中还可以使我们透过婚俗文化，理解生活的多彩和人们选择不同婚姻形态，纯然是出于自己的生存需要。

1. 抢婚。

抢婚也称抢亲，学术上又叫“劫夺婚”或“掠夺婚”。抢婚是人类婚姻发展史中历史最悠久的形式之一，在史前极其盛行。《周易·爻辞·屯》“上六”说，“乘马班如，泣血涟如，匪寇，婚媾。”开始是动真格的抢，用武力或战争去抢女人。后来则逐渐用聘金代替，抢婚成了一种仪式，成了一种习俗认同的特殊情况下可以采取的婚制。

抢婚不仅在汉族中的许多地方存在，在一些少数民族中也有遗存。如侗族有“抢新娘”的习俗，苗族有“偷婚”，傣族、藏族、阿昌族、布依族、彝族等许多民族都保存着抢婚习俗。

抢婚究竟在多大意义上真正蕴含着古代的或原始的风貌，我们现在已经很

① 《抱朴子·疾谬篇》。

难推定。然而，至今仍在许多民族间流行的事实，可以说明，抢婚是一种具有一定普遍性的婚制。这种要么是真抢，要么是假抢的方式，除了男大当婚的紧迫感之外，女方的长相，尤其是对于难以支付聘金的现实，是采取目前仍在实行的抢婚这一方式的主要原因。习俗所能容忍的范畴基本上就囿于男女之间本来就有感情或门当户对，也说明抢婚在很大意义上是对于社会盛行高聘金等不良习俗义项的抗争和变异。因此，对于抢婚的描述和研究，也应该将它与利用权力等特殊形式的强占民女行为加以区别。

2.表亲婚。

表亲婚也称中表婚、姑表婚或姑舅亲，是血缘婚和亚血缘婚姻关系的一种残留形式。表亲婚主要表现为兄弟与姐妹及姐妹与姐妹之间的子女相互结成夫妇关系，俗称亲上加亲。

表亲婚的历史非常悠久。《尔雅·释亲》说，父之姊妹为姑，母之昆弟为舅。而同时妻子称公婆也为舅姑，朱庆馀《近试上张水部》诗："洞房昨夜停红烛，待晓堂前拜舅姑"即是。丈夫称岳父母同样也为舅姑，《礼记·坊记》曰："昏（婚）礼，婿亲迎，见于舅姑，舅姑承子以授婿。"承意为进，子即是女儿。可知在很早的时候，夫妻就共称各自的父母为舅姑的。后来，丈夫为了与妻子在对公婆的称谓上有所区别，则称岳父岳母为外舅外姑。《尔雅·释亲》中说，妻之父为外舅，妻之母为外姑。《称谓录》卷七引汪尧峰曰："男子谓妻父曰外舅，母曰外姑。盖彼以我父为舅，我亦从而舅之；惧其同于母党也，故别曰外舅。彼以我母为姑，我亦从而姑之；惧其同于父党也，故别曰外姑。"意思是为了区别夫妻在称谓上的同一性，而特别在丈夫对岳父母的称谓前加上一个外字以示不同。其实，父母兄弟姐妹之间的子女称谓之所以和各自子女间夫妻对公婆和岳父母的称谓相同，是因为在历史上曾一度非常盛行兄弟与姐妹之间的子女互为婚配。当舅舅的儿子娶了姑姑的女儿时，外甥也即是婿，岳母也即是姑。反之，当姑姑的儿子娶了舅舅的女儿时，外甥女也即是媳，岳父也即是舅。这种兄弟与姐妹子女之间的长期互为婚配就造成了甥就是婿，舅即是岳父，外甥女就是媳，姑即是岳母的现实，中表长期互为婚姻，舅姑当然也就是公婆了。周代对于异姓缔结婚姻关系的诸侯国称为甥舅之国，也是基于世俗间中表互为婚姻的一种表达。所以说，从公婆也称姑舅，可以看出，在古代曾长期盛行血缘极近的兄弟与姐妹或姐妹与姐妹之间的子女互为婚姻的现实。

表亲婚由于是亲上加亲，可以加强姻亲之间的社会、政治、经济联系而在士庶之中广泛实行。汉武帝的金屋藏娇，讲的即是汉武帝娶他姑母长公主的女儿阿娇为皇后的事，陆游与唐婉的婚姻也是表亲婚。

表亲婚几乎在所有的少数民族中都存在。景颇族有一种血不倒流的单向表亲婚，即舅家的女儿永远是姑家儿子的媳妇。傈僳族则正好相反，姑家的女儿必须嫁给舅家的儿子，除非舅家无子或不要，他们称这种表亲婚为“还娘种”。

婚姻法禁止表亲婚，但至今仍不时见诸报道，说明表亲婚还具有一定的生存的习俗土壤。

3.转房婚。

转房婚，俗叫叔接嫂（兄终弟及婚），学术上也叫收继婚、逆缘婚，是共夫共妻的残余形式。它的最典型的方式是兄亡嫂子转嫁给弟弟，姐死妹妹续嫁姐夫，父死其妻妾（生母除外）继嫁给儿子，连及兄弟叔伯之妻全可在家族内转嫁。

转房婚是一种历史悠久且具有世界性意义的婚俗。《旧约全书·申命记》载：“弟兄同居，若死了一个没有儿子，死人的妻不可出嫁外人。他丈夫的兄弟当尽弟兄的本分，娶他为妻，与他同房。妇人生的长子必归死兄的名下，免得他的名在以色列涂抹了。”表明转房婚是一种为世俗所认可的婚制，主要目的是为了长房的血脉不至断绝。在中国，转房婚很早的时候便被史家所记载了。《史记·匈奴列传》载，“父死，妻其后母；兄弟死，皆取其妻妻之。”大家都非常熟悉的王昭君出塞，讲的便是王昭君为汉朝和亲远嫁匈奴呼韩邪单于之事。呼韩邪单于死后，其子继立，她顺从匈奴之俗，继嫁单于之子。这是一种父死妻其后母的形式。

在转房婚中，转嫁的形式多种多样。其中，最普遍盛行的是兄亡弟娶寡嫂。《后汉书·东夷传》载，“兄死妻嫂”。《后汉书·乌桓列传》也说：“其俗，妻后母，报寡嫂。”《隋书·突厥传》同样记载了他们的“父兄死，子弟妻其群母及嫂”的事实。一个非常著名的事例是，舜的弟弟象之所以谋杀自己的哥哥，就是因为世俗不会追究他娶舜的妻子。《史记·五帝本纪》载：“后瞽叟又使舜穿井，舜穿井为匿空旁出。舜既入井，瞽与象共下土实井，舜从匿空出，去。瞽叟、象喜，以舜为已死。象曰：‘本谋者象。’象与父母分，于是曰：‘舜妻尧二女与琴，象取之，牛羊仓廪与父母。’象乃止舜宫居，鼓其琴。舜往见之，象鄂不怿。”有的研究者就曾直截了当地说，它是兄终弟及婚的表达方式，因为“象和瞽叟，传说中是一对不明礼教的混蛋，可是尧圣人的二女怎么也没有反抗呢？这件事，实不能不怀疑是兄终弟及婚作背景而造出的谣言。”[①]如其言不谬，则在中国历史上很古老时期便已经存在这样的婚俗。后来由于历史的进化或者是统治者的反对，在汉民族的现实当中被渐渐淡化，但在少数民族中仍然得到完整地保存。前举匈奴、东夷、突厥等都实行转房婚，除此之外，在汉唐时代的党项、白兰、鲜卑、

① 刘兴唐：《兄终弟及婚》，《东方杂志》，第三十三卷第21号。

乌孙等也行转房婚。元代的蒙古人转房婚也非常盛行,除了妻寡嫂的习俗外,也有收继婶母的。“太祖女剌别吉,封赵国大长公主,始适汪古部长子不颜昔班,改适其兄子镇国,再遭赵王孛要合,太祖征西域,公主留汉南,号监国公主。”①蒙古是匈奴的后裔,实行转房婚当是习俗传承的结果。与兄终弟及相似的是,蒙古族也曾实行妻姐妹婚俗。“太宗孙女卜鲁罕封高昌公主,适高昌纽林的斤,卒,以其妹八卜叉公主为继室。”②则是姐姐去世后,妹妹续嫁给姐夫的标准方式。

转房婚在满族、门巴族、羌族、哈尼族、景颇族、怒族、苗族、哈萨克族、壮族和黎族等许多民族中都有存在。

转房婚在很大程度上与财产观念和民间继替制度密不可分。首先,妻子作为家庭或家族的财产而存在,因此,当她的直接拥有者——丈夫去世后,家庭和家族就有权进行处置,将她的所有权转让给家庭或家族中的其他男性成员。其次,在家庭或家族中转嫁,可以避免因寡妇改嫁而可能带走嫁妆等财产的情况出现,并给家庭或家族成员在娶妻方面节省一笔聘金支出。再次,有利于死者子女的抚育,同时给死者接续血缘后代提供方便。

但是,转房婚从根本上剥夺了妇女作为“人”这一本质内蕴,而将她归入了“物”的行列,否认了她有独立人格和自主选择自己生活或伴侣的权力。虽然有的民族在作出转房再嫁时需要得到妇女本人的认可,那也不过是提供她选择的一种方式而已,从习俗的本质上却认同转房婚。所以,无论从什么角度以什么理由去为转房婚辩护,都不能说明它的存在具有合理性。当然,如果是妇女本人自主作出的选择,她愿意在丈夫的亲属中挑选自己的伴侣并且男方也并不反对,这种行为与现行的《婚姻法》也并不相悖。

4. 入赘婚。

入赘婚也称招养婚,实行女不出嫁招赘男性成员入女家,以从妻居的方式结成婚姻的形式。入赘婚深受继续香火、承接宗祧观念的影响,主要是独养女或只有女孩没有男性后代的家庭实行入赘婚。对于男方来说,往往也是因家贫无力支付高额聘金,难以娶亲所采取的一种变通的方法。

入赘婚具有悠久的历史。早在秦汉时便规定:“家富子壮则出分,家贫子壮则出赘。”③赘,原意为抵押。《说文》释云:“以物质钱,从敖贝。敖者犹放,谓贝当复取之。”赘婚就是以子相抵押。也就是说,将自己的儿子出押给别人为婿。

---

① 《新元史》卷一〇四。

② 《新元史》列传第一。

③ 《汉书·贾谊传》。

应劭说："出作赘婿也。"颜师古注曰："赘，质也，家贫者，无有聘财，以身为质也。"其意是说，男子出赘于女家，就像抵押的人质，因此地位低下。所以，往往只行于家贫无力聘娶者。秦法"家贫子壮则出赘"也一直盛行于汉代，故汉朝时赘婚者并不少见，但地位都非常低下。《汉书·贡禹传》载："孝文皇帝时，贵廉洁，贱贪污，贾人、赘婿及吏坐赃者，皆禁锢不得为吏。"将赘婿与商人、犯罪的官员相提并论，这种情况一直到唐时也都存在。唐代视赘婿为"疣赘"，对于因趋势而入赘女家的人，从内心瞧不起。宋代时在民间入赘婚非常盛行，其地位大约起了一些变化，入赘的目的被强调为传宗接代，承续宗祧。有的入赘婚同时也是为了补充因只有女儿而缺乏劳动力的现实，给生存提供帮助。这种入赘的习俗在当时的湖北、湖南等地非常流行，《宋史·刘清之传》载："鄂俗计利而尚鬼，家贫子壮则出赘，习以为然。"范正明《岳阳风土记》也说："湖湘之民，生男往往作赘，生女反招婿舍居。"男人也是愿意到女家为其承门顶户，不惮劳苦，从无怨悔，可见这是习俗的作用。由于习俗风行，入赘成为一种正常的婚俗，除了一些卫道者认为男子在父母在世时就离开家庭去就婚姻是不孝的行为外，民间的习俗已完全给予了认同。

5.服役婚。

服役婚也叫服务婚，是买卖婚姻的一种异化形式。它指男子到女方家中劳动从而换取结婚的允诺，其意义等于男子以劳动补偿女方家庭损失劳动力的价值。一般的情况下，服役婚在男方无法支付大笔聘金时，用劳动作聘金的抵押。也有这种现象，就是女方家庭的男性后代年幼而父母又年老体弱，若女儿出嫁将影响到家人生存，因而实行服役婚，要求男子先入赘女家，待其男性后代长大成人，再完成整个婚礼。后者除了含有买卖婚的因素外，扶持女方家庭的生存，是非常重要的原因。

服役婚是一种鉴于习俗规定的婚俗，不仅有媒人，有双方父母同意和当事人的认可，而且，在缔结婚姻时便根据习俗，明确服役的期限，举行仪式，正式开始服役婚过程。服役婚由来已久，《汉书》中就有"婿随妻还家，为妻家仆役，一二年间，妻家乃厚遣送女"的记载，表明在很早的时候，服役婚就已经存在。目前在汉族的许多地方实行的短期入赘式婚姻，往往在妻舅长大成人后，就携妻儿回到男方家中的习俗，其实就是服役婚的一种变异形式。

6.童养婚。

童养婚是一种女方在幼年时即被男家收养，长大后再成婚的特殊婚俗。由于女方在很小的时候就离开自己的家到男方家中生活，所以，不仅没有正式人格，而且还要深受男方家庭成员的指使和虐待。流传在金华一带的一首《童养媳》民歌这样唱道：

童养媳，吃饭汤，饿得肚里叽哩呱，
偷碗白米熬粥汤。
公看见，公来打，
婆看见，婆来骂，丈夫看见抓头发，
姑娘（小姑）看见叽叽喳。
白天干活到半夜，
半夜还要磨三箩麦。

童养媳也叫“养媳妇”，北方称为“小媳妇”，台湾称“媳妇仔”。童养媳源于何时，由于没有确切的史料记载，现在已经很难考定。有人说是秦汉以来帝王预选幼女入宫的方式形成了后来的童养媳习俗。[①] 但在三国时的东沃沮国，即有在女孩长到十来岁时就接到男方长养为媳的习俗。[②] 童养媳之俗在宋代时出现于政府的刑律处罚的讨论之中，《宋史·杜纮传》载：“民间有女，许嫁未行，而养于婿氏。婿氏杀以诬人，吏当如昏法。纮曰：‘礼，妇三月而庙见，未庙见而死，则归葬于家，示未成妇也。’”但见出当时已有养妇即童养媳之俗。元代时明确规定，童养媳不得转配其奴或转嫁，否则将追究法律责任。《元史·刑法志》载，“诸转嫁已归未成婚男妇者，杖六十七，妇归宗，聘财没官。……诸以童养未成婚男妇，转嫁其奴者，笞五十七，妇归宗，不追聘财。”可见童养婚是受到法律保护的一种当时盛行的婚俗。清代时，童养婚在全国各地都非常普遍，闽粤一带尤盛。陈鹏先生指出，“清时闽粤一带养媳之风颇盛，民家子初生，或数岁，即抱养童媳。黄遵宪山歌云：‘嫁郎已嫁十三年，今日梳头侬自怜，记得初来同食乳，同在阿婆怀里眠。’又已亥题诗云：‘反哺难期妇乳姑，系缨竟占女从姑，双双锦褓鸳鸯小，绝好朱陈嫁娶图。’自注云：‘多童养媳，有弥月即抱去，食其姑乳者。’（人境庐诗）更有子未生而先抱养子媳以待者，俗称‘等郎媳’”[③]。

童养媳大都出于家贫，子女太多，无法给予抚养，致使女儿在幼年时便被人家领养；而对于男家来说，一般也并非富有之户，大都自认家贫，若不是从小领养穷苦家女儿，待其成人将难以出资聘娶。

童养婚究竟是一种什么性质的婚姻形式，目前尚无定论。因为它与买卖婚，与交换婚或与服役婚、入赘婚等都有很大区别。有人认为，童养婚是一种具有很大剥削性的婚姻形式，主要是指它支使童养媳做各种家务或农活。然而，

① 胡申生主编：《社会风俗三百题》，上海古籍出版社 1992 年版，第 228 页。
② 《三国志·魏书·东夷传》。
③ 陈鹏：《中国婚姻史稿》，中华书局 1990 年版，第 766 页。

对于穷苦人家的子女来说，即使在自己家中也仍然需要做各种繁重的活儿。何况要活下去，就必须从事劳动，不管你是童养媳还是自家儿子，都一样。所以，认为童养婚是出于剥削的需要，显然是并不很恰当的。我以为，童养婚仅仅是一种适应贫苦家庭而产生的特殊婚制，主要目的是为了满足那些双方家贫无法正常婚嫁的家庭，从而躲避世俗的聘金习惯，保证正常的生存，有其合理性的一面。至于富家也行童养婚，那仅仅是对童养婚的一种利用，并不是主流一面。

7. 指腹婚。

指腹婚是一种由双方父母在孕期就决定的婚俗。一般情况下是父母一方的朋友或亲属，恰好对方妻子都在孕期，便指腹为婚，商定待对方生下的子女恰为一男一女时，则结为夫妻。指腹婚也叫“胎婚”“指腹联姻”或“指腹裁襟”。

指腹婚绝对剥夺了男女双方当事人对自己生活伴侣的选择权利，给当事人的婚姻造成不谐和痛苦。同时，由于家庭条件在订婚后的变化，常常造成另一方的翻悔，给婚姻缔结带来许多麻烦。所以，是一种需要禁绝的婚俗形式。

在历史上，还存在一种叫“娃娃亲”的婚俗，它是指腹婚的异化形式。娃娃亲有两种表现方式，一种是男女双方都在年幼时即订婚或举行正式婚礼，结成夫妻关系；另一种是年幼的儿子娶年长的姑娘为媳妇，后者也叫“小女婿”或“小丈夫”。

“娃娃亲”最主要的表达方式是“小丈夫”或“小女婿”，这种习俗在北方比较盛行。《清稗类钞·婚姻类》载：“燕、赵之间，居民家道小康者，生子三五龄，辄为娶及笄之女。家贫子多者，辄利其聘赀，从俗遣嫁焉。女至男家，先以父母礼见翁姑，以弟呼其婿，一切井臼、烹调、缝纫之事，悉肩任之。夜则抚婿而眠，昼则为之著衣，为之饲食，如保姆然。子长成，乃合卺。”其实在江浙一带，这种娃娃亲形式的婚俗在新中国成立前也非常普遍，在杭州、金华等地称“等郎媳”。1956年出版的《浙江民间歌谣散辑》选有余姚的《小女婿》歌，它与河南卫辉的民歌完全一致，传唱女大男小婚姻的危害及无奈：

> 廿岁大姐十岁郎，夜夜困觉抱上床；
> 说他夫来年太小，说他儿来不喊娘；
> 等到郎大姐已老，等到花开叶又黄。

指腹婚及其异化形式“娃娃亲”，是中国传统婚俗中“媒妁之言，父母之命”的极端表达方式，从中可以见出父母在儿女婚姻中所扮演的是绝对主宰者的角色。正是这种不容婚姻当事人选择的婚俗，给历史上许多婚姻个体造成悲剧性结局，给人生带来痛苦。

8. 共妻婚。

共妻婚是一种一妻多夫的婚姻形式，旧时它主要流行于藏族、门巴族、景颇族、纳西族等少数民族之中。这种婚俗在越南的色登人、斯里兰卡及印度的部分女性稀少地区和库纲族系的印第安人中都有存在。

一妻多夫有几种形式，如兄弟共妻、朋友共妻、邻里共妻，甚至也有父子共妻、叔侄共妻等。共妻制是一种习俗所认同的婚俗，名义上有主夫，实际上主夫除了子女分配的长子或长女优先归属权之外，更无其他特权。

共妻婚在藏族发育的比较完善，最普遍的形式是兄弟共妻。传统的观念认为，一母所生，生长在一起，永不分离是家庭的幸事。藏族缔结婚姻还极讲究等级门户，贵族和差巴（有正式户籍的农奴阶层）为了保持自己身份地位，不仅在同一阶层中缔结婚姻，而且贵族们为了世袭的家业、官爵、权势不被分散，兄弟必须共有一妻，实行一妻多夫制。其所生的子女，都称大哥为阿爸，弟弟则为“阿枯”（叔叔）。差巴家庭共妻的现象也非常普遍，有兄弟二人，也有三人，甚至四人共妻的。娶亲由长兄出面，兄弟不断加盟，并轮流与妻子同居。生下的第一个孩子归长兄名下，第二个孩子归弟弟名下，依次类推或对分。他们认为，兄弟共妻不仅能支付领主的差役，而且是家庭幸福和谐的象征。

藏族还有一种共妻形式，就是邻里或朋友共妻。这种情况常常发生于男主人外出，家中缺乏劳动力，便与邻里或外来的友人形成共妻。后来者只能做副丈夫，所生子女也以加盟次序为归属序列。若不满意，也可退出共妻。[①]

共妻制属于多偶婚，起源历史极为古老。但是，在新中国成立前存在的共妻制，则大都源于特殊的生产方式、生存方式和其他婚姻残余的影响，甚至也有某种性比例失调等原因。藏族的共妻制除为了维护家族利益外，减少税役和艰难的放牧生活及性别比例失调等，都是非常重要的原因。而俄亚纳西族的共妻制，除了生产力低下之外，宗教的容忍与提倡，长期来习俗无形的影响，特别是安达制的盛行，为共妻制的存在提供了足够的条件和保证。

9. 试验婚。

试验婚是采取在正式结婚前男女同居以确定自己伴侣的婚俗。这种同居，是男女之间恋爱之后，根据习俗规范经过一些具体礼仪而进行的，目的是选择自己的终身配偶。试验婚期间，男女任何一方，若觉得对方不适合自己，都有权终止这种婚俗，另选结婚对象。

婚前同居，合得来则结婚，合不来则分手的方式。在现代的欧美等发达国家非常盛行，进入 20 世纪 80 年代后期，我国的城镇和 90 年代在农村中也开始

---

① 严汝娴主编：《中国少数民族婚姻家庭》，中国妇女出版社 1986 年版，第 199—200 页。

流行起来。但这种试验婚往往都是作为男女个性解放的范例、作为个人婚姻权力的优选存在的，因此，与习俗规范的试验婚相比，具有更大的隐蔽性和个体性。而试验婚则不仅是男女当事人双方的事情，同时也是家庭、氏族的事情，既有仪式也有责任，且是公开的。

试验婚大约是对偶婚这种不稳定的男女关系到一夫一妻制专偶制过渡时期遗存下来的一种婚俗，因此，它往往存在于婚前男女之间都具有较大选择自由度的民族之中，有公房式串姑娘等公开的习俗支持试验婚的合法和有程序地进行。在这些民族中，婚前的性行为并不受到习俗的反对，甚至是被提倡的。但在婚后，则受到严肃的规范，不许越雷池一步。这种明显区别的道德伦理规范可以说明，它们确实是对偶婚向专偶婚过渡的遗存。

10.典妻婚。

典妻婚是一种丈夫将妻子作为物件客体公开标价典租与他人的婚俗。它与买卖婚否定妇女应有的人格是一致的，是旧时婚姻制度和习俗畸形发展的结果。旧时，在江南的许多地区，典妻婚被习俗所认同，也形成了女子为家庭生存或利益而自愿出典的现象，表现出典妻婚在社会学方面的多重原因。

不过，典妻婚大都是出于家庭经济贫困，难以维持生存，只得被迫出典妻子以解暂时之需；承典一方则多是家庭殷实，但因结婚多年，又无子嗣且不愿纳妾者。因此，承典的目的，非常明确就是为了租妻生子，传宗接代。

典妻婚是买卖婚姻的一种变异形式，主要目的是为了子嗣，不断后，有男性承宗祧，即有自己血缘关系的人继承财产。1949 年之后，此婚俗已基本绝迹，但暗中实行“借妻生子”者仍屡见报道，1987 年有人在浙江平阳、永嘉等地还了解到山区有因生活贫困而典妻的现象，期限 10 年，典价 600 元人民币。[①]

由于“借妻生子”的现象时有发生，1986 年 9 月到 1987 年 10 月有人曾在北京做了一个相关内容的调查，从这个调查可以看出，排除中立者(未回答者)，同意或有前提条件才同意“借妻”或“借种”的人，女性为 95 人，占 62.1%，男性为 86 人，占 42.2%，总计为 181 人，占 50.7%。若中立有一半也倾向于借妻或借种，则拥有此种行为或观念的人将达 57.4%，它说明“借妻生子”之类典妻的异化形式，在“不孝”“无后”等观念的支配下，仍然具有广泛的基础，[②]这不能不说明传统的传宗接代观念在中国人中仍有深远影响，它也是现代中国人对于性、对于婚姻的一种悲哀。

---

① 福建民俗学会编：《闽台婚俗》，厦门大学出版社 1991 年版，第 5 页。

② 李小江主编：《华夏女性之谜：中国妇女研究论集》，三联书店 1990 年版，第 288—299 页。

11. 不落夫家。

不落夫家是一种在结婚后妻子不立即与丈夫开始共同生活，而是在婚后回到娘家，待到生子或一定年限后，才最终完成与丈夫同居的婚姻形式，也称“坐家”或“坐娘家”。不落夫家的习俗流行于部分汉族和一些少数民族之中，是一种较为特殊的婚俗习惯。

福建惠安县惠东汉族的长住娘家和壮族、布依族等民族中的不落夫家，都具有典型性。

不落夫家的婚俗有人认为形成于母系制向父系制过渡时期，是一种上古传承下来的遗俗，是从妻居习俗不愿断然退出历史舞台的遗存。但从目前可知的材料来看，不落夫家的习俗往往是对于结婚过早的一种纠误，在形态上表现出极强的时间限制，因为对于任何一位不落夫家的新娘来说，都不能无限期地推迟到夫家落户长住，到 25 岁至迟到 30 岁，必须完成长住夫家的过程。所以，从夫居是不容怀疑的。

12. 阿注婚。

阿注婚是一种自由选择伴侣以建立暂时或较稳定的性关系的对偶婚制。阿注是纳西语，意为“朋友”。它的表达形式是建立阿注婚姻的男女双方，各属于不同的家庭，在阿注婚延续期间，男的夜间到女方家中住宿，第二天回到自己的家庭劳动生活。这是一种在经济上没有任何联系的对偶婚制，因为彼此互称“阿注”，故叫阿注婚。

阿注婚的形式在永宁纳西族、普米族等民族中都存在，以永宁纳西族的阿注婚发育得最成熟，也最著名。在永宁纳西族中，阿注婚是最普遍的一种婚姻形式，据对永宁中心区的忠实、开坪、八株、温泉、拖支、洛水 6 个乡 28 个村落的调查，在 388 户 1749 名 18 岁以上的成年男女中，实行阿注婚姻的男女 1285 人，占成年男女总人数的 73.4%；“阿注同居”的男女 182 人，占 10.05%；“正式结婚”的男女 168 人，占 9.6%；已达婚龄，因生理缺陷等无性生活的男女 114 人，占 6.5%[①]，可见，阿注婚在永宁纳西族中占有绝对的地位。

阿注婚是典型的对偶婚制，在永宁纳西族和普米族中具有普遍性，在他们那儿各种婚姻形式共存，我们可以非常清楚地看到它们似乎是按照这样的过程发展的：族内婚——阿注婚——专偶婚。在阿注婚阶段，选择性伴侣的条件更多的是考虑个人的情感、形貌，诚如恩格斯所说的，“不言而喻，体态的美丽、亲密的交往、融洽的旨趣等等，曾经引起异性间的性交欲望，因此，同谁发生这种

---

① 詹永绪等：《永宁纳西族的阿注婚姻和母系家庭》，上海人民出版社 1980 年版，第 51 页。

最亲密的关系，无论对男子还是女子都不是完全无关紧要的”[①]。然而，这种以个人喜好等为前提的婚姻形态，是否在所有的婚姻发展阶段都曾存在，还是值得质疑的。阿注婚从目前的资料来看，仍然是一种独特的婚俗。

13.冥婚。

冥婚就是当事男女双方死后结成婚姻的习俗，其最终表达方式是合葬。冥即阴界，死人所生活的空间，因此，冥婚也称“阴配”“幽婚”或“鬼婚”，民间也有称“结鬼亲”或“嫁死人”的。

冥婚的历史极其悠久。《周礼・地官・媒氏》曰：“禁迁葬与嫁殇者。”郑玄注曰：“迁葬，谓生时非夫妇，死既葬，迁之，使相从也。殇，十九以下，未嫁而死者。生不能以礼相接，死而合之，是亦乱人伦也。郑司农（众）云：嫁殇者，谓嫁死人也，今时娶会是也。”孔颖达疏云：“迁葬，谓成人鳏寡，生时非夫妇，死乃嫁之。嫁殇者，生年十九已下而死，死乃嫁之。不言殇娶者，举女殇，男可知也。”古人二十而冠，冠而后谓成人，未冠而死，非为成人，故皆曰殇，即夭折也。周礼规定，媒氏代掌民间婚嫁，迁葬与嫁殇都属于“合二姓之好”的变异婚俗，所以，也由媒氏掌管，并厉行禁止。从需要查禁的情况来看，当时一定非常盛行。

旧时，冥婚在浙江的大部分地方都存在。形式有抱主成亲、望门守寡、合葬等。在宁波，“冥婚有三种情况：一是双方定亲后，忽染时疫，双双暴卒，双方父母商定由童男童女各捧其木主牌拜堂。婚礼毕，举行丧礼，移棺合葬一穴。二是双方生前并无婚约，死后由双方父母央媒撮合，择吉迁棺合葬，结成冥世夫妻。三是定亲后男方病死，新娘与一幼女所捧亡夫之木主拜堂，并与木主共寝”[②]。

冥婚不仅是建立在婚姻的观念基础上，也建立在人们对灵魂信仰的基础上，还建立在墓葬的习俗之上，它是中国人对于灵魂膜拜的外化，说明中国人对鬼神世界抱有相当乐观的态度，它还寄托了父母长辈对不幸夭亡子女的无限哀怜和深切的怀念，是人们丧子失女情感的一种宣泄。由于冥婚是建立在人们的信仰之上的，随着科学的发达，人们对灵魂等认识的深入和淡化，冥婚也必将退出历史舞台而成为历史的陈迹。

四、丧葬礼俗

丧葬礼是人生走向最终归宿的一个最后通过礼仪式，但这个礼仪与其他人生礼仪有着截然的区分，那就是，丧葬礼不是自己能够亲历的。也就是说，人不

---

① 《马克思恩格斯选集》第四卷，人民出版社1972年版，第72页。

② 浙江民俗学会编：《浙江风俗简志》，浙江人民出版社1986年版，第157页。

能自己亲自感受丧礼,它是一种完全他历的礼俗,而且与信仰密切相关联,表现出既是人生的终极归宿,也是人生再生的开始的双重意义。

(一)丧礼源于原始信仰

丧葬,简单地说是处理死者的方式方法。后来,随着历史的发展,丧葬从史前社会的埋葬方式演变为烦琐的丧葬礼仪和丧葬文化。单从字面来看,丧,指的是死了人;葬,则为埋葬,古人所谓的"藏也",即死者的处理方式。因此,丧葬也就是指对死人的一整套埋葬处理方法。这种方法有土葬、火葬、天葬(或风葬)、水葬、悬棺葬等,这些各有特点的葬法,是怎样形成的呢?这是研究丧葬礼俗和丧葬文化者时常要涉及的问题。从各种葬法所表达的共同愿望来看,丧葬的起源与原始人的灵魂和灵魂不死信仰紧密地联系在一起。

人有灵魂是原始人包括许多现代文明人都笃信的一种观念。人们相信,灵魂是人活着的必须依托,英国文化人类学家泰勒把相信人及所有动植物都有灵魂的信仰,称为"万物有灵论"。这种信仰产生的原因,除了原始人所处的生活环境恶劣、险象环生和生产力极为低下,人们对于自身的认识和对于社会、世界的认识极其有限之外,一个最重要的原因是原始人在睡眠时的做梦现象:梦境中可以去打仗、狩猎、劳动、性生活等在白天可能从事的所有事情以及见到活着的人和死去的亲朋好友等"怪异"现象,似乎这是独立于身体而存在的一个另外的"自我"。这个"自我",原始人将它称之为灵魂(中国人称魂或魄,灵魂是西方引进的概念,这里通而用之)。

这种可以独立于身体而存在的灵魂,没有理由相信它会随着肉体的死亡而死亡,因此它永恒存在,祸福人类。恩格斯关于灵魂不死的著名推断,正是由此而来。他认为,"在远古时代,人们还完全不知道自己身体的构造,并且受梦中景象的影响,于是就产生一种观念:他们的思维和感觉不是他们身体的活动,而是一种独特的、寓于这个身体之中而在人死亡时就离开身体的灵魂的活动。从这个时候起,人们不得不思考这种灵魂对外部世界的关系。既然灵魂在人死时离开肉体而继续活着,那么就没有任何理由去设想它本身还会死亡;这样就产生了灵魂不死的观念"①。既然灵魂是不死的,善待死者的肉体便可以使灵魂获得慰藉,从而护佑活着的人。这样,在灵魂和灵魂不死观念的影响下,对死者不是随意遗弃而是妥善地加以处理,原始的丧葬方式便产生了。

我们虽然无法找到人类第一例丧葬方式是否取决于灵魂或灵魂不死观念,

---

① 《马克思恩格斯选集》第四卷,人民出版社1972年版,第219—220页。

但是，从旧石器中晚期，在据今十万年的原始人的丧葬方式中，我们可以体味到浓厚的灵魂和灵魂不死信仰。据考古发现的材料来看，欧洲在旧石器时代中期，例如莫斯特文化、夏朗德型遗址等处，已有了人类有意识的埋葬。虽然这种埋葬显得零星和没有规则，但到旧石器时代晚期，世界各地有意识地埋葬死者，已是普遍的风习。在欧洲除了用石头围葬死者外，还有随葬品和合葬墓。[①] 发现于法国南部加龙河上游图卢兹附近奥瑞纳克山洞而得名的奥瑞纳文化还对死者进行特殊的处理，采用红土将其染色，[②]与发现于北京周口店山顶洞下室里的埋葬方式有相似的地方。北京周口店原始人不仅把尸体埋葬于和居住的上室有别的下室，而且在尸体周围散布赤铁矿的粉末，同时随葬穿孔兽齿、骨管和石珠等饰物。[③] 这种现象表明，人类已感知死者是需要安慰和与生前同样的生活形态的。若不是灵魂或灵魂不死观念使然，则断难出现具有模拟现实需要的丧葬方式。

(二)礼俗交杂的仪式

相对于统治者确定的丧葬礼俗来说，民间丧仪与礼制规定存在一定相容性，也存在一定的相异性。从历史的发展角度去看，礼制性丧仪是对长期以来在民间形成的具有规范性作用丧仪的制度化和固定化，对民俗学者来说，这应该属于常识性问题。但我们研究具体丧仪时，却往往出现这种现象：以礼制丧仪去比照民间丧仪，然后判定谁具有更大的真实性，谁的历史更悠久。在得出结论时，本末倒置地认定，民间丧仪是对礼制丧仪的模仿和抄袭。殊不知，正是读书人这种礼制丧仪先入为主并以之为标准的思维方式，在极大程度上歪曲了历史的本来面貌，使民间丧仪之类的习俗，始终处于礼制丧仪等典籍文化的阴影之中。而事实上，民间丧仪对民间丧葬文化在操作上的影响，要远远大于礼制丧仪，它所覆盖的地域、人口、民族也比礼制丧仪不知要大多少。正是这种在民间广为流行，老百姓在主导习俗不变但在具体处置时随时又可以有所变通的民间丧仪，千百年来一直伴随着广大的民众将自己的亲人送往世界的彼岸，完成信仰的过程。

大家都知道，丧葬与婚姻一样在民间被称为喜事，只是婚姻称红喜事，而丧葬称白喜事。在山东，对于自然老死的人，称“老喜丧”，表达的并不是绝对的悲哀，而是对于亲人将要去往彼岸的喜悦。加上年高老死在家庭和社会中的地位很高，所以丧仪总是很隆重，同时又具有一些必须完成的程序。

---

① 吴汝康：《人类发展史》，科学出版社 1978 年版，第 194 页。

② 《中国大百科全书·考古卷》，中国百科全书出版社 1986 年版，第 24 页。

③ 贾兰坡：《中国大陆上的远古居民》，天津人民出版社 1978 年版。

1.送终初丧。

第一,送终。

自然老死也是一件喜事,所以,在老人病重之后,民间的习俗是尽量尽快通知不在身边的子女,尤其是儿子或嫡长孙,必须到齐。病人弥留之际儿孙辈都守在床前,俗称“送终”。这是非常圆满的事。所以“无人送终”成了民间骂人的话,意谓断子绝孙。

第二,更衣。

在老人去世前要沐浴更衣,去世后要给死者嘴巴塞一口米饭或放一块银圆,叫“满口饭”和“含口钱”。像山东等地在老人去世前要不断地喊叫“爹(或娘)! 您别走啊,别撇下俺不管了!”一直喊到停止呼吸为止,称“叫魂”。[①] 更衣就在这些习俗过程中完成。否则老人光着身子走会感到终生遗憾的。

第三,点引路灯。

老人去世后丧家赶紧用棉纸制作纸灯,蘸上香油,点上一盏又一盏的纸灯,直到大门外,俗称“引路灯”,也叫“随身灯”“长明灯”等。目的是帮助死者到另一个世界报到。因为在民间的想象中,阴间是阴暗不明的。此俗宋明时极为盛行,《金瓶梅》第六回写武大去世后“灵前点起一盏随身灯”。《清平山堂话本·快嘴李翠莲记》也说,“我家公婆又未死,如何点盏随身灯。”《民社北平指南》载,“旧式丧礼,人死更夜,停尸于床,合家举哀,焚纸锞,曰‘领魂纸’。床前燃灯,曰‘引魂灯’”。

第四,停尸。

老人去世后由子女将其尸体移放于专门设置的“尸床”,也称“灵床”上。灵床须放置在中堂或前堂右侧。床头须冲着屋当门。一般情况下,停尸于中堂的后半间,而前半间则立即布置成灵堂,以便作吊唁之用。

第五,招魂。

停尸之后行招魂礼。挂上魂帛、魂幡,幡上串起与死者岁数相等的纸钱,在门前或登上屋顶呼喊招魂。之后将纸马和死者的旧衣物送往宅外,浙江金华一带是送往路口烧掉;山东叫“指路”,金华等地叫“送无常”。

第六,报丧。

人死后民间即迅速请风水先生择定殡葬日期、葬地等等,俗也称“山人批书”。范祖述《杭俗遗风》载,“凡人逝世,先叫阴阳门眷,名为山人批书。批书者,选择入殓之时辰,及月建的呼之宜避者”。民间也有不门眷 ,择日期,于三日后即成殓出殡的。

---

① 叶涛主编,刁统菊等撰稿:《山东民俗》,甘肃人民出版社 2004 年版。

山人批书后即派人到亲友家讣告死讯，叫“报丧”。江浙一带习俗，报丧时报丧者无论晴雨都倒挟一把雨伞，到亲友家后则将伞倒倚门外墙上，亲友一见便知是报告噩耗的，因此，不须寒暄。

2. 入殓成服。

在民间大小殓全称入殓，它不仅是一项最重要的仪式，也是一个过程，由浴尸、入殓、成服、守灵、接三、吊孝等组成，是出殡前必须完成的内容。

第一，浴尸。

这是给死者最后一次洗浴身体，以让死者干干净净到另一个世界去。浴尸不是真正的洗浴，而是一种象征性的行为。有的地方由“棺材头”即收尸抬棺者专门负责，有的则是死者的儿女按序蘸水为死者象征性地擦拭。在江南则盛行买水浴尸，即孝子提水具到河边，后随一人执伞遮盖，孝子投一文钱于水中，然后取水回家给死者沐身。买水浴身的习俗在壮族等许多少数民族中也盛行。

浴尸时民间还行开光仪式，其实是擦洗眼睛，目的是让死者在下辈子不致瞎眼。《满汉礼俗》载，浴尸后，“又拿一碗水，用一块新棉花，蘸这水，将亡人的眼睛擦洗擦洗，叫做开光，这是孝子亲手作的事，别人不管。说是死人若不开光，那下辈子必是瞎子。”

第二，入殓。

浴尸之后是穿寿衣入殓。寿衣必须单数，山东为“五领三腰”即五件上衣，三条裙裤。江浙盛行上七件下五件或上十一件下七件。在浙江磐安县，寿衣必须是明代的式样，所谓“生为清代人，死为明朝鬼”，表达反清的民族意识。[①] 然后落棺入殓。

棺材有事先做好的，称冲喜；也有临时赶做的，后者须加倍付工钱。棺材油漆成黑色或红色，江浙一带棺材有在棺材头书写“福禄寿”合体字或男书“福”女书“寿”，小头书“囍”的习惯。棺材中放枕头脚踏，死者尸体落棺后必须垫实。然后盖上亲友送的寿被，杭州旧俗在死者脸上盖方帕，称盖脸布。

入殓盖棺前浙江武义旧俗，死者所随葬的物品必须由道士抄单诵读，每念一物孝子答有，同时用棒头在棺盖上敲一下，俗称“吩咐落棺材。”盖棺时，若死者为女性，必须有娘家人在场，否则是不能成殓的。棺盖用“子孙钉”，据说能使子孙后代兴旺发达。

第三，成服。

这是一种穿戴孝服的仪式，俗也称“戴孝”。礼俗称五服，但在民间则因地方而有区别。以宁波的丧服为例，“孝子孝孙身穿麻衣，脚着蒲鞋，腰束草绳，头

---

① 浙江民俗学会编：《浙江风俗简志》，浙江人民出版社 1986 年版，第 449 页。

戴三梁冠。孝孙于帽沿上别一圆形红布,表示孝中有吉。侄子戴二梁草冠。方顶男帽表示远亲,圆顶男帽表示嫡亲。女戴孝兜,状如披风,有长有短,女儿媳妇所戴最长"。[①] 具有不同于礼制丧服的鲜明特点。另外,孝子必须用草绳束腰,手拿孝杖,也称哭丧棒,表示自己悲哀过度,必须手持枝杖才能行走。

第四,守灵。

入殓之后停柩守灵。守灵是子女亲属日夜守在灵柩旁的仪式,目的是尽孝道。守灵时,早晚烧纸,朝夕祭奠,女性则除了早中晚三次规定的哀哭外要随着吊丧者不时哀哭。守灵讲究男不剃头,女不梳头,寝苫枕块,啜粥吃素。有亲友来吊,还须伴客陪哭,磕头谢孝,所以十分辛苦。

第五,接三。

俗传死者在死后的第三天要回家与亲人再见上一面,因此,到了这一天,要搭好灵桌,备上奠酒,并供奉饭菜。到了晚上,孝子贤孙在屋外夹道静迎死者亡灵回来,路口堆纸钱烧奠,称"送三"。

另外还有"接煞"的习俗。接煞日由山人按死日的干支推算,由道士念经超度。念毕则撤去灵位,再由道士将死者房间打扫干净,除去凶煞之神和不祥之气。颜之推所谓南朝时"死有归杀(煞),子孙逃窜,莫肯在家;画瓦书符,作诸厌胜"[②],便是"接煞"习俗,说明历史已非常悠久。

第六,吊丧。

吊丧是对死者的吊唁活动,一般在停丧守灵期间举行。吊丧者一般为至亲好友。礼俗规定,吊丧者必须馈赠奠仪,而且不同亲友吊丧的礼数也有区别。儿女亲家奠仪极重,女儿女婿也同样须出大奠仪。《杭俗遗风》载:"除亲友送礼吊奠外,至亲如儿女亲家,又须上饭。礼用素席汤饭、龙香彩烛、五花五神、祭轴、绫匾、绫对、四事。"什么叫龙香彩烛、五花五神、祭轴呢?同书解释说:"龙香者,高三尺许,上有顶,下有座,中立一柱,盘龙一条,装饰人物花卉等,后改香亭一座。彩烛者亦高三尺许,下有座,坐蜡烛鬼一个,头顶彩烛,后改白象一只,象背插彩烛,旁象童一个,后又改用宫装仙女,手擎彩烛。五花五神者,造像生花五盆,像生神五位,长尺半许,暗藏戏文一出,后改八仙并王母寿星。总之愈出愈奇,愈形讲究而已。此系花神店所造,用五色绸绢为之。祭轴呢羽绸缎为之。……匾对以白绫墨字为重。"女儿女婿则须送树灯一架,形状像树,故名。所送树灯越多,则象征家里人丁越兴旺。

亲友前往吊丧除了送奠仪外,还须行礼,一般是平辈鞠躬,晚辈跪拜,并哀

---

① 浙江民俗学会编:《浙江风俗简志》,浙江人民出版社 1986 年版,第 163—164 页。

② 《颜氏家训·风操篇》。

哭一番。死者亲属则在一旁陪哭，并给吊丧者行跪拜礼，称“谢孝”。

吊丧是极其重要的丧仪，若亲友已接到报丧消息而不去吊丧，不仅被视为失礼，也将失去亲情或友谊，从此不相往来。

3. 出殡安葬。

出殡俗也称“出丧”或“出灵”。出殡安葬是指将死者送往墓地的过程。由于前述所有礼俗活动都将集中在出殡安葬这最后仪式中，所以，出殡安葬是民间丧仪中极其讲究和隆重的义项。

第一，择出殡日期。

选择出殡日期一般都由阴阳先生决定，北京叫“书榜书”，山东叫“开殃榜”，这大致都是较富裕的人家。贫穷者往往于三日后出殡，不须另行选择出殡日期。出殡前丧家必须备好纸钱如金银山、摇钱树、聚宝盆、童男童女及车马轿等纸器，以备出殡时用。

第二，出殡用乐。

出殡用乐是将丧礼作为白喜事的重要标志。在浙江金华一带，“出丧前夕，亲眷集齐，举行祭奠仪礼，俗称‘排祭’。祭品丰盛，设三牲，轮批祭奠，从嫡至旁，配以鼓乐丝弦，男拜，吹唢呐，女拜，配丝竹”。① 山东也同样如此，“出殡的乐队一大早就来到丧家，吹奏粗细乐曲，谓之‘闹丧’。有的请两班吹鼓手，在门左右分别吹奏，谓之‘对棚’。对棚带有竞赛性质，以围观人的多少为胜负，因此双方都格外卖力，除乐曲外，还加‘大雷拉戏’或者戏曲清唱，令人应接不暇。吊唁的人来到门口，乐队要鸣打击乐报告，然后奏细乐送进灵棚”②。完全是一派“喜庆热闹”的气象，表明民间对于出丧抱有乐观的态度。

第三，启灵送丧。

棺材一般由 4 人或 8 人抬，也有 16 人、32 人，甚至 64 人抬的。在棺材被抬送上山前，有一个启灵的仪式，一般是孝子、媳妇在棺材边手拉手顺倒各走三圈，然后由阴阳先生敲碎碗盆，司仪或阴阳先生确定起杠吉时，孝子和死者亲属放声大哭，由抬棺者起棺运送上山。

送丧者由孝子和亲友等组成，加上仪仗鼓乐，极其排场风光。所以送丧往往成为生者比阔斗富、竞相豪奢、铺张浪费的最好场所，常常引得沿途围观，并成为子孙是否行孝道的标志。人们即使竭家倾产，也决不能矮于别家，使送丧出殡不仅是出殡，而是“迎神赛会”。顾颉刚先生曾开过出殡导子（仪式）的细目共 80 项，可见若在街上行进是一种何等壮观的场面！但这样的出殡导子，在当

---

① 浙江民俗学会编：《浙江风俗简志》，浙江人民出版社 1986 年版，第 452 页。

② 叶涛主编，刁统菊等撰稿：《山东民俗》，甘肃人民出版社 2004 年版，第 213 页。

时还仅属中等水平。

送丧除了热闹、风光、排场，队伍的次序也是极其重要的。东北是先孝子，后女儿，再灵柩，再鼓乐队，最后是送丧的亲友。山东是开路神、狮豹、执事，再是仪仗中的铭旌、挽联、纸活、乐队、像亭、送殡者、丧主，最后是灵柩。而浙江武义等地的送丧次序是“开路先锋”佛（即方相）、孝子、魂幡、大锣队、纸仪仗、灵轿、灵柩，最后是送丧亲友。

第四，埋葬。

埋葬是出殡安葬的最后仪式。过去大都有家族或村社墓地供家族成员或村社成员掩埋，有钱者则选择所谓的风水宝地予以安葬。

墓穴称“圹”，入葬前要先烧火以“暖圹”，在圹底放上砖写的“地契”，然后敲锣将棺材放进圹内，亲友则号啕大哭以示告别。然后掩土起坟，坟头插孝杖和魂幡。结束安葬礼仪。

第五，答谢亲友和助丧者。

这是一种既充满了答谢又充满了白喜事氛围的仪礼。亲友和助丧者在完成丧葬之后，丧家设宴请众人吃饭，山东叫“抢遗饭”，浙江武义叫“白喜酒”，前者“遗饭”以豆腐、面条为主，后者的白喜酒以豆腐、青菜、咸菜为主，若用肉，必须白切，且是大块，叫“大肉”。苏州、上海等地则叫“豆腐羹”饭。

4.做七祭祀。

这是在丧葬完成后主要为了超度或怀念死者而举行的仪式。

做七也叫“斋七”或“七七追荐”，俗称“水陆道场”，是民间办丧事时举行的超度亡灵的法会。做七之俗源于佛教信徒，在南北朝时即已开始流行。《北史·胡国珍传》载，“国珍年号笃老，而雅敬佛法。”及薨，“诏自始薨至七七，皆为设千人斋，斋令七人出家，百日设万人斋，二七人出家”。唐宋之后，虽为官方和士人所反对，却在民间大盛，成为丧俗中超荐死者灵魂不可或缺的仪式。有钱者举行盛大的水陆法会，大做水陆道场，但在民间，做七大致以家庭祭奠为主。他们从死者去世之日起，每七天举行烧纸祭祀仪式，所以也叫“烧七”。这是对佛道斋会仪式的简化。俗谓人死后阴魂每七天要过一关，共七大关，所以，每到一关时，家人要烧纸祭祀，助其过关。满七后至百日则有百日祭，周年时则举行周年祭，怀念自己的亲人，并将此作为“忌日”。有些地方在死者去世三周年时也行烧三周年礼，从此以后则不再举行特别的祭祀仪式，和其他祖宗一样，仅仅在逢年过节时受子孙们的祭拜。

（三）丰富多样的葬法

源远流长的丧葬历史，由于不同时期、不同的信仰和不同的地理条件，在整个中华大地上形成了形式多样、内容相异的葬法。这些葬法伴随不同时期、不同族系的民众，完成自己理想中对亲人尸体的安置，使死者的灵魂在信仰和人们的期待中，在人类建构的另一个世界有序地生活，从而使人类社会与死者的社会相安无事，和谐共存。

每一种葬法都代表一种信仰，寄托了人们对死者的期待。在历史上，除了本土生长的葬法，也有受外来文化影响而兴盛的葬法，它们共同构成了一个复杂的安葬体系，反映出生活原本就是千姿百态和美好的。

1. 土葬。

土葬是历史最悠久的一种葬法，除汉族外，我国的回族、畲族，古代的匈奴等也都多以土葬为主。土葬的最主要表现形式是制作坑穴，将尸体掩埋，故也叫“埋葬”。在人类尸体处置的方式方法中，土葬在整个世界都占有主导地位，是一种人类最主要的葬法。

2. 火葬。

火葬是一种用火将尸体焚化的葬法，也叫“焚尸”“火化”或“熟葬”。作为一种葬法，火葬在先秦时已在我国的一些少数民族中流行，而汉族则在汉代以后，逐渐为民众所接受，在宋代达到高潮。但作为一种特殊的葬例，据我国的考古发现来看，在新石器时代的甘肃临洮的寺洼文化中即有陶罐火化骨灰墓出土，1987 年 7 月 24 日，我国文物考古工作者又在辽东半岛新金县双房石棚墓葬内，发现有火烧之后的人骨，这是我国发现的两例已知为火葬的最早的实例。

火葬之俗到宋代形成高潮，并成为汉族一些中心或重要城市民众及乡村中民众的主要葬法，对后世产生巨大影响。从宋初建隆三年(962)即诏令禁止“近代以来，遵用夷法，率多火葬”[①]来看，其俗约成之于五代。但在宋代大放异彩，不论贫庶富户，其死皆焚烤而葬。宋代的火葬主要有两种方式，一种是焚尸后另行收殓加以安葬，目前发现的许多火葬墓是其明证，它有陶罐、木匣、陶棺等形制。这种焚而后葬的方式，其实在整个火葬习俗中并不占重要的地位。多半是另一种，即焚尸后抛其骨灰，大部分以撒骨灰于水中结束。《宋史·礼志》载，“河东(今山西一带)地狭人众，虽至亲之丧，悉皆焚弃”。而当时吴县(今苏州)“合城愚民悉为所诱，亲死肉未寒，即举而付之烈焰，杈棒碎折，以燔以炙，余骸不化，则又举而投之深渊”[②]。所谓“焚而置之水中”[③]者即是。

---

① 《东都事略》卷二。

② 黄震:《黄氏日钞》卷七十。

③ 《宋史·礼志》卷一二八。

从历史上的火葬来看,形成的原因不外乎这么几种:一是佛教信仰的影响造成人们新的丧葬观念,而且这种观念与传统的灵魂在死后归天正相一致,所以便导致了人们遵行火葬的葬法;二是少数民族丧俗的影响和人们的从众心理,尤其是随从上层人士的丧俗习惯,造成火葬盛行;三是地狭人众,土地高度集中,使贫民几无立锥之地,无法实行土葬,只得以火葬代之;四是一种祈禳的手法,如对夭折者或凶死者等实行火葬以利于活着的人,具有巫术性质。正是这种种原因,造成了火葬在历史上一度盛行,成为汉族中仅次于土葬的一种重要葬法。

在历史上或今天仍然存在火葬的民族除汉族外,还有羌族、藏族、彝族、拉祜族、侗族、普米族、门巴族、蒙古族、苗族、哈尼族、怒族等等。今天,火葬在汉民族的城镇被作为官方倡导的主导葬法是基于科学、卫生、方便和节俭等因素,相信它会被越来越多的人所接受。

3. 水葬。

水葬是一种将死者遗体投于江河湖海的葬法。在汉族,主要是沿海渔民或海员水手实行此俗。方法是将死者直接投入海中,也有的将棺材放在海边,等海潮涨起来之后,任其冲入大海,实行水葬。在历史上,还有一种变异的水葬,即将尸体火化后的骨灰投入水中,实行水葬,宋代时大量的便是这种葬俗。在少数民族中也有行这种葬法的。《通典》记载林邑国火葬与水葬同时进行的情景时说,“王死七日而葬,有官三日,庶人一日。皆以函盛尸,鼓舞导从。举至水次,积薪焚之。收余骨,王则入金瓮中,沉之于海;有官者以铜,沉之海口;庶人以瓦,送之于江。”则还因生前的不同身份具有葬具和水葬地点上的严格区别。这种先行火葬再次水葬的葬法,从严格意义上来说,属于二次葬。

在少数民族方面,水葬发育得比较成熟的是藏族和受藏族文化影响的门巴族。藏族的水葬被认为是一种较为“卑贱”的葬法,多用于夭折的孩子或患传染病而死亡的贫民,常常也对一些乞丐、光棍、孕妇生子而亡或其他非正常死亡者实行水葬。藏族习俗认为,正常人死亡行水葬者,必须将尸体割碎,然后抛入水中。据成书于康熙年间的《西藏志》风俗篇载,如不肢解尸体而葬之于水,要受到地方当局的追究查办。碎尸的目的是为了让鱼将尸体吃掉。古代藏民将鱼尊为“河神”,尸体被鱼吃掉是很荣耀的事情,与天葬中尸体被鹰吃掉是同样的原理。对正常死亡水葬者是那些孤寡乞丐等地位十分低下者,而对非正常死亡者行水葬,认为是对他们实行惩罚。因此,尸体不得肢解,用皮革裹严,整尸弃之河流,以避免沾污河神之口。[①]

---

① 周苏平:《中国古代丧葬习俗》,陕西人民出版社 1991 年版,第 141 页。

水葬应该是一种非常原始的弃尸葬法，由于水葬容易污染水源，破坏自然生态环境，极不卫生，从诸多葬法比较来看，是应该变革或禁止的葬法。

4.天葬。

天葬也称“鸟葬”“兽葬”或“野葬”等，在藏族、蒙古族、门巴族等民族中盛行。魏晋南北朝时，由于战乱，许多在战争中死亡者因无力安葬而被暴尸荒野，为鸟兽之食。正如《战城南》所唱的，“战城南，死郭北，野死不葬乌可食。为我谓乌：且为客豪，野死谅不葬，腐肉安能去子逃？”①是一种无为的天葬。

现在，提起天葬最为著名的便是西藏藏族的鸟葬。确实，直到今天，天葬仍然是藏族的主要葬法之一。藏族的天葬主要是藏民相信这种葬法可以使灵魂随着肉体的消灭而升入天国。关于天葬的起源，有种种说法，其中最主要的是受佛教的影响。但也有人认为是藏族的原生民俗②或原生民俗与原始本教介入而形成的。③ 霍巍则认为西藏天葬是受中亚的拜火教影响而产生的，它与印度天葬同出一源。④

天葬虽然看似“残忍”，但它符合自然生态环境中的生物链原理，实际上是一种最干净卫生的葬法。

除西藏外，蒙古族的天葬在旧时也极为盛行，它称“野葬”或“弃葬”。旧时，蒙古族人死后，用白布裹身，将尸体载于勒勒车或负于马背之上，驱之使行，尸体坠处即为葬地；或运往喇嘛事先指定的葬地，一任鹰犬啄食。三日后往视，若已被鸟兽食尽，则认为死者灵魂已升入天堂，举家皆大欢喜；否则认为死者生前的罪过未消，必须请喇嘛诵经祈祷，替死者消灾、忏悔，直至尸体被鸟兽食尽为止。

另外，受藏族文化的影响，门巴族也行天葬。

5.悬棺葬。

悬棺葬是一种将尸体置入棺内，凌空悬挂于悬崖峭壁上的葬法，它大约盛行于古闽越、山越、瓯越、骆越等百越族和五溪蛮、夷人、僚人、仡佬、高山等民族之中。地域分布很广，在今广东、广西、福建、浙江、江西、湖北、湖南、四川、云南、贵州、台湾等省区都有发现。时代延续也很长，据现有材料，最早的悬棺葬是福建武夷山一号船棺，放射性碳素断代为距今3400±90年，二号船棺为距今3445±150年，约为殷商时期。至于四川南部和贵州等地的悬棺

---

① 《宋书·礼志》。

② 曲青山：《1793年西藏地区丧俗改革述略》，《西藏研究》1989年第3期。

③ 熊坤新等：《天葬起源之探索》，《西藏研究》1988年第3期。

④ 霍巍：《西藏天葬风俗起源辨析》，《民族研究》1990年第3期。

葬,时代下限则可到明清时,台湾的耶眉人(高山族一支)迄今仍保存悬棺葬的习俗。

悬棺葬的葬具也多种多样,极富特色。目前已知的有船形棺、整木挖凿的圆形棺、整木挖凿的方形棺、木板拼合的棺材等形式。其中,船形棺由整块木头挖凿而成,形似今天在江河中使用的小船,在福建武夷山的金鸡洞内还存有20多具。悬棺葬有一次葬也有二次葬,各地没有绝对的规制。

悬棺葬也有称"崖葬""崖棺葬""崖洞葬"等,我们都统称为悬棺葬。不过,对于"崖墓",必须加以区别。

从目前考古和民族学研究所知,悬棺葬大都为少数民族的葬法,但崖墓,一种在石崖上穿凿洞穴以作墓室安葬死者的葬法,则基本上是汉族仿制土葬的方式在一些特殊的时期和区域流行的葬法,从东汉到六朝时,这种崖墓的方式在四川境内最盛行,以后便悄然退出了历史舞台。

6.树葬。

树葬是一种非常古老的葬法,它的主要形式是把死者置于深山或野外的大树上,任其风化;后来,有的稍做改进的方式是将死者陈放于专门制作的棚架上。由于置放尸体后任其风化,故树葬也称"风葬""天葬""挂葬""木葬""空葬"或"悬空葬"。树葬是树居的反映,因此,树葬也是原始生活在葬俗上的遗存。

对于树葬,由于不同历史时期,不同族群或不同地域,往往采取各自不同的方式,有的直接而原始,有的则经过改进,并且常常还是一种过渡葬法。

第一,直接置尸于树。这大约是树葬中最原始的葬法,其方法是直接把尸体搁置树上,任其风化。《周书·异域上》载,库莫奚,"死者则以苇薄裹尸,悬之树上"。方式济《龙沙纪略》所说的"东北边有风葬之俗,人死,以刍裹尸,悬深山大树间,将腐,解其悬,布尸于地,以碎石逐体薄掩之,如其形然。"则是树葬加土葬之类的二次葬,树葬是一种过渡形式。内蒙古鄂温克族人死后,有的也以树皮裹尸悬挂于树上。广西大瑶山地区茶山瑶在小孩死后,以棕树皮等将死者包裹好后,搁置于竹筐,然后将竹筐挂在村寨附近的树上,任其腐烂,人们叫它为"挂葬",认为这样孩子的灵魂容易转世投胎。

除了直接置尸于树之外,两种变异的形式,也是此种葬法的异化。一是缚尸于树。《大清一统志》卷三百九十四载,"夭苗,在(都匀)府境陈蒙烂土坝等处,一名黑苗。缉木叶以为上服,衣短裙。女子年十五六构竹楼野外居之,死不葬,以藤蔓束之树间。"是将尸体置于树上之后,还加以固定。《百苗图》也谓陈蒙烂土坝等地的夭苗是"死不葬,以藤蔓束之树间,任风化其尸。"二是置尸于天然的树洞中或以刀斧等工具在树上凿穴以葬。这种葬法曾在鄂伦春人中实行。而珞巴族在行

“天葬”时也有将死者直接置入人工凿制的大树槽内，行树干葬的。[1]

第二，间接置尸于树。这是一种经过人工搭架而行树葬的葬法，它有多种形式，如在两个树杈间搭置小平台以葬死者，在平台之上再搭以顶篷以葬死者，在村外搭架以葬死者等，它们之间存在着内在的历史演进关系。

在两个树杈间搭置小平台以葬死者，也称“树架式”。旧时在内蒙古的鄂伦春人有此葬法。人死后停放一两日后即运至山上，选择一处三棵树或四棵树成正角的地方，在树杈间搭以横木架，上铺树枝，将死者陈放于架上，并以锅、勺、碗（须敲掉一块）、烟袋等物置死者身旁作随葬品。此后，即使树架脱落，遗骨掉下来也不再过问。

在平台之上再搭以顶篷安葬死者，也称“树屋式”，它是树架式的进一步改进。这种葬俗在西藏墨脱县达木公社的珞巴族中尚可见到。在他们称为天葬的葬法中，于公共墓地上选择枝叶茂盛的大树，并以小树条、树枝、竹子之类在树杈间搭一小平台，台上再以竹子、树枝、树皮和芭蕉叶等物盖成一悬空小屋，并将死者置于小屋内。这种葬法除了男性随葬弓箭、砍刀、小刀、烟斗、烟袋，女性随葬耳环、手镯、项链、针线等物的区别外，一视同仁。葬后任其尸体腐烂坠落，不再理会。

在野（村）外搭架以葬死者，也称“地架式”，这是一种完全由人工在地面上建造露天木架或竹架以搁置尸体的葬法。《北史·室韦传》载，室韦国，“部落共为大棚，人死则置其上，居丧三年，年唯四哭”。旧时赫哲族人也行此种葬法。《中华全国风俗志》载，“乌稽，又名鱼皮（按，应指赫哲族），因其土人衣鱼皮食鱼肉为生故名……死以锦片裹尸下棺，以木架插于野，置棺木架上，俟棺木将朽乃入土”。这不仅属地架式葬法，也行二次葬，终极是土葬。

7. 腹葬。

腹葬是一种将死者分而食之的葬法。在国外的一些原始部落中曾流行。在我国，腹葬也曾是某些民族早期的一种葬法。据苗族的传说，在很早以前，苗家有个风俗，死人不兴埋葬，大家都来分着吃。认为只有吃了死人肉，死者的亲戚才会繁荣昌盛，大家才会长命安康，人财两旺。但是，一个叫子更的人，眼见守寡的妈妈把自己辛苦拉扯大，母亲死后，他不愿分尸给大家吃，便用牛肉来代替，而将母亲的尸体土葬了。后来大家觉得这个法子不错，便成了苗家的习俗，从此形成土葬。[2] 由传说来看，苗族在很早以前曾有腹葬死者的习俗。无独有偶，在布依族也有类似的传说流传在贵州贞丰百层一带。故事说，从前老人死

---

① 中国社会科学院民族研究所：《关于西藏珞巴族的几个调查材料》，第 68 页。

② 吉星编：《中国民俗传说故事》，中国民间文艺出版社 1985 年版。

了,人们就要把死者的肉分吃掉。后来有一个叫 Viny 的人,看到母牛、母马生崽时很痛苦,回家便告诉了他的母亲。母亲告诉他说,我生你时也这样。Viny 就想,母亲生我这样痛苦,她死了如果把她的肉吃掉,那就太无情义了。他决定到时不让人们吃自己母亲的肉。从此之后,别家老人死了,Viny 分得肉回来后,就都用藤子串起来,并一一做了记号。后来他母亲死时,人们知道了,要来吃肉,他就把每家发给的肉分别还给他们。但不够了,有人提议用牛肉或狗肉来代替死者,让人们吃肉,对死者则做木匣子装殓埋葬。从那以后,人们都学他的样,于是,用吃牛肉代替吃死者肉的习俗就流传了下来。[1] 不过,周国茂并不认为这个传说具有可靠性。

作为一种传说,必定有它的一定的依据或事实,所以,我们可以相信,在远古时曾存在腹葬这种习俗,应该是不会错的。问题是,腹葬不是杀人以食,它与杀人以食,尤其是在特别困难的情况下,如战争或灾害时而分食同类,应该是有区别的。腹葬仅仅是一种对死者按习俗进行的分食。有人将《墨子・节葬下》中所记的"越之东,有輆沐之国者,其长子生,则解而食之,谓之宜弟"。认为是腹葬,显然是不恰当的。食长子风俗固然是食人,但目的是为了"宜弟"求子。至于为亲仇而杀人食之,也不能认定为腹葬。

除了以上几种葬法之外,在历史上或各个民族间,由于宗教信仰或地理环境、文化背景的不同,还盛行过塔葬、衣冠葬、还乡葬、潮魂葬(草灰葬)、室内葬等等葬法,成为我国丰富多彩的丧葬文化的组成部分。

(四)奇奇怪怪的葬式

如果说葬法是一种对尸体的埋葬方式,即最终的处理结果,那么葬式便是一种对尸体的处理过程,它在很大程度上体现人们的信仰和习惯法则,寄托着人们对死者在来世之前所赋予的态度或期待,表明生死异路的区别。

历史上盛行的葬式与葬法并无因果关系,它仅仅是葬法的前奏或最终结果,所以,有时几种葬法才最终体现人们的葬式,如从火葬到水葬,表明人们采用的是二次葬式;而有时几种葬式都采用同一种葬法,如屈肢葬和俯身葬都采用土葬,等等。在中华民族丧葬史中曾有过的葬式有一次葬、二次葬、屈肢葬、俯身葬、割体葬等等。

1. 一次葬。

一次葬是在丧葬文化中占有最主要位置的葬式,其方式是对尸体进行一次性处理。大部分的土葬都行一次葬式,火葬、水葬、悬棺葬、树葬的大部分

---

① 张紫晨选编:《民俗调查与研究》,河北人民出版社 1988 年版,第 371 页。

葬法也都是一次葬式。一次葬在汉族或少数民族中盛行的原因，除了如孔子曾说的“古不修墓”之外，更重要的是人们认为，死者在选择了最后的归宿之后，任意迁动，不仅对死者不利，而且对生者也不利。另外，在早期，由于实行的是坑穴葬，随着时间的推移，亲人的墓址将难以辨认，所以，也就难以再行其他葬法。

2.二次葬。

二次葬是一种对死者的尸体和遗骨进行两次或两次以上分别处理的葬式。二次葬式在原始社会时期即已存在，它一直伴随着丧葬文化，直到现代，仍然成为许多民族或地区的重要葬式。

行二次葬的方式多种多样，最常见的是把死者先停放或暂时厝放于一个地方，等尸体腐烂殆尽，再收拾骨殖正式埋葬或加以处理。在原始社会时期举行二次葬，目的是为了同氏族的成员在死后也能相聚在一起。所以，像仰韶文化、大汶口文化等许多遗址，都发现公共墓地，他们的墓大都为二次葬。像仰韶文化的史家墓地共 43 座墓，其中 40 座为多人二次合葬墓，除一坑为男性二次合葬外，其余各坑均为男女老少合葬墓。元君庙墓地 45 座墓，28 座为集体二次合葬式。姜寨二期的 180 多座成人墓葬，多数为多人二次合葬，最多的合葬人数达七八十具尸体。横阵墓地的 3 个大集体埋葬坑，分别有 5、7、3 个小坑，每个小坑内埋有 3 到 12 具人骨，均为二次葬，全体头向西，男女老幼皆有。说明这种二次葬俗是当时流行的葬式。采用这种葬式的民族有一种普遍的观念，认为人的血肉是人世间之物，只有等肉体腐烂之后将尸骨埋葬，死者的灵魂才能进入另一个世界。

二次葬当中，需肉体腐烂之后骨殖埋葬，死者灵魂才能进入另一个世界观念最典型的表达方式是“洗骨葬”。洗骨葬的特点是将埋葬数年的死者骨殖取出，用水洗刷干净后另行安葬。《梁书·顾宪之传》记衡阳土俗时说，“山民有病，辄云先亡为祸，皆开冢剖棺，水洗枯骨，名为除祟。”这里的洗骨主要是为了祛除死者的鬼灵作祟。过去，在许多少数民族中都流行洗骨葬，《黔记》载，贵州的少数民族常常在埋葬数年后“发墓开棺，取枯骨刷洗，以白为度，用布裹骨复埋”。《贵州通志》也载，“龙家其种有四，一曰狗耳……在大定者，人死三年，取其尸刷之凡三次”。同书还载大定的“六额子”，“人死后葬亦用棺，至年余即延亲族至墓前，以牲酒致祭，发冢开棺，取枯骨刷洗至白为度。以布包骨，后埋一二年余，仍取洗刷，至七次乃止”。

二次葬俗除了合葬、洗骨葬等方式外，在火葬、悬棺葬、树葬中都有不同程度的存在。宋代时的先火葬后水葬或土葬，悬棺葬中的一些合葬墓，树葬中的先树葬后土葬等，都是二次葬。

3. 屈肢葬。

我们大家都知道,仰身直肢在土葬或悬棺葬、树葬等葬法中是最普遍被采用的葬式,但在考古发现和各种记载中,还盛行一种与仰身直肢不同的屈肢葬式。这种葬式的大量出现是在新石器时代,夏商周时仍有存在,春秋战国时相当盛行,直至晚唐,考古发掘仍有发现。而在一些少数民族中,则在相当长的时间内,实行屈肢葬的形式。

据有的学者粗略统计,全国各地发现的属于新石器时代的墓葬中出土的单人屈肢葬在 600 例以上,除山西、安徽、江西、湖南、广东、西藏和贵州等七省(市、自治区)外,其余省(市、自治区)都有发现。[①] 说明这种葬式非常普遍。时间大约在距今 4000—5000 年之间,它主要分蹲式和卧式两种屈肢形式。蹲式像活体蹲坐姿势,双手蜷缩,股、胫骨紧贴臀部不着地。卧式则有仰卧、侧卧、俯卧等姿势。

屈肢葬源于西北的少数民族。西周之后,由于王室东迁,西北诸族东进,屈肢葬俗开始在民族迁徙中于关中地区流行开来,并逐渐扩大到中原各诸侯国中。春秋战国时,这种在秦人中颇为盛行的屈肢葬,成为各诸侯国都实行的葬俗,甚至有人认为屈肢葬是区别是否秦墓的重要标志。原因是历史上,秦人与西北诸族交往最多,很自然地就吸收了他们的文化。东周时,秦人普遍实行屈肢葬,直到汉代,秦人后裔仍然有采用这种葬式的。

4. 俯身葬。

俯身葬也是一种在新石器时代即产生的葬式,顾名思义,所谓俯身葬就是让死者采用扑倒的姿势加以埋葬,其中有直肢,也有屈肢。在长江中下游以浙江嘉兴马家浜命名的马家浜文化中的马家浜、圩墩、草鞋山等遗址发现的 200 多座墓葬中,有直肢葬、屈肢葬和侧身葬,但大部分为俯身葬,它距今约 6000—7000 年,说明俯身葬的历史非常悠久。此外,在仰韶文化墓葬中也有不少俯身葬现象,如半坡遗址的 174 座成人墓中有 15 座为俯身葬,北首岭墓地有 10 多座俯身葬,姜寨遗址也有少量俯身葬。在其他文化类型如裴李岗、大汶口、龙山等文化遗址中也偶有发现。

5. 割体葬。

在世界的许多民族中,亲人去世后经常采用割去指骨或割去趾骨以志哀的方式,目的可能是祭献给死者或用以表达哀悼,甚至以此加强与死者的联系,减少恐惧、焦虑。这种独特的葬式,学术界称它为“割体葬”。

割体葬虽然在我国的各民族中已少有见到,但从考古发掘可知,在新石器

---

① 容观瓊:《我中古代屈肢葬俗研究》,《中南民院学报》1983 年第 2 期。

时代的遗址中,这种葬式的墓葬时有发现,它们有的缺失腿骨,有的缺失指骨或趾骨,其中缺失指骨的例子最多。而有的墓葬则随葬指骨或趾骨,与世界各地一些民族尚存的割体葬相似。如西安半坡遗址的墓31、墓59缺指骨,墓66缺下腿骨,墓83腿骨不全,墓8填土中有几块指骨,墓27陶罐内有指骨一节,墓153随葬陶器间夹有一块趾骨,墓67手指足趾均残缺。[①]

在我国,新石器时代发现的割体葬是什么原因造成的,它与世界其他民族存在的割体葬是否具有相同的原因,虽然有学者进行过研究,但存在问题仍然不少,有待于进一步的探索。

第三节　节日民俗文化

节日习俗主要是指因气候等自然原因和一些具体的社会原因而形成的以年为单位、具有固定时间限制的习俗。

一、节日习俗的由来

节日习俗的历史非常悠久,在原始社会就有了各种定期与不定期的庆贺活动,以感谢或祈求自然的恩赐、神灵的保护。节日习俗的形成由来由于各种习俗功能不同,其原因也不同,大致有以下几种。

(一)源于自然物候变化

人们在很早的时候就已依靠天象变化来安排自己的生产和生活,他们从天象的变化所带来的物候变化,如植物的生长、成熟、衰败等现象,以及气候的变化如四季的冷暖变化等,总结出一定的经验,安排自己的劳动即采摘和种植等。人们也根据这种自然的变化来确定自己的休息,安排一些特殊的日子,既作为季节的交接点,也作为庆贺或祭祀的特殊日子,从而形成了我们后来意义上的节日。这种节日有春节(早期的时间是不固定的)、立春、立夏、冬至、二月二、上巳、清明、六月六、七月七、八月中秋等。

---

① 中国科学考古研究所,陕西省西安半坡博物馆编:《西安半坡》,文物出版社1963年版,第202、219页。

(二)源于劳动生产需要

自然物候变化形成的一些节日与劳动生产都有密切的关系,主要原因是原始社会,即使是封建社会时期,自然经济也是日出而作、日落而息的,人们根据自然现象的变化安排自己的劳动。久而久之,一些劳动生产需要的节候便成为基本上固定的节日。如春天来了,在春耕开始之前,汉族有一个节日叫鞭春牛,便是基于劳动的需要;瑶族的赶鸟节,阿昌族的撒种节,汉族人在正月时的照田蚕(嘉兴叫烧田蚕)、插秧时的"开秧门"和结束时的"关秧门",以及从前的做社即祭社神等,都是源于或直接服务于劳动生产的节日。杭嘉湖一带与蚕桑有关的一些节会,如桐乡的"龙蚕会"、湖州等地的"轧蚕花"等,也是与劳动相关的节日。

(三)源于纪念特殊人物

在这类节日习俗的起源中,往往可以推演到最初的某个历史人物,正是他们的某种人格或事迹,加上人们的演绎,形成了掺杂民众丰富情感的节日和习俗内容。比如寒食节,就源于晋代的介子推,他曾随晋文公流亡,并割股奉君,但回国后却得不到赏赐,羞愤上了绵山,与老母一起烧死在山上。晋文公为纪念他,便在他的忌日让全国人民禁烟火,形成了寒食节。端午节则是源于屈原,不过各地也有不同的传说,如吴地说是为了纪念伍子胥,越地则是传说为了纪念曹娥,山西也有说是纪念介子推的。不管是源于哪一个历史人物,它的起源指向都与人们的纪念情感结合在一起。宗教性和一些地方性祭祀纪念节日中,有关祭祀性人物的忌日的现象则更多。

(四)源于宗教信仰

这一点是与我国长期来的民间信仰、道教和佛教信仰的混合传播,并对世俗生活产生重大而深远的影响是分不开的。

宗教性来源的节日,有的具有全国性,比如四月初八的浴佛日,七月十五的中元节等;有的则具有地方性,而且所占比重非常大,比如,在浙江的宁波,除了浴佛日之外,这种祭祀或供奉民间诸神的节日还有太阳生日、东岳大帝生日、葛仙翁生日、关帝生日、吕祖下丹药日、彭祖生日、火神生日、地藏王生日等不同的形态。后者有固定的时间,有的举行祭祀,有的则举行盛大的庙会,集祭祀、物资交流和文化娱乐于一身,成为地方的对生产生活都有影响的节日。

二、节日习俗的结构类型

对于老百姓来说,节日就是节日,只要时间一到,人们自然而然地就会聚在一起,协商如何去过好那个节日,因此,节日并无分类。我们这儿的节日分类,仅仅是根据节日的不同来源，将不同结构类型的节日进行一些归纳，以期更好地去理解节日的原始含义。

(一)农事性节日

农事性节日是与源于自然物候变化和劳动生产需要的节日基本上相一致的一类节日结构类型，它将自然物候变化与农业生产劳动等紧密地结合在一起，是我国节日习俗中，起源历史非常悠久、内容非常丰富的节日类型结构。像因自然变化而形成的二十四节气，即立春、雨水、惊蛰、春分、清明、谷雨、立夏、芒种、夏至、小暑、大暑、立秋、处暑、白露、秋分、寒露、霜降、立冬、小雪、大雪、冬至、小寒、大寒等，其中，四季变化中的立春、立夏、立秋和立冬，以及打春牛、清明等是具有代表性的节日。

在江浙一带，由于民众所从事的是稻作农业文化，与之相关的一些特殊习俗不仅属于农事节日结构类型，而且非常具有特色。比如在武义一带的开犁，即在春节之后第一次举行耕田活动，开犁活不重，同时还要举行祭牛栏神和拜犁活动，要烧利市和三炷香，给牛喂酒等。开秧门和关秧门也是非常被看重的节日。第一天种田插秧叫开秧门，最后一天插秧叫关秧门。开秧门时主妇要招待好酒好肉，武义要吃糯米做的种田果；义乌则要吃笋，喻像笋一样快长；永康则吃粽子和年糕，表示粒粒种，年年高；嘉兴则是“早晨鲞鱼中午蛋，晚上一顿小酒会”，另外还有点心，“上午团子下午糕，点心送到田横头。”鲞鱼头寓种田有想头，团子象征团圆，糕则意味着步步高。关秧门时也要以饮食相招待，并总要带几束秧苗回家，抛到自家屋瓦上，人们相信，它可以驱毛辣虫。嘉善一带在关秧门那天还要请歌手来唱田歌，以求吉利。养蚕业极为发达的杭嘉湖平原，有关蚕事活动的节日或聚会也非常隆重，像轧蚕花就是在许多地方都盛行的一种庙会活动，时间大致在清明节，主要是祭蚕神。在湖州、桐乡、德清交界的含山，嘉兴的曹王庙，海宁的皇岗、袁化等地，有一种不成文的规矩：“未婚的青年男女是要往人堆里去轧一轧的。人越多，轧的越热闹，则预兆今年的蚕花越兴旺，称之为‘越轧蚕花越发’。……在‘轧蚕花’的时候，未婚的蚕农姑娘非常希望有哪一个相识的或不相识的小伙子去摸一摸她的乳房，俗称‘摸蚕花奶奶’。习俗认为：未婚姑娘在‘轧蚕花’时随便被哪一个小伙子摸过了乳房，哪怕只是碰一碰，也就意味着她就有资格当蚕娘了，而且，她家今年的蚕花也就一定兴旺，否则的话，轧了一通蚕花，竟连一个人也不去理她，则是一件非常倒霉的事情。”①

① 顾希佳：《东南蚕桑文化》，中国民间文艺出版社 1991 年版，第 180 页。

农事性节日与各地不同的生产和生活方式有着紧密的联系，同时也与各地的不同信仰和传统息息相关，是一种生存方式的节日化。

(二)季节性节日

季节性节日是以季节周而复始的变化为主要依据的节日习俗，它与农事节日有一定的关系，但它又是一个独立的系统，即它常常以对季节变化进行人为分割或庆贺为内容。春节、元宵节、三月三、七夕、中秋、冬至、腊八节等是这种节日类型的典型代表。

季节性节日在现实生活中让人非常明确地感受到季节的变化，它是季节等自然现象和人们赋予的文化传统等社会现象杂合而成的复合性节日，因此，在我们的节日习俗中占有非常重要的位置。由于季节性节日的传统性，有时也称这些节日为传统节日。一年结束和新的一年来临时的特大节日春节，便是内容非常丰富庞杂、历史非常悠久的传统节日。

(三)信仰性节日

这是一类因信仰等原因而形成的节日习俗，在民间非常丰富多彩，各地除了一些全国性的信仰节日外，也有自己具有特色的一些地方性节日。这一点我们在源于宗教信仰的节日中已有所涉及。祭祀性的节日也属于信仰节日范畴。

(四)庆贺性节日

庆贺性节日是一种主要以庆贺为目的的节日习俗。比如，对于一年结束和新的一年到来的春节，就也属于庆贺性节日，“年”本身含有丰收的意思，在这里原来是庆祝丰收，是人们感谢天地神灵赐福，并祈求来年获得更大丰收的一种活动。苗族的“吃新节”、汉族的中秋吃月饼、普米族的大过年等，都属于庆贺性的节日习俗。现代节日中的元旦、三八、五一、六一、国庆等都属于庆贺性节日。

(五)娱乐性节日

这是一类以游艺活动为主的节日习俗。这种类型结构的节日习俗在汉族和一些少数民族中都有存在，如汉族的正月元宵节、三月踏青、九月重阳、钱塘江沿岸的观潮节等，以及少数民族中白族的“绕三灵”、畲族等民族中都盛行的三月三歌会、苗族的爬山节或爬坡节和蒙古族的“那达慕”大会(那达慕是蒙古语的译音，意为游艺)等，都属于娱乐性的节日。

许多地方的节日，尤其是庙会等习俗中，游艺性的娱乐也占有非常大的比重，如春节中的舞狮子、舞龙、放鞭炮、端午节中的竞龙舟等，都是以娱乐或娱乐为主的一些习俗活动。

三、节日习俗的发展特征

节日习俗由于历史非常悠久，同时，节日的传承也仅仅以民间的行为为主，并无典籍的规定性。在历史的传承发展过程中，不断地发生异化，有的在历史传承过程中被淘汰，有的则不断增加和丰富了义项，成为民族间象征的文化事项。节日习俗的这种发展变化有着自己的规律特征。

（一）不定性向固定性发展

这主要是一些季节性节日，早期因为按时季变化来确定节日，所以是不固定的，后来，随着节日的发展，则变成了固定的。比如三月三，也叫上巳节，在魏晋南北朝以前一直都是在三月上旬的第一个巳日进行，后来，被固定在三月三，但民间还兴叫上巳节。七夕也是这样，早期是在七月初的一些日子进行，后来被固定在七月七，习俗则基本上在七月初六晚上进行。即使是春节，早期也因为建寅问题，有在十月也有在十一月建寅，因此，表示新年开始的月份总是摇摆不定，春节也就不固定，直到秦初才最后定在元旦。

（二）单一性向综合性发展

这种发展主要体现为节俗在历史过程中不断被增加，即原来较为单一的习俗内容，发展到后来成为非常复杂的综合性民俗活动。比如，早期的元宵灯节，主要是在寺庙中开展活动，后来发展到民间，习俗内容也不限于点灯，而增加了舞龙、舞狮子、猜灯谜、吃元宵（汤团）等内容，时间从一天增加到三天，再后来增加到五天，也有七天的，娱乐性也在民俗活动中不断加浓。又如，五月初五端午节，民间认为五月初五是恶日，要驱邪要避祟，后来增加了荆楚等地的习俗，便有了竞龙舟、斗百草、吃角黍（粽子）和悬艾叶于门户的习俗，成为信仰庞杂，内容众多的民俗体系。

（三）功利性向娱乐性发展

早期的节日习俗都具有自己的功利目的，要么是祈求神灵的保佑，要么是庆祝丰收，要么是为了祭祀，要么是为了劳动生产，但这些功利性极强的节日习俗，在后来的历史发展过程中，都不约而同地逐渐淡化了原初的功利目的，而增加了娱乐的成分，如三月三的上巳节，原初是为了祓除邪气，所以人们来到水边，用水洗净不洁，后来成了一种踏青活动，文人们还创造了曲水流觞的文雅玩法。端午节，不管是源于屈原、伍子胥、曹娥或介子推，但现在许多内容都在淡化，只有竞龙舟这一娱乐性活动却具有非常强的生命力。春节、元宵节、中秋节、重阳节等节日，也都表现出了这样的趋向。

第四节　寿诞民俗文化

寿诞习俗是人们重视生命的一种最好的表达，这种习俗不仅在汉族，在少数民族和西方的一些国家中也同样存在，并给予很高的重视。不过，汉族的寿诞有自己独特的文化内涵，有着区别于其他民族的深层的民俗心理。

一、什么叫寿诞？

说起来很简单，寿诞就是出生纪念日。这是标明一个人在某个时间来到世界上的特殊概念。由于中国人非常重视新生命的到来，所以，在很早的时候就对寿诞极其重视，举行隆重的仪式来进行纪念。

这里我们需要区别一下另一个概念，就是我们日常常说的生日。生日与出生纪念日是不同的两个概念，生日是指个人出生的日子，而寿诞严格来说应该叫出生纪念日。我们在日常使用中常常会混淆。有这么一个幽默，某爷爷对孙子说："爷爷今天生日。"孙子问："什么叫生日？"爷爷回答："就是说爷爷是今天生的。"孙子问道："爷爷今天生的，怎么胡子那么长？"这就是概念不明造成的歧义。不过在口语当中，生日与出生纪念日常常不作区别，生日也就是出生纪念日，是不会让人产生歧义的。

二、寿诞习俗的发展和文化内涵

寿诞习俗有其发展过程，它的文化内涵也在发展中不断变化，并形成了丰富多彩的内容。

(一)寿诞习俗的形成发展

寿诞习俗的形成发展，大致可以划分为以下三个阶段。

1. 魏晋南北朝是寿诞习俗形成时期。

有人说："寿诞礼仪古已有之，春秋时期就颇为流行了。"并举《诗经·豳风·七月》的"跻彼公堂，称彼兕觥，万寿无疆"及《诗经·大雅·江汉》中"作召公寿，天子万年"和《诗经·小雅·天保》中的"如南山之寿，不騫不崩”为例，[①]来说明自己是言而有据的。不过，只要通读三首《诗经》中诗文的全文，你就可以发现，《诗经》所写的是在重大仪式中的庆贺活动，而非现代意义上的寿诞。这一仪式的主要内容是晚辈向长辈“献酒上寿”，包括低贱者向尊贵者上寿献酒，这种献酒上寿并不是在出生纪念日进行。就像我们平时在某个非常隆重的庆贺仪式上，举着酒杯对长辈、地位高贵者献上祝酒词说的“祝您健康长寿”一样。因此，这并不是真正的寿诞和它的起源，当然也就不能说明寿诞在春秋时就已存在。

严格意义上的寿诞习俗形成于魏晋南北朝时期。颜之推《颜氏家训·风操篇》载：“江南风俗，儿生一期，为制新衣，盥浴装饰，男则用弓矢纸笔，女则刀尺针缕，并加饮食之物及珍宝服玩，置之儿前，观其发意所取，以验贪廉智愚，名之为试儿。亲表聚集，因成宴会。自兹以后，二亲若在，每至此日，常有饮食之事耳。无教之徒，虽已孤露，其日皆为供顿，酣畅声乐，不知有所感伤。”它已经非常明白地告诉我们，当时南朝长江以南，对于新生儿从周岁开始，每到出生纪念日时，都有非常隆重的庆贺活动。即使是父母亲去世之后，这种活动也从不停止。所以，颜之推觉得首先是与北朝的习俗不相同，其次是觉得这种习俗在父母去世后还要举行，有悖孝道，便将它记载了下来。因此，顾炎武在《日知录》卷十三“生日”条中认为，生日习俗“起于齐梁之间，逮唐宋以后自天子至于庶人无不崇饰此日，开宴召客，赋诗称寿”是完全可信的。

2.唐宋是寿诞习俗的发展时期。

唐时，“作生日之风渐盛”。[②] 当时每位皇帝都有自己的独特的生日名称，如唐玄宗生日为“千秋节”，武宗生日为“庆阳节”，肃宗生日叫“天成地平节”，每逢皇帝生日时，全国放假三天，举行庆贺活动。[③] 宋代时，除皇帝仍然保留隆重的生日庆典外，民间做寿习俗也极其盛行，开宴会请客，赋诗祝寿成为寻常事情。宋时著名词人如陆游、晏殊、陈亮、辛弃疾等都写有数量可观的寿词。

3.明清时是寿诞习俗的鼎盛时期。

这一时期不管是平民百姓还是王公贵族，寿诞已成为生命过程中不可缺少的礼仪活动。有人说，“无论是做寿的规模、做寿的频率、贺礼的份量和形式，还是做寿的普遍性，皆超过以往的任何时期”[④]。此言非虚。明清时各种小说，如《儒林外史》《金瓶梅》《红楼梦》《三言二拍》等，都有大量的反映，而我们颇为熟

---

① 乔继堂：《中国人生礼俗大全》，天津人民出版社 1990 年版，第 261 页。

② 瞿宣颖：《中国社会史料丛钞》下，上海书店 1985 年影印，第 744 页。

③ 《新唐书·礼乐志》。

④ 郑土有：《做寿习俗的历史发展及其文化内涵》，《中国民间文化》第七集，1992 年。

悉的西太后(慈禧)的做寿更是史无前例地奢侈。

随着生日习俗走向鼎盛,各种仪式也不断增加,变得烦琐,如寿礼加重、仪式规模越来越大,并且演戏成为常设节目。至今,农村中的高寿且广富子女、经济富裕者,仍常常以演戏、放电影等形式为仪式内容之一,以酬谢左邻右舍。

(二)寿诞习俗的文化内涵

寿诞习俗的文化内涵,大致可分为两个方面:

1.添福祈寿。

这是寿诞的主要内容。其代表的仪式是拜寿、挂寿图和吃寿面,它们都包含着祈求长寿、增添福禄的意思。这种祈寿增福的内涵,从人类在认识死亡是必然的规律之后,更加加强。寿诞时便借出生可以带来旺盛的生命力之观念而祈求生命更长久的延续以延缓死亡。

2.过关禳灾。

关是年龄序数的不同因信仰而形成的观念,各地有不同的说法。有说三十六是本寿关的,有说五十五是大关口,需消灾避祸才行,俗称“人活五十五,阎王数一数”。有说本命年关的,即人的生肖所属年份必须做寿才能消解。民间更多的是认为“九”之关口要慎行才能过。即九岁、十九岁……七十九岁等,另有暗九,即十八、二十七等,这可能源于九为数之极大的信仰。过关之说当然毫无根据,但其影响及给做寿习俗带来的作用是不可低估的。

第十章

精神民俗文化

精神民俗文化主要是指我们传统和现实社会中存在的民间信仰，它是人民群众创造，并在人民群众中传承，对民众的生活产生很大影响的一种精神活动方式。这种方式包括人们对天地江河的崇拜，人们在回顾自己的历程时所形成的对祖先的崇拜和生活中存在的禁忌，以及因为人们缺乏科学知识而产生的迷信习俗等内容。

第一节　天地江河的信仰及习俗文化

我国是一个以自给自足和自然经济为主的传统农业制国家，大部分人都从事农业生产劳动。我们知道，传统的农业生产依赖的是风调雨顺的自然环境，否则，自然灾难或灾害一旦降临，便会使生存发生问题。这就形成了我们对天地江河等自然力量特别迷信的种种习俗文化。

一、天地江河崇拜的产生

大家知道，原始神话的产生有赖于原始意识。在生产力极不发达的原始社会，人类对于自然的认识极其有限。那时种植生产尚未形成，人们以采集植物根块、果实和狩猎为生。但是，此时的大自然同样会无情地教训原始人群，大雨、地震、江河泛滥、火灾等自然灾害，时常威胁着他们的生存。这种自然力量在任何时候都超过了人类所具有的力量。然而，这种力量的发生是看不见的、神秘的，这就在原始人的心目中产生了对这种力量的畏惧和崇拜心理。加上万物有灵的信仰，原始人就产生了这样一种表象的推理：既然宇宙中的一切皆与人类一样有灵魂，那么天地江河必然也是有灵魂的，只不过它受制于某个更大的神秘力量而已。这种神秘力量是什么呢？那就是主宰天地江河的神。任何有益于人类，或者产生破坏性的行为，都是神的所作所为造成的。早期的神没有善恶，他对人类是福还是祸，全靠人类自己对神的虔诚程度。为了表达对这种神秘力量的敬仰，在原始人那里就产生了对天地江河神的崇拜。

不过崇拜只是一种心理行为而已，要表现崇拜，只有采取一些具体的行动，这个行动就是祭祀。祭祀是崇拜的外化和仪式化。而祭祀的行为基础是巫术思想。原始人相信，只要通过某种仪式就可以控制某种神秘力量为我所用。这是原始人试图征服自然的一种方法，祭祀是这种征服自然行为或巫术行为的综合表现。因此，在我国，祭天、祭地、祭江河的习俗非常发达，并因此派生了极其繁杂的相关习俗内容。如对天的崇拜派生了对日、月、星、云、风、雷、雨、电等等的崇拜，并且形成了祈雨、占星术等习俗文化，产生了夸父追日、嫦娥奔月等神话。正是这种崇拜，从氏族部落开始，一直到封建时代，都要举行隆重的祭天仪式，保存完好的北京天坛就是皇帝祭天的明证。

人们不仅对天崇拜，同样也对地崇拜，后土便是对地崇拜的对象，社也是其中之一。后来，对大地的崇拜派生了对土地神的信仰、对风水龙脉等地理环境的信仰，及农民对田公田婆等田神的信仰和祭祀习俗。土地养活人民，所以过去每个村庄都建有土地庙，人们相信，土地神会保佑自己平安无事。这种对大地的崇拜还表现在人们对山、石的崇拜。泰山在很早的时候就成了皇帝祭祀的地方和人们崇拜的对象，各地也都有不同的神圣的山供人们祭祀崇拜。由对山的崇拜而转化为对石的崇拜，如泰山的石，就具有非凡的能力，它能祛邪避祟，保家安康。有一次在泰山开学术会议，我还收到一块泰山石作纪念品，说是具有祛邪镇祟的作用，至今我还保存着。

人们还对江河进行祭祀，来表达自己对它们的畏惧和崇拜。这种崇拜各地因自然环境的不同而转化为对湖、泊、海、泉、雨等的祭祀和崇拜，并最终归结为人们对水的畏惧和信仰。古代洪水神话及大禹治水的神话就与这种信仰密切相关，祭江河水神和祈雨习俗，在我国南北东西广大地区及少数民族中都普遍存在，说明这种习俗具有广泛的自然环境基础和信仰传承的基础。

二、天地江河信仰的内容

对天地江河的信仰主要以人们对自然现象中的天地江河本体及其派生或衍生现象的信仰为对象，在中国历史上一以贯之的传承中，形成了极其丰富的内容。

（一）对天地江河本体的信仰

1. 对天的信仰。

天是一种自然存在物，是人们可以感知的无边无际的世界，是宇宙。原始人在认识到自己的存在的时候，必定也同时认识到了自然世界的存在，其中就有天。天作为一种真实物体崇拜，就源于天的无垠边际和变幻莫测，因此，人们将苍天这一悬浮于头顶上的自然物，拟为一种具有生命意义的有灵魂的物体，并把它想象成是一个至高无上的客体。这一客体，古人和今人一样，称它为“天公”。它与地母相对应，是因为在原始人的信仰中，天高居于人们生活空间之上，是催生大地中万物的原动力。对天的信仰不仅产生了人们对天的直接畏惧和祭祀，同时也产生了大量派生或衍生的习俗文化，给历史文化增添了色彩。

2. 对地的信仰。

地与天相对应，是最具威力的自然物之一。由于它顺时而使万物生长，就像母亲哺育婴儿一样给人类带来食物和生命所需的一切，因此，人们又称它为

"地母"。《春秋元命苞》曰:"地者易也。言养物怀任,交易变化,含吐应节。"[①]所以管子说,"地生养万物"[②]。除了养育生命之外,在古代人看来,地是具体的一种存在,它有长度、宽度和厚度。《河图括地象》曰,"地广东西二万八千,南北二万六千"[③],是一种长方形实体。同时它又极深厚。《艺文类聚》卷一引《三五历纪》说,盘古开天辟地时,"地日厚一丈",如此经过18000年,则地至少有657万丈厚,约为21900公里,比现实地球的赤道直径12756公里或地极直径12714公里要厚得多。而从神话角度来看,地(其实是中国的地形特征)之所以东低西高,乃是因为共工氏与颛顼争帝位失败而将天柱弄折、地维弄断造成。它使"地不满东南,故百川水潦归焉"[④]。由于地的博大和不可预测性,使人们形成或派生了许多神秘的对地的信仰和习俗文化。

3. 对江河的信仰。

除了天地的博大和无时无刻不让人感受到它的存在之外,对于原始人来说,非常重要的一个内容就是水。水存在于各种不同的场合,它似乎并不引人注意。但是,当水汇聚成江河巨流,尤其是出现洪水时,它的力量却是惊人的,任何人都无法阻挡。在中国和世界其他地方曾经广为流传的洪水神话,不仅是人们对于洪水对人类发展中曾有过威胁的一种记忆,更是人们对于江河力量巨大破坏性的畏惧。当人们将这种力量拟人化之后,江河的神灵信仰便产生了。古代人很早的时候便认识了四渎,即长江、黄河、淮河和济水,而四渎都各有神灵主宰,并形成了上起帝王下至平民百姓心态各异的信仰。

(二)形态各异的民俗文化

1. 对天的崇拜使人们想象或拟人化了许多关于与天相关的神灵,正是这些神灵主宰和控制着天,同时也控制着人类。而人类也从天的变幻莫测并且往往带来灾难等现象,感受着对天的畏惧,形成了各种各样的崇拜、祭祀。与天相关的神灵有上帝、日月神、星辰神及相关的风雨雷电等诸神。

第一,上帝即天帝,是古代民众对天的一种拟人化实体。《诗·大雅·大明》载:"上帝临女(汝),无贰尔心。"这里的"上帝"就是天帝,写的是周王朝伐殷时相信天帝与他们在一起。"上帝"也称"皇天"或"昊天",《孔氏正义》说:"皇,君也,故尊而君之则称皇天。昊,大貌,故言其混元之气,昊昊广大,则称昊天。"古人不仅敬天,而且对天进行祭祀和举行祈福活动。《周礼》中有大宗伯:"大宗

---

① 转引自《艺文类聚》卷六。

② 《管子·形势》。

③ 转引自《艺文类聚》。

④ 《列子·汤问》。

伯之职，以禋祀祀昊天上帝。”即以升烟来祭天。后来的帝王把自己称为天子，其意就是皇天之子，而且每年都要在圜丘举行祭祀仪式。做出大功业的帝王还要到泰山举行封禅大典，以祭天地。

第二，日月神是对日月实体的一种拟人化形象。关于日神和月神，古代在很早的时候，就已创作了许多神话来加以解释，日是羲和之子。《山海经·大荒南经》：“东南海之外，甘水之间，有羲和之国，有女子名曰羲和，方浴日于甘渊。羲和者，帝俊之妻，生十日。”《山海经·大荒东经》说：“汤谷上有扶木，一日方至，一日方出。皆载于乌。”人们想象太阳乘着乌鸦巡游于天，照耀大地，给人类带来光明和温暖。但有一天，轮流而出的十个太阳一齐出来了，于是有了舜射九日或后羿射九日的传说。后者还与月神的动人神话结合在一起。而关于月中嫦娥、月兔、吴刚的传说故事，更是家喻户晓。对日神和月神要举行祭祀，现在北京还有日坛和月坛，是帝王祭祀日神、月神的地方。

第三，星辰神是对星辰天体的拟人化形象。星空不仅是对古人，即使对现代人也是最令人遐想的。当人们将星星与人类社会相对应，星君的传说和形象便产生了。什么北斗七星（天枢、天璇、天玑、天权、玉衡、开阳、摇光），二十八星宿（东方苍龙七宿：角亢氐房心尾箕；北方玄武七宿：斗牛女虚危室壁；西方白虎七宿：奎娄胃昴毕觜参；南方朱雀七宿：井鬼柳星张翼轸）等，他们不仅拟人化，而且主宰着不同地域和在那个地域中居住的人们。如兖州属角亢、豫州属氐房心、幽州属尾箕、江湖属斗、扬州属斗牛、青州属虚危、并州属室壁、徐州属奎娄胃、冀州属昴毕、益州属觜参、雍州属井鬼、三河属柳星张、荆州属翼轸等。很早的时候人们就相信，“天上一颗星，地上一个人”。《尚书·洪范》中的“庶民唯星，星有好风，星有好雨”便是这种观念的表达。在古代，官方和民间都对星辰神进行祭祀，汉代民间“独祠司命，刻木长尺二寸为人像，行者檐箧中，居者别作小屋。”用小猪作祭礼进行春秋二祭。[①] 现代人中还残存的星命、星相等信仰和观念，都源于古代的星辰信仰。

第四，风雨雷电诸神是对与天相关的自然界一些特殊现象的拟人化形象。风神被人们称为飞廉（南方）、风伯、风师（北方）。《楚辞·离骚·远游》说：“前望舒使先驱兮，后飞廉使奔属。”王逸注，飞廉即风伯也。《风俗通义·祀典》说：“《周礼》风师者，箕星也，箕主簸扬，能致风气，……养成万物，有功于人，王者祀以报功也。”雨师也有好几个，如赤松子、应龙等，最著名的是神农时的赤松子。刘向《列仙传》卷上载：“赤松子者，神农时雨师也，服水玉以教神农，能入火自烧。往往至昆仑山上，常止西王母石室中，随风雨上下。炎帝少女追之，亦得仙

① 《风俗通义》卷八。

俱去，至高辛时复为雨师，今之雨师本是焉。”雷神是一个怪物，《山海经·海外东经》载：“雷泽中有雷神，龙身而人头，鼓其腹。在吴西。”汉代时，雷神为一擂鼓的力士形象，《论衡·雷虚篇》载：“图画之工，图雷之状，累累如连鼓之形，又图一人若力士之容，谓之雷公。使之左手推椎若击之状，其意以为雷声隆隆者，连鼓相扣之意也。其魄然若敝裂者，椎所击之声也。”雷神是男性，与之相配的是电母，即闪电神。

2. 对地的崇拜也形成了许多神祇和祭祀仪式。其中最具代表性的是土地神、山神和城隍。

土地神也称土神或土地公公，为古代社神的俗称。《公羊传》注曰：“社者，土地之主也。”清翟灏《通俗篇》卷十九引《孝经纬》云：“社者，土地之神。土地阔不可尽祭，故封土为社以报功也。”土地神为一方乡土的保护神，过去在每一村落都建有土地庙，但大都非常简陋，有的甚至只有四块石头相垒而成。一般在祭宗祠、扫墓、破土之前总要先祭祀土地神。俗传二月初二为土地神诞辰日，届时家家作祭，土地庙中除供拜外，还演戏娱神，为土地公公祝寿。土地神的配偶称“土地奶奶”。

山神是主一处大山或名山的神。山神在很早的时候便已存在，《山海经·海外北经》载：“钟山之神，名曰烛阴（烛龙）。”《太平广记》卷四六七“李汤”条引《戎幕闲谈》云：大禹治水三到桐柏山，但都得不到预期的效果，“禹怒，召集百灵。搜命夔、龙。桐柏千君长稽首请命，禹因囚鸿蒙氏、章商氏、兜卢氏、犁娄氏，乃获淮涡水神，名无支祁。”这儿的鸿蒙氏等即为当地的山神，可知山神是管一方水土的。除此之外，山神还管人狩猎、入山采药的收获，因此，从事这些工作的人入山前都要进行祭祀山神的仪式，给山神供奉牺牲。另外，山神还管人命运。①

城隍是主一处城池的神灵。城隍神源于祭祀城池的水沟之神，即水墉。对水墉，郑玄注曰：“水庸，沟也。”孔颖达疏曰：“坊者所以蓄水，亦以障水，庸者所以受水，亦以泄水，谓祭此坊与水庸之神。”这是一种因水沟保护水田、保护村社并进而保护城池而发展过来的神祇。汉代之后，每座城池都建有城隍庙，并有人们祭祀的城隍神。一般的情况下，城隍都是现世的人在死后成神的，有地方官、功臣、正直者、行善者、神能者、善鬼等。②

3. 对江河的信仰形成了对水及其相关的河流湖泊海洋的拟人化神灵的产生。海洋中有海神，《山海经·大荒东经》记：“禺京处北海，禺䝞处东海，是为海

---

① 《搜神记》关于胡母班的记载内容即是。

② 参见郑土有、王贤淼：《中国城隍信仰》，上海三联书店 1994 年版，第 51—66 页。

神。”除北海、东海外，南海的海神叫“不廷胡余”①，西海的海神叫“弇兹”②。他们人面鸟身，双耳挂蛇，具有怪异的形象，但却主宰着四海。海神之外，“四渎”即江（长江）、河（黄河）、淮（淮河）、济（济水）则由四渎神主宰。四渎神有的有名，有的无名。江神名奇相，为震蒙氏之女，因窃黄帝之玄珠，沉江而死，化为马首龙身的怪兽奇相。河神叫河伯，淮水有无支祁等，其中河伯影响最大，几至成为水神的化身。殷商时河伯已完成神化的过程，人们不仅祭祀河伯，为了讨好河伯还为其娶妇。《楚辞·天问》曰：“帝降夷羿，革孽夏民，胡射夫河伯，而妻彼洛嫔？”这一点《史记·滑稽列传》记载得非常清楚：

> 魏文侯时，西门豹为邺令。豹往到邺，会长老，问之民所疾苦。长老曰：“苦为河伯娶妇，以故贫。”豹问其故，对曰：“邺三老、廷掾常岁赋敛百姓；收取其钱，得数百万，用其二三十万为河伯娶妇，与祝巫共分其余钱持归。当其时，巫行视人家女好者，云‘是当为河伯妇’，即聘取。洗沐之，为治新缯绮縠衣，闲居斋戒。为治斋宫河上，张缇绛帷，女居其中，为具牛酒饭食，行十余日。共粉饰之，如嫁女床席，令女居其上，浮之河中。始浮，行数十里乃没。其人家有好女者，恐大巫祝为河伯取之，以故多持女远逃亡，以故城中益空无人。又困贫，所从来久远矣。民人俗语曰：‘即不为河伯娶妇，水来漂没，溺其人民’云。”

于是，西门豹采取了非常手段，终于制止了为河伯娶妇的不经习俗。除了四渎之外，其他河流或水域也都有水神，如湘水中有湘夫人、洛水中有洛神等，到秦代时，几乎所有的河流和水域，都有自己的神，并被人们立祠祭祀。这种祭祀在很早的时候便已经存在。《礼记·月令》中记载有天子等官方对水的祭祀，其中仲夏之月，天子“命有司为民祈祀山川百源”，仲冬之月，“天子命有司祈四海大川名源渊泽井泉”。虽然内容上是对山川的祭祀，但实质上是对河流等神祇的祭祀，是敬天地膜拜大自然和山河的表达。

对江河神灵的崇拜还产生了一直延续到今天的一些特殊的信仰，如水仙、水怪、水精、水鬼等，江浙一带至今还有水鬼讨替身的俗信存在。江河湖泊神灵信仰后来统一到龙这个主宰雨水和水域的主神身上，龙神成为凌驾于一切水神之上的神祇。

---

①② 《山海经·大荒南经》。

三、天地江河崇拜的影响

对天地江河崇拜及习俗,不仅使人们产生对天地江河的畏惧和信仰,而且它以年为单位不断地重复循环发生,给人们的行为规范带来很大的影响。但人毕竟是自然界中的骄子,自然现象虽然神秘莫测,人类却没有一日停止过对它的探索。不管他们是用巫术也好,用祭祀求告的方式也好。正是这样一种崇拜,以及一些有识者试图通过自己的能力去控制自然的不懈追求,使人们对天地江河的崇拜也产生了一些正面的影响。

1.对天地江河的崇拜形成了一种具有哲学意味的对自然的理解。

我们所说的古人对天地江河崇拜及一些派生习俗的信仰,其实是一种原始思维。这种在原始思维基础上提出的对天地江河的观察解释,充满了原始人非理性的幻想,完全是直观的观察结果。如"天倾西北,日月星辰就焉;地不满东南,故百川水潦归焉"①就是如此。这种自然性十足的直观解说,并由此建立起对江河天地的畏惧和膜拜,是只有自然之子——人类才具有的特性。而它的发展,即成为一种对自然进行探索的科学,一种对宇宙认识的哲学。

2.对天地江河的崇拜发展为民间的一种俗信,并成为宗教的基石。

早期的对天地江河的信仰和崇拜,在后来的社会中,演化成了各种俗信和生活习俗。如祈雨、占星术、看风水、祭田公田婆,包括七夕、中秋节中的对星星的俗信和对明月的崇拜。我们常说的"天上一颗星,地上一个人"的对应观念,也来源于人们对天的一种特殊信仰。

除了俗信之外,对天地江河的崇拜和信仰,有的成为原始宗教的基石,甚至成为宗教信仰的一部分。比如,对天的理解,在宗教诸如道教中就得到了体现。天上住着许多神灵,他们才是人类的主宰。天与地,天神与人类两相对,表明人们对天的理解,在宗教中得到了充分的发挥。人们对地的崇拜包括对山的崇拜,形成了宗教中的许多圣山,如蓬莱仙境、昆仑山等,以及人间的三十六洞天、七十二福地和佛教中的四大名山(普陀山、峨眉山、五台山、九华山)。这些宗教当中的内容,都与原始社会就已产生的天地江河信仰和崇拜密不可分。

3.有识之士的对天地江河崇拜的怀疑,产生了近现代科学观念。

可以肯定地说,一切现代科学,不管是自然科学还是社会科学,都可以从自然崇拜或人类创造的神话中找到发端。

---

① 《列子·汤问篇》。

第二节　图腾及祖灵信仰文化

人类是怎样来的，这并不是现代科学才开始的探索，而是一个非常久远的课题，在人类刚开始意识到自己与自然界的其他动物是有区别的时候，便进行了各种各样的设想和解释，试图解开自己由来的谜底。这种解释，便形成了对人类的发展历史和信仰都具有重大影响的图腾和祖先崇拜。

一、图腾信仰

图腾(Totem)，原为北美印第安奥吉布瓦(Ojibways)人的土语，意为“他的亲族”。英国商人J. 朗格(Long)在1791年出版的《印第安旅行记》中首先使用了这个词。后来，在澳大利亚、波利尼西亚、美拉尼西尼等地也发现了类似于图腾的现象，从而引起学术界的重视，开始了广泛的调查和研究。现在我们常常把原始社会或传统社会遗留下来的对于动植物的崇拜，称为图腾崇拜。

据苏联学者海通的研究，图腾崇拜是一种具有世界意义，在世界各个民族的旧石器晚期普遍存在过的一种崇拜制度，是母系初生氏族的宗教。[①] 当然，这是一家之言。如果说图腾伴生于母系氏族，随着母系氏族被父系氏族所替代，图腾制也随之瓦解的话，那么图腾不过是在历史上的远古时期曾经存在过的一种文化现象。后来的所谓图腾，则是母系氏族图腾制的一种遗留。在我国，类似于图腾崇拜的现象，在历史上确实是存在的。在许多民族中，认为自己的由来，与某种动植物或其他事物有着神秘的关联的事并不少见。简单地划分一下，可以有这么几种。

(一)以动物为自己的图腾崇拜物

这是在古代和现代许多少数民族中还有遗存的文化现象，他们认为自己与某种动物有着生命传承上的血缘关系，并将这种动物作为自己的同类或祖先加以祭祀或崇拜。如古代殷人的鸟崇拜，古吴越的蛇、鸟崇拜，及现代一些少数民族如彝族的虎崇拜，蒙古族的狼崇拜，鄂伦春族的熊崇拜，畲族、苗族、瑶族的狗崇拜等，都是具有代表性的图腾遗存形式。

---

① 参阅[苏]海通:《图腾崇拜》，上海文艺出版社1993年版。

以动物为图腾的现象表明,原始人在现实生活中与自然界的关系极其密切,以及原始人还处于一种“物我”不分的状态中。

(二)以植物为自己的图腾崇拜物

这是一种与以动物为自己图腾崇拜物相同思维方式的崇拜现象,只不过崇拜物由动物转换成植物而已。古代的夜郎国就崇拜竹,他们的王由竹而生,以竹为姓。[①] 现代民族中像仡佬族有葫芦崇拜、德昂族有茶崇拜等,都隐含着图腾崇拜的遗存。

以植物为图腾崇拜物除了表明原始人与自然界的低级关系之外,还表明人类对植物的观察以及万物有灵观念的影响。正是后者使原始人相信,植物与人一样具有灵魂,并可以与人类融为一体。至今在许多地方,依然有树崇拜的遗存,并有认树为“干亲”的习俗,说明植物与人确实存在某种神秘的联系。

(三)以虚拟的事物为自己的图腾崇拜物

这是一种以在现实中并不存在的虚拟东西为自己图腾崇拜物的现象。古代华夏族的先民就以龙和凤为自己的图腾崇拜物,它们都是虚拟的动物。哀牢夷也有关于自己是龙的后代的传说和对龙的崇拜。[②] 当然许多人试图证明龙不是虚拟动物,而是现实中存在的某种动物的转化或异化或异形,他们有的认为龙是蛇的化身,有的认为龙是蛟的转化,也有的认为龙是鱼的异形,还有的认为龙是鳄鱼的异化形式,甚至是长江鳄的转化等。但由于历史的久远,已经很难证明这一切的真实可信了。

虚拟动物图腾的产生,说明人类已经认识到自身与动物界存在的差异,因而相信除非与一些有非凡能力的难以企及的“动物”有着特殊的“血缘关系”,人类不可能具有今天的成就。这是一种人性的觉醒、一种人类是高等动物的确证。

二、祖灵崇拜

如果说图腾崇拜是物我不分时代的产物,那么祖灵崇拜则是人类进入理性社会之后,把自己的祖先神化的结果。祖灵崇拜与万物有灵的灵魂不死观念紧密相连,是人们相信灵魂不死仍然能对生者产生各种影响的一种崇拜方式。由于祖先所处的特殊地位,人们认为他们可以保护同血缘的氏族、家族或家庭,因

---

① 常璩:《华阳国志·南中志》。
② 见《后汉书·西南夷传》。

而加以祭祀和崇拜。

祖灵崇拜因其适应对象不同而分为以下几类。

（一）人类祖先崇拜

这是一种人类始祖的崇拜形式，这个始祖他或她，往往创造或重新再造了人类而获得后来子孙的祭祀和崇拜。如汉族的女娲，便是创造人类的女始祖，她成了汉族共同崇拜的对象。当然，这种崇拜有时因为传说的不同而有所不同。比如，人类再造是因为大洪水后女娲伏羲兄妹结婚的结果，所以人们不仅崇拜女娲，也崇拜伏羲。各民族都有人祖崇拜或传说，如阿昌族的遮帕麻与遮米麻、白族的观音兄妹、独龙族的嘎姆和嘎莎、鄂温克族的保鲁恨巴格西等。

严格意义上来说，人类祖先崇拜是对人类由来的一种解释系统。原始人相信这种解释系统的科学性，并用信仰和祭祀加以确认，在后来的子孙中一代一代地传承，并在氏族部落的融合中，成为人类的共有祖先。

（二）民族祖先崇拜

“我们是炎黄子孙”这句话所包含的意思是，我们都是炎黄的后代。也就是说，炎黄是我们的祖先。这种民族祖先的崇拜，在大部分少数民族中都存在。畲族、苗族、瑶族以盘瓠即一只五色斑斓的狗为自己的祖先神，人们每年都要加以祭祀，表达自己不忘由来的感激之情。这种民族祖先如基诺族的阿匹额额，侗族的祖先“撒抹并谢”（意即整个侗族最大的祖母），珞巴族的祖先是阿巴达尼，岩胆传下了布朗族，等等。

民族祖先的形成，表明人们对于族群已经具有了文化和“血缘”关系意义上的区分，这是一种使命感和归宿感共生的信仰形态，在今天依然具有文化认同和族群确认的巨大凝聚力。

（三）家族祖先崇拜

这是一种同血缘家族共同祖先崇拜的习俗，它形成于个体家庭形成之后，是人们对祖灵崇拜的一种最普遍的形式。从汉族来说，不仅每个姓氏有自己的始祖，每个姓氏的分支也都有不同的始祖，分别都给予祭祀和崇拜。如陈姓是以国为姓，其最早的始祖是第一个被封到陈国的舜的后裔胡公满；张姓是以氏为姓，最早的始祖是解张，字张侯，晋国人；叶是以封地作姓，他的最早始祖是楚国的大夫沈诸梁，封于叶，称叶公；徐姓也是以国为姓，是徐偃王的后代；等等。

除了家族始祖崇拜之外，中国人对于人们可感受的祖辈、曾祖辈或高祖辈的直系血缘祖先的崇拜，则以季节性的各种祭祀来表达对祖先的虔诚和敬畏，并祈求祖先的庇护、保佑，起到祛邪避祟和求吉降福的作用。

人们对祖灵的崇拜非常虔诚,对人类祖先和民族祖先往往建有专门的庙宇给予祭祀,而对家族的祖先,尤其是家族分支中一些重要成员,则在自己的姓氏聚居地,建立祠堂进行按时季的不间断的祭祀。具体到家庭中的祖先,则实行祠堂祭祀与墓地祭祀及年节祭祀相结合的方式,在过年和清明等时节,进行祭祀或扫墓,表达子孙对祖先的崇敬和祈求祖灵的庇护和福佑。

第三节 禁忌及其习俗

禁忌(Taboo),原为南太平洋波利尼西亚汤加岛人的土语,其意有二:一个是“崇高的”“神圣的”“不可侵犯的”;另一个是“神秘的”“危险的”“被禁止的”和“不可接触的”。汉语意译为禁忌。

关于禁忌是怎样形成的,有各种各样的解释。有的认为它是一种超自然的力量,因附着于某个人或物的身上,便形成了禁忌。弗洛伊德则从分析心理学的角度进行研究,认为它是对人的欲望的一种抑制。有些学者则认为禁忌是一种仪式,是一种社会规定的仪式,因此,谁也不能违犯。还有些学者则认为禁忌是一种生活教训的总结。不管怎么说,禁忌是现实生活中的一种存在,它在我们传统社会中有着广泛的影响和作用,是一种常常对生活进行规范的习俗内容。

一、禁忌的分类

禁忌的内容非常丰富,我们大致可以分为下面几种形式。

(一)节日禁忌

这是一种表现在岁时节日中的禁忌,主要原因是人们认为节日是一种特殊的日子,所以,许多行为方式必须予以禁忌。比如,正月初一禁忌说不吉利的话,金华一带则忌妇女烧第一餐饭,否则男人将当不了家,因此,大年初一总是由当家的男子去烧饭。杭州市郊的有些地方在大年初一起床时不能朝家里边打喷嚏,否则自家要死人。许多地方正月初一忌动刀杖和斧剪,否则会有凶事发生。俗语说:“动刀弄杖,主一年内家不安宁。”也忌洒扫,更不能泼掉用过的水,认为财气会跑掉。在海宁,正月十五忌食豆腐,否则会有吊丧之兆。河南、山东一带忌新媳妇看娘家的灯,俗语说“看了娘家灯,要死老公公”。诸如此类。

(二)婚丧喜庆禁忌

婚丧喜庆是人生的大事,不能马虎,否则会出纰漏,因此,形成了许多内容繁杂、形式多样的禁忌。

婚姻方面:在很早的时候就形成同姓不婚的禁忌,认为有碍后代的兴旺。结婚者的年龄方面也有禁忌。如有说"女大一,不是妻";有些地方则说"女大一,黄金飞;女大两,黄金长"。大一岁不好,大两岁则很不错了。武义有俗语也说"女大三,抱金砖"。不过男女之间相差六岁是很不好的,民间叫"六冲"。属相方面也有各种讲究,如俗语就有说"龙虎相斗,必有一伤""两只羊,活不长""猪配猴,不到头""鸡狗相配断头婚""虎蛇相配不到头"等等。台州等地忌结婚时新娘碰上孕妇,认为这会使新娘不育。现代婚礼中忌送钟,因"送钟"谐音"送终"等。

丧葬方面:寿衣忌双数,所以用五、七、九件,否则死亡的灾祸会再次降临家门。寿衣忌用缎子,缎子谐音"断子"。嘉兴报丧忌说死,要说"殁了""好了"。河南习俗,在人死后应马上把垫在身下的毛毡抽掉,俗语说:"断气不抽毡,来世难做人。"死者所用的棺材选用松柏,忌用柳木。松柏象征长寿,柳树不结籽,可能会导致绝嗣。河南人在入殓前要在口中放铜钱之类的东西,叫"噙口钱",不然死者来世会变哑巴;但在入殓时须将钱取出,否则死者会将家财带走。出殡路上忌雨,叫"雨打棺材盖,子孙没有被褥盖"。但在埋葬之后下雨则是好事,叫"雨打墓,辈辈富"。

生育、寿诞等喜庆的禁忌:前面已有涉及,如孕妇禁忌,寿诞过关年龄禁忌等,它是人们非常美好的愿望的表达。

(三)行为规范禁忌

这是一种生活和社会交往中的禁忌方式,许多禁忌在生活中具有经验性作用。如古人强调"男女授受不亲",因此禁止男女之间的交往。这种禁忌目的是对男女可能存在的乱伦的一种驱避,在从"不知其父,只知其母"的社会向一夫一妻制专偶婚过渡的时期,这种禁忌保证了男女之关系的稳定性和父母子女之间的血缘上的纯洁性,是具有进步意义的。当然后来成了束缚男女之间正常交往的一种紧箍咒,则是消极的。客人来了忌扫地,敬客时倒酒要满,沏茶要浅,叫浅茶满酒。朋友之间忌送伞,"伞"与"散"谐音。朋友、夫妻之间忌分梨吃,"梨"与"离"谐音。参加帮会,最忌退出。传统宗族中,最忌乱伦。

另外,在许多行业当中也都有自己的禁忌习俗,人们常说的行有行规,店有店规,表达的就是这个意思。如赌徒最忌说"输"字,湖南人赌博时忌洗头洗脚。旧时演戏的最忌朝西的戏台,认为它是白虎台,俗语云:"要想发大财,最忌白虎台。"做生意的禁忌就更多,如忌玩弄算盘,忌坐卧在柜铺上、桌柜上,忌敲打账桌,忌冲店门小便,扫地时忌往门口处的方向洒扫,忌在店门口打呵欠、伸懒腰等,人们以为,这些行为会使财源外流或把财神挡在门外,对生意不利,发不了财。

(四)民间信仰禁忌

民间信仰的禁忌内容非常广泛,主要表达的是人们虔诚的宗教和祭祀以及俗信观念。比如在祭祀崇拜方面,男女就有区别,俗语说的"男不拜月,女不祭灶",就是这个意思。祭祀时忌不洁,所以,参加者要沐浴斋戒,禁忌房事。祭器也不是任何人都可以接触的,鲁迅小说《祝福》中主人公祥林嫂就是因为鲁四爷不让她碰触祭器而产生极度自卑心理,并最终悲惨死去。

民间俗信的禁忌就更多了,比如嘉兴出门时忌乌鸦叫;雨后的彩虹不可用手指去指,否则手指会变成"蛇形指";农民买了羊不能牵进家中,羊是白的,主素,牵入家中会使家里死人。金华一带看见蛇不能用手指去指,否则手指会烂掉;人们忌用手指指月亮,否则耳朵要被割等。

另外,民间还有一些非常特殊的对鬼神等的禁忌,如鬼忌米、茶叶,因此,在喊惊魂或招魂时要用茶叶、米;鬼也忌豆,因此,在结婚时有撒谷豆等仪式;鬼忌尿,走夜路时碰上鬼打墙时,撒一泡尿就会使人清醒;鬼忌符咒,鬼也忌铁等,非常具有中国民间信仰的特色。

(五)语言文字禁忌

语言文字禁忌是人们对语言文字这种人类的特殊交流工具的文化意义的肯定,这种禁忌表现在日常生活的许多方面。如旧时人们忌直称尊长,成人礼后忌称名而须改称字,对父母尊长之名字须避讳。渔民忌说翻,赌徒忌说输,碰上读书人也是一种晦气。四川人说舌头的"舌"与折本的"折"音相同,所以,猪舌不说猪舌而说"猪招财",牛舌则说"牛招财"。余杭人忌说死,把死人说成元宝。

数字禁忌也是语言禁忌中的一个重要内容。在中国人的心目中,3、6、8、9等数字一直为人们所看好,而4、5等数字则为大多数人所不喜,原因就在于谐音所带有的一种特殊的文化蕴含。如"6"与"禄"、"8"与"发"、"9"与"久"、"4"与"死"、"5"与"无"等谐音。浙江金华一带的人,对于生日庆贺就不做四十岁,原因是"4"与"死"谐音。现代生意人也特别禁忌于数字,如喜欢"168",谐"一路发",至于"666""888"之类,则更为人们所钟情。现实中带有"6"或"8"的电话号码、汽车牌照之类不仅受人欢迎,而且需要特别支付一笔钱才能使用。而门牌号码带"4"的,则极不受欢迎,许多家庭甚至拒绝钉带"4"的门牌。

人们还相信文字具有很大的神力，因为文字是读书人或有权力的人才能掌握的。道教利用文字创造了符咒，认为它具有无穷的威力，我们至今还可以看到在城乡的许多家庭的门楣上或中堂中贴有各种符咒，有的驱邪避祟，有的保佑阖家平安。对于普通的字也采取禁忌，从前武义一带人认为，人不能用脚去踩写有字的纸，否则来生必定变成瞎子等。

二、禁忌的特征和功能

(一)禁忌的特征

禁忌有二大特征，一个是危险的特征，一个是惩罚的特征。

危险的特征，表示所有的禁忌都是危险的，不能违犯。若违犯了禁忌，将招致可怕的后果。比如说，人们认为回娘家分娩，将给娘家带去血光之灾，因此，忌回娘家分娩。结婚迎亲时忌与"四眼人"即孕妇相遇，否则，新娘将不会生育等。

惩罚的特征，表示所有违犯了禁忌的人，都将受到人或神的惩罚，除非你进行某种袚除或禳解。如渔民相信吃鱼时翻身，将导致捕鱼时翻船；用手指指彩虹将变成"蛇形指"；用脚去踩字，下辈子会变瞎子等。不过，违犯禁忌的惩罚并不一定是立即的现报，而有可能是来世报，身后报或子孙报。

(二)禁忌的功能

禁忌有三大功能：

第一是自我保护功能，即禁忌具有防止出现错误的作用，因此，禁忌都是防范性的，主要是为了避免出现错误。

第二是心理自信功能，即人们相信禁忌可以给人们的生活、生产的环境和现实带来某种改善。因此，只要人们遵守禁忌，就完全能够做好所有的事情。

第三是社会整合功能，即人们能通过禁忌的互相沟通和共同遵守，达到社会行为的规范和统一，使社会处于有机的运行状态。

第四节　神秘莫测的迷信

在民俗文化中，迷信主要是指由于人们认识水平的限制，而造成对占卜、风水、命相、鬼神、巫术等的信仰或崇拜。因此，迷信的许多内容，属于原始宗教或原始信仰的范畴,是从原始社会遗留下来的特殊的文化现象,其中有缺乏科学的原因,也有科学尚未解开的谜。所以,近几年来,对于一些我们传统上所称的迷信文化,也称之为神秘文化。

一、迷信的种类及习俗

迷信的种类非常多,在“文革”之后,我们还常常将有与现实文化政策等不相符合的一些传统文化形态,也简单地称之为迷信,从而造成了人们认识上的偏误。

(一)占 卜

占卜在原始人当中非常盛行,它是一种历史悠久的试图通过人的努力去预知未来的行为方式,人们常常希望通过这种预知去规范或改变自已的行动,以求得神的赞许和保护自己平安无事。我国在商代有用龟甲或动物肩胛骨占卜,也有用蓍草占卜,前者称占,后者称筮。甲骨文就是占卜留下来的一种记载占卜事实的文字性东西。后来,我们把所有关于卜与筮的方式,都称作占卜。

民间的占卜非常盛行,只要虔诚地许愿之后,什么物件都可以用来占卜。如七月七日,妇女就盛行用针去占卜自己的灵巧。许多地方行罗汉卜,在正月初一或六月六,到寺庙内去数罗汉,哪一只脚先跨进门,就从哪一边数起,十六岁前,数到即可,十六岁后,先数一边,再重数,数到自己年龄的罗汉,他的特征便是自己的命运或性格象征。如数到伏虎罗汉是健壮之象,数到长眉罗汉是长寿之兆。除此之外,人们还行月卜、青蛙卜、水仙花卜、柚子卜、月光书卜、鸡蛋卜、邀井仙卜、木雁卜、酒盏卜、牛马驼斗卜、锅卜、蛇卜、鸡卜、钱卜、骨卜、拆字求签等等。简单的占卜都由个人自己进行,如用草卜生男生女,便只要一个人自己用草掰开即可,以掰开的形来占生男生女,复杂的占卜则往往由术士进行,如求签拆字等。

占卜当中还有两种值得注意的内容是命相和占梦,命相也称算命看相,是在古代就形成,并在传统社会中具有很大影响的一种术数。看相讲究的是人的先天的长相,算命讲究的是人的生辰八字,两者都以具体的人作为占卜的对象,对人生命运前途做出某种判断。看相与算命至今在城乡中仍然十分盛行,一些学生在面对高考时,也会不期然地去看相或算命,以预测自己的前途。占梦也称圆梦、解梦或释梦,是根据梦中情景来预卜人或事的吉凶休咎的一种占卜术。黄帝神话中就出现了一个能吃梦的神叫伯奇。原始的灵魂观念,根据文化人类学的研究,也来自于原始人做梦这一特殊的思维活动。到奴隶社会时期,已有了专门的占梦人,《诗·小雅·正月》云:“如彼故老,讯之占梦。”周代则设有占梦官,并给梦境分类。《周礼·春官》载:“占梦,掌其岁时,观天地之会,辨阴阳之气,以日月星辰占六梦之吉凶,一曰正梦、二曰噩梦、三曰思梦、四曰淫梦、五曰喜梦、六曰惧梦。”同时,人们还将吉梦敬献给国王,并将恶梦分赠于四方。由于《周礼》传为周公所作,因此,在敦煌发现的解梦书,就叫《周公解梦书》。解梦的信仰,民间至今还非常盛行,如梦见天门开必有贵人相助,梦见大火则官运亨通或将有财运,梦见捉鱼则有财运等。梦境仅仅是对人们生活现实的一种虚幻的反映,人们常说的“日有所思,夜有所梦”便是梦境产生的最好解释,因此,占梦是一种迷信。

(二)风　水

风水也称堪舆、阴阳、形家、地理,是人们根据自然环境对人和社会的作用和命运的一种占卜。它表现在国都、城市、村落的选址,住宅、寺观的选址和死者阴宅的选址和选择营造的时间及决定建筑物的内容空间安排与布置等方面。人们相信这种选址对朝代的命运,对家庭的命运和对子孙的命运有着不可低估的影响。

“风水”一词最早见于晋郭璞所作的《葬经》,文曰:“气乘风则散,界水则止。古人聚之使不散,行之使有止,故谓风水。”因此,风水也就是使自然地理环境为我所用,其中最主要的就是在对风与水的处理上有着自己一整套的观念体系。

风水师在魏晋南北朝时称工,主要从事相宅基地和墓基地的工作,叫“卜工”和“墓工”。当时人非常信仰风水术,建宅和建墓都请风水师前去勘探。社会上则流传着许多关于阳宅或阴宅对人产生神奇影响的故事。《宋书·王僧绰传》载:绍兴“太社西空地一区,吴时丁奉宅,孙皓流徙其家。江左初为周顗、苏峻宅,其后为袁悦宅,又为章武王司马秀宅,皆以凶终。后给臧寿,亦颇遇丧祸,故世称为凶地。僧绰常以正达自居,谓宅无吉凶,请以为第。始就造筑,未及居而败”。对人的影响神奇到不可理喻的地步。阳宅是这样,阴宅也是这样。《世说新语·术解篇》载,“晋明帝解占冢宅,闻郭璞为人葬,帝微服往看。因问主人:‘何以葬龙角?此法当灭族!’主人曰:‘郭云此葬龙耳,不出三年,当致天子。’帝问:‘为是出天子邪?’答曰:‘非出天子,能致天子问耳。’”可说灵验无比。还有更神的。《晋书·羊祜传》载:“有善相墓者,言祜祖墓所有帝王气,若凿之,则无后。祜遂凿之。相者见,曰:‘犹出折臂三公。’而祜竟坠马折臂,位至公而无子。”《世说新语·术解篇》说,羊祜本来有一五六岁的儿子,当羊祜凿墓之后,旋即死去。其应验程度,无出其右者。

风水师在勘探风水时,一般都非常虔诚,如在前一天要烧汤沐浴、戒荤吃斋、洗净并更换罗盘中盛磁针的“天池”水等。在风水术的操作上则遵循以下步骤或原则:第一是寻龙望势,即看山脉的走势。第二是观砂,砂也即山,主要是观察周围小山与龙的护卫作用的情况。第三是察水定局,即看水流的走向和五行属性。第四是辨龙阴阳,即确定山脉在方位中的阴阳归属。第五是点穴,即确定具体的位置。① 不过,应该注意的是,风水的理想模型并不是一成不变,随着风水理论的发展,在各个朝代都有所变化和修正。

关于有没有风水和风水有应没应的问题,我想引用刘晓明的下面一段话来回答。

> 有人问:到底有没有风水。回答是:有。
>
> 风水作为一种俗文化,一项择地技巧在中国流传了数千年之久,从帝王、权臣、名士到下层的普通百姓,从历史到现实,风水拥有过无数的信徒,产生过难以胜数的理论著作,这种客观存在便是有风水的明证。
>
> 另一个常见的问题是:风水到底有应没应?回答是:有应也没应。
>
> 说风水有应,是因为风水中关于选择自然环境的某些理论有合理的成份,……大部分是人们长期生活经验的总结,是科学的,因而也是有灵验的。但风水介入人事关系,指望通过风水来升官发财,荫庇子孙甚至坑蒙拐骗则纯属迷信,毫无应验。②

(三)鬼　神

对神的信仰在传统社会是谁也无法否认的事实,而民间对鬼的信仰也极其盛行,各地有关鬼的传说也非常发达。

鬼的迷信结构有许多种类,我们常说的有吊死鬼、饿死鬼、讨债鬼、勾魂鬼、水鬼等,它们对人类怀着恶意,随时要讨替身或让你鬼魂缠身大病一场。

与鬼神相关的有一种很特殊的信仰迷信,即流行非常广泛的精怪。精怪是各种动植物或器物等成精成仙,这些精怪有的是善良的,有的则是邪恶的。以女性为多,善良的常称仙或女,如花仙、龙女;邪恶的则常称为怪或妖,如树精、蛇怪、狐狸精等。这些精怪常以与人结成婚姻为手段,要么是报答人类曾有过的救助之恩,要么就是为自己的修炼吸人精髓等。家喻户晓的《白蛇传》中所说

---

① 参见刘晓明:《风水与中国社会》,江西高校出版社 1994 年版,第一章有关内容。

② 同①,第 261 页。

的故事就是成精的蛇女报答人类的著名故事，相似的故事在蒲松龄的《聊斋志异》中有大量的记录。

(四)巫　术

巫术是一种企图以某种神秘力量对某些特定的人、事、物施加影响或进行控制的法术。英国著名文化人类学家弗雷泽认为："巫术是一种被歪曲了的自然规律的体系，也是一套谬误的指导行动的准则；它是一种伪科学，也是一种没有成效的技艺。"①他在《金枝》中将巫术分成两大类，即顺势巫术和接触巫术。顺势巫术是建立在相似联想的基础上，通过这种相似的联想作用，来达到影响或控制或加害人、事、物的目的。如将某个人的图形或稻草人形制作好之后，巫师便通过对图形或稻草人施加巫术来控制或加害真实的人。《红楼梦》中的贾宝玉和王熙凤便因为赵姨娘请巫师施行了这种巫术而出现严重的病状。魏晋南北朝前，这种巫术便非常的盛行。接触巫术是建立在接触过的东西就有某种神秘的联系的思维基础之上，人们相信，某个人接触过的东西与这个人将保持长久的神秘关系，因此，人们可以利用它来达到影响或控制或加害某个人或事或物的目的。比如说人们相信，将死者的衣服挂在竹竿上招魂，晚上便可以与死者在梦中相见；而要置仇敌于死地，只要得到仇敌的衣服之类的东西，你将它用刀砍碎，仇敌便会死掉等。

巫术由巫师去实行，在我国历史上，男巫叫觋，女巫叫巫，国家的高级巫师则叫祭司，另外还有一些从事各种活动的术士。由这些人去完成五花八门的巫术和各种迷信信仰习俗。

巫术当中有一种叫蛊。蛊是一种毒虫，用蛊来加害于人，蛊必须放到某个具体的食物中才能起作用，这种用毒虫加害于人的行为叫作放蛊。放蛊主要流行于南方和一些少数民族当中。

二、迷信的特征

迷信存在于人们生活的许多方面，有时即使是有文化有科学知识的人，也会陷于迷信的泥淖，比如有人生有重病，在求医无效的情况下，也会用香炉灰冲水来喝，希望出现奇迹。因此，迷信不仅是人们无知的一种崇拜，有时也是出于对生活的无奈。现实生活中的迷信有自己的明显的特征。

---

① [英]弗雷泽：《金枝》上，新世界出版社2006年版，第19页。

(一)鲜明的功利性

占卜、风水、命相、鬼神和巫术等信仰,都存在鲜明的功利性目的,即它是一种对迷信者个体具有价值作用的习俗。它要么是为了预知未来,要么是为了子孙的兴旺,要么是为了今后的命运,要么是解脱某种恐惧以增加自己的安全感,因此功利性非常强。正是这种功利性或者说是有用性,使信仰者有一种依托或归宿感,增加对迷信的信任度。

(二)无法立即测验的神秘性

除了放蛊等少数巫术外,迷信行为大都不是为了立即就产生效用,即使它有着强烈的功利性,但这种功利性也是一种长远利益的表达或者是一种终极意义上的功利。像占卜、风水、命相等,都仅仅是预示今后可能有的结果,而不是事实,也许因为某种原因,破坏了它的正常进程,这种预示就会成为泡影。因此,迷信都是不可知的,神秘的,无法立即测验的。

(三)日常生活性

迷信并不高深莫测,而是存在于日常的生活之中,它的所有行为方式,最终都是为了服务于生活的。因此,迷信是一种试图通过人们的努力去解决日常生活中一些无法预知问题的信仰习俗,其中最重要的是命运问题。这是人们在面对千变万化的社会现实,无法把握自己命运之后产生的一种消极的抗争方法。

第十一章

娱乐民俗文化

娱乐民俗是一种以游戏消遣为主要目的的文化样式，它有一定的类型性和模式性。娱乐民俗虽然在一定程度上调剂着民间的生活，于人民的身心健康有益，但娱乐民俗的实际功用并不只在娱乐游戏。娱乐游戏仅仅是它的表象特征，它的深层目的是通过娱乐，达到人神和谐的境地，从而使生产、生活或社会平安、吉祥、有序和发展。

第一节　概念和起源

娱乐民俗是什么，也许是一个并不难回答的问题，原因就在于娱乐民俗文化与其他民俗文化样式相比，具有更大的差异性。其中，娱乐民俗文化主要讲究的是人们的参与和观赏，以及从娱乐民俗文化中得到一种身心的放松和进入人神共乐的境地。

一、概　念

娱乐是人们在物质条件具备之后的一种放松身心的健康活动，其形式多种多样，但有一点是非常明确的，那就是必须有足够的自由支配的时间和物质基础的保证。而娱乐民俗则不仅仅是一种有益于健康的活动，它还有自身的功利目的。因此，娱乐民俗是一种在人们的生产和生活过程中，逐渐形成的具有类型性和模式性，且强调功利目的的民俗文化。其类型性和模式性，是在长期的重复过程中形成的一种既有保持传统的愿望，也有保证习俗义项正统性或纯正性的价值的特殊体现。

与单纯的娱乐活动相比，娱乐民俗文化有以下几个特点。

(一)时间性或季节性非常强

娱乐民俗文化是与民俗活动紧密结合在一起的一种具有族群意义和地方个性的娱乐方式，由于民俗活动的时间性或季节性非常强，因此娱乐民俗文化的时间性或季节性也就特别强。如春节中的娱乐民俗，只有在春节中进行，端午竞龙舟也只有在端午节才实行。超越这种时间或季节，人们就不承认它是一种正常的或完整的民俗娱乐，而仅仅是一种竞技或消遣。又如重阳节中的登高爬山，是一种民俗娱乐文化活动，但平时的爬山则纯粹只是一种劳动需要或消遣或锻炼身体了。原因就在于，重阳时的登高爬山还伴随着其他民俗文化样式，诸如饮菊花酒、佩茱萸等，而更重要的是重阳登高所具有的民俗文化蕴含——一种袪邪避祟的特殊心理。这种心理是其他登高爬山活动时所不具备的。

(二)伴生性

伴生性指的是它与民俗活动相伴生。因此，民俗娱乐从来都不是或基本上不是一种单独的娱乐活动，它总是伴生于民俗活动的整个过程，成为完整民俗活动的一个组成部分。如春节或元宵节的舞龙或舞狮子等娱乐形式，或者赛马、射箭等竞技娱乐方式，都与民俗的本体活动不可分离。又如重阳节登高事例，就非常鲜明地说明了娱乐民俗文化的伴生性。正是这种伴生性，使人们在完成民俗文化的功利目的的同时，又完成了人所需求的放松身心，达到融入族群和忘我的境地。

（三）类型性或模式性

类型性或模式性主要是因为民俗娱乐文化是经过长期的传承而形成的，它得到民众的认同，在现实生活中已凝固成一种类型或模式的娱乐样式，人们仅仅根据这种样式，每年每季在特殊的时间重复进行这种娱乐活动就可以。如舞龙灯或舞狮子，便是汉民族形成的在喜庆和节日当中进行的一种类型化或模式化了的娱乐活动。因此，在对外文化交往中，它成为汉民族或中华民族的一种象征。喜庆中燃放鞭炮，结婚仪式后有闹洞房的内容，清明节上坟时也附带踏青等，都是一些特殊的类型和模式，凸现出中华民族文化的个性气息。

（四）民族性

我们既讲究娱乐民俗文化的时间性或季节性，同时又强调娱乐民俗文化的类型性或模式性，就在于突出一种娱乐民俗文化的民族个性特征。有时在季节性活动之外，我们依然称它为娱乐民俗文化，就是因为它是形成于季节性习俗之中，同时又超越了季节特征，而成了随时的娱乐活动，这是一种民族的或个性（包括地方或时间个性）极强的类型化或模式化的娱乐活动。如施钩之戏即拔河比赛，本身是在寒食节时举行的一种娱乐民俗，后来成了一种竞技活动。这种活动已经没有了时间性或季节性特征，但我们依然称它为娱乐民俗文化，就在于它所具有的独特的民族个性。事实上，所有娱乐民俗文化都是强调或具有民族个性的娱乐方式，主要原因就在于民俗总是地方化或民族化的。如围棋、弹棋、蹴鞠、斗牛等，它不仅形成于中国，也盛行于中国，并且长期以来受到人们的喜爱，成为民族文化的一种象征。

正是鉴于以上特点，我们认为，娱乐民俗文化是一种建立在民俗生活基础上具有时限性、模式性和民族个性的娱乐样式。其中，民俗生活是它的存在基础和不断承袭下去的基石，时限性、模式性和民族个性是它具有独特性并区别于一般娱乐活动的标准。娱乐民俗文化能够长期存在，并且保持它的个性特征，就是上述各种原因复合的结果。

二、娱乐民俗文化的起源

关于娱乐民俗文化的起源，有许多不同的观点，它们是从不同角度对娱乐民俗文化进行观察和研究的结果。其中具有代表性的有以下几种。

(一)娱乐民俗文化起源于宗教

这种观点认为，原始人在对神灵进行崇拜的同时，因崇拜或畏惧而产生歌颂或讨好神灵的行为，在人们进行原始祭祀和崇拜中，加入各种各样娱神的活动内容。这种内容一部分继续被保留在祭祀活动中，一部分则失去其原始的内涵，向着纯粹的歌舞娱乐发展，成为伴生于民俗活动的娱乐文化。

(二)娱乐民俗文化起源于劳动

这是一个被广泛运用的命题。事实上确实是劳动创造了人类的一切，所有的文化都是劳动的结果。民俗娱乐起源于劳动的一个最主要的依据便是，原始人在庆祝丰收或出猎前，为了猎获物的增加，常常进行模拟劳动生产过程的祭祀或祈祷。发现于世界各地的原始人所作的岩画，可能就是对劳动模拟的一种表达。这种庆贺祭祀或祈祷活动，后来发展成为各种歌舞或竞技娱乐民俗。

(三)娱乐民俗文化起源于兵事

这是因为有许多竞技性娱乐内容，与军队的训练有关。北宋时的军队就将相扑作为一项训练的必须课目。传说中围棋和象棋等娱乐形式，也是对兵事争战的一种模拟，因此，围棋之类常被列入兵家之术中。拔河被认为起源于军事目的。《隋书·地理志》载，楚地南郡、襄阳"二郡又有牵钩之戏，云从讲武所出，楚将伐吴，以为教战，流迁不改，习以相传"说的便是拔河起源于吴楚征战中作为船只对抗战中的一种技战术而流传下来。

娱乐民俗文化的各种起源观点都有一定的事实依据和相对的可信性。但可以肯定，娱乐民俗文化的起源绝不会是单一的。因为许多娱乐民俗文化内容，除了形成的历史非常久远之外，它还有一个复杂的演变过程，当中必定综合了多种因素，包括原始宗教和民间信仰、生产劳动、战争兵事等不同形式，因此我们决不能囿于一家之说，认定娱乐民俗文化只起源于一种原因，必须对具体的娱乐民俗文化作具体研究，才能得出一个科学的和可信的源起结论。

另外，有一点必须强调，那就是，任何娱乐民俗文化，都是在一定的物质基础上产生和发展起来的，是社会物质文明发展到一定阶段的产物。没有丰富的物质保障，娱乐民俗文化不仅不可能产生，而且根本也不会获得发展。

第二节　娱乐民俗文化的形态

中国民俗文化历史悠久，与之相关的娱乐民俗文化也是内容丰富多彩，形式多种多样。它们独立地存在或生存于不同的民俗文化氛围或环境之中，有的成为民族的独特的娱乐方式，有的则成为一个完整的民俗义项过程中的有机组成部分；有的强调娱乐性，有的则突出功利性；有的由个人完成，有的则须由集体协调；有的讲究参与，有的则重在观赏。按它们的不同形态来划分，我们可以把娱乐民俗文化概括为节日娱乐民俗、日常娱乐民俗、竞技娱乐民俗和杂耍娱乐民俗等几类。

一、节日娱乐民俗

节日娱乐民俗是与节日相伴生并具有固定的时季性的一种娱乐民俗形式。一般情况下，它是整个节日活动的一个有机组成部分。如元宵节，在魏晋南北朝时主要是一个祭祀的节日，第一是祭祀门户，第二是祭祀蚕神。《荆楚岁时记》记载："正月十五日，作豆糜，加油膏其上，以祠门户。"同书还载："老人月半作粥祷之，加肉覆其上，登屋食之。咒曰：'登高糜，挟鼠脑，欲来不来，待我三蚕老。'"则是祭祀蚕神和一种为蚕逐鼠的仪式。同时，还在正月十五之夜举行一种迎紫姑神的占卜活动，以卜蚕事和其他事情。但在南北朝时也开始了点灯和上街狂欢活动，人们戴着面具，点着火把，敲锣打鼓地在街上游行狂欢。因此，柳彧于隋开皇三年(583)上书要求禁绝之，曰："窃见京邑，爰及外州，每以正月望夜，充街塞陌，聚戏朋游。鸣鼓聒天，燎炬照地，人戴兽面，男为女服，倡优杂技，诡状异形。……尽室并孥，无问贵贱，男女混杂，锱素不分。秽行因此而生，盗贼由斯而起，浸以成俗，实有由来，因循弊风，曾无先觉。非益于化，实损于民。请颁行天下，并即禁断。"[1]这种狂欢由于在北朝时就已形成，可能带有浓厚的少数民族节日狂欢的成分。柳彧的这次上奏，皇帝"诏可其奏"，大约也奏了一些效。因此，元宵节活动，一些统治者以为有伤风化或大雅的内容被删除，而另外一些则被保存或发展起来。如借礼佛以燃灯的内容，不仅被保留，还发扬光大，形成了后来意义上以点灯等娱乐为主的元宵灯节活动，并在唐代时达到了如痴如醉的程度。人们制造许多不同一般的灯饰，像灯楼、灯树、灯塔、灯山、

① 《隋书·柳彧传》。

灯球、灯碑坊等,因而形成了所谓的“灯市”,来欢度元宵灯节。时间也从原来的一夜增加到三夜,后来在北宋乾德五年(967)增加到五夜,到明代永乐七年(1409)增加到十夜。至今,这种元宵灯节,在各个地方仍然以不同的形式进行着。就浙江的情形来说,温州要举行盛大的灯会游行;宁波有著名的台阁;金华有板凳龙;嘉兴有迎灯,海盐则要滚灯;湖州则点田蚕灯;台州的黄岩有橘灯、玉环则有渔灯等不同形式的点灯游行活动。但不管点什么灯,它的做工如何精致,点灯的娱乐习俗都仅仅是元宵节俗中的一个内容,与元宵节相伴生的还有各种不同的习俗义项。如吃元宵或年糕、饺子等以示家人团圆,另外还有猜灯谜、走百病、击太平鼓、舞龙、踩高跷、滚狮子、扭秧歌等不同的活动内容。端午节的竞龙舟也是如此,它是整个端午节民俗文化如门饰菖蒲艾叶、臂系五彩丝缕、人挂赤灵符等禳灾避邪习俗或信仰及吃粽子、饮雄黄酒、斗百草、戴香包等民俗内容的组成部分。

节日娱乐习俗非常广泛,而且随着现代物质文化的不断丰富多彩,显得更加充实和多样。二月二龙抬头,人们要舞龙灯,三月三上巳节人们要踏青野炊,现在则形成了春游的习俗,七夕要乞巧,重阳要登高,等等。然而它们都不过是整个节日民俗文化的一个有机组成部分而已。

有一点值得注意,那就是节日习俗除了原生的祭祀、驱邪、团圆等内涵之外,现在已越来越向着娱乐的方向发展。节日成了调节人们平时紧张工作劳动的一种手段,也成了人们寻找浪漫、增加快乐和亲情温暖的加油站。

二、日常娱乐民俗

日常娱乐是在日常生活中盛行的一些民俗娱乐样式。日常娱乐在我们的生活中长期传承,成了我们民族的一种文化象征。如围棋,象棋,投壶,蹴鞠,弹棋,樗蒲,麻将,斗鸡、鸭、鹅等。

围棋属于日常生活中一种比较高雅的娱乐形式,它产生于中国。《世本·作篇》说,“尧造围棋”。晋张华的《博物志》则说:“尧造围棋,以教子丹朱。或云:舜以子商均愚,故作围棋以教之。”《潜确类书》则说:“夏人乌曹作围棋。”乌曹传为禹的臣子,则与启建立夏国当为稍前或同时代人。从传说可知,围棋的历史非常悠久。到春秋战国时,围棋作为奕,深受人们的欢迎。《论语·阳货》载:“饱食终日,无所用心,难矣哉!不有博奕乎?为之犹贤乎已。”由于当时人博奕极盛,因此,孟子说,“博奕好饮酒,不顾父母之养,二不孝也”[1],为当时社会

① 《孟子·离娄下》。

的五不孝之二，可见奕这种围棋在当时的流行之盛。《孟子·告子下》还有一个非常著名的奕秋教二子奕的故事，后来成了“专心致志”成语的出典处。围棋，在经过秦汉到了魏晋南北朝时，成为当时最为普遍也最为盛行的娱乐活动之一。不仅出现了一大批围棋高手，而且还出现了如今围棋九段制形式的品评围棋制度和“棋圣”的称呼，并被认为与人品、战争、谋略等具有内在的联系。阮籍闻母亲去世却仍然与人下完围棋，表现他的放达；谢安在苻坚大兵压境时围棋不止，镇定自若，则表现他具有的大将风度；待谢玄淝水奏捷，谢安依然“了无喜色，棋如故”[①]，则表明他并不喜形于色，自我控制能力极强等。

日常娱乐民俗因其在日常生活中盛行，所以它常常成为斗智斗勇，培养或开发人们智力的一种形式，像上文说到的围棋就是这样。人们在围棋中学到的不仅是围棋的技艺，更重要的是通过围棋，人们从中体悟人生或治国安邦之道，以及行军布阵、把握机遇的奥秘，甚至借此忘却烦恼、寻求乐趣等。不过，日常生活的娱乐形式，也常被人们所利用，成为人们竞技赌胜负的工具，像围棋、象棋、麻将等都是如此，其中樗蒲尤甚。樗蒲也称五木，是一种以投掷的方式来决定胜负的博戏。魏晋南北朝时，樗蒲主要用以赌输赢，出现了一些豪赌大家。《世说新语·任诞篇》载：“温太真（峤）位未高时，屡与扬州、淮中估客樗蒲，与辄不竞。尝一过大输，物戏屈，无因得返。与庾亮善，于舫中大唤亮曰：‘卿可赎我。’庾即送值，然后得还。径此数四。”同书载袁宏道善樗蒲，一次帮桓温还赌债去樗蒲，赌起来非常豪爽。对手不知道他就是袁宏道，见他出手极大，就说，你不要以为自己是袁宏道。但袁也不答，一掷十万，直上百万，且脸无惧色。大获全胜后，袁宏道才说：“这下你该认识袁宏道了。”现代流行的麻将、扑克等，也大都具有赌输赢的性质。

日常生活中还有一些传统的智能型娱乐游戏，它对于开发青少年的智力，增加他们的知识方面，非常有益。这类游戏比如像绕口令、数歌谣、猜谜语等。还有一类是增加青少年的体能的，如捉迷藏、跳房子、老鹰抓小鸡、滚铁环、抓石子等，都具有代表性。

三、竞技娱乐民俗

竞技娱乐民俗是一种以体力、技艺、技巧为竞赛内容的娱乐活动，它在我国各民族中都有不同程度的存在，是人类争强好胜的体现。

竞技娱乐民俗以比出胜负为最终目的，因此，有些竞技娱乐民俗的形式非

---

① 《晋书·谢安传》。

常精彩，成为大众最喜欢的娱乐活动。从其不同的表达形式来看，竞技娱乐民俗可分为力量型、技巧型、技艺型等几种类型。

（一）力量型

力量型竞技娱乐民俗以对抗性为主。像摔跤、投掷、举重、爬竿等是以个体对抗为主的力量型竞技娱乐形式，它们讲究个人体能力量和技巧的体现。而拔河、竞龙舟、摇快船等则是以集体对抗为主的娱乐形式，它们讲究的是集体的协调和配合，突出的是集体智慧和整体力量。

（二）技巧型

技巧型竞技娱乐民俗是一种以智巧见长的娱乐民俗样式，它可分为单一型和综合型两种形式。单一型的技巧娱乐民俗讲究的是个人技艺的发挥，如跳绳、跳橡皮筋、踢毽子和荡秋千等。综合型的技巧娱乐民俗是在同一活动中，同时需要进行数种技艺的综合表演，或需要通过几种技艺的训练，才能进行一种竞技娱乐民俗活动。如蒙古族的赛马，就是一种需要有多种技艺的综合型的竞技娱乐民俗，当中有骑马越障、马上角力、走马赛、颠马赛、花样赛等不同的内容，若不是训练有素的骑手，是很难胜任赛马的。又如骑射，也是集骑术和射术于一身的综合型竞技娱乐民俗。马球也同样是一种综合型的竞技娱乐民俗，讲究的是骑马术、击球术等技艺，它同时还是一种需要集体配合的竞技娱乐民俗。竞技娱乐民俗的有些项目因其具有竞技和观赏性两方面的内容，深受各自民族的喜爱，当这些项目进行时，常常成为民族间的盛大聚会、成为传统的民间节日。

（三）技艺型

技艺型竞技娱乐民俗是一种以比赛技艺为主的娱乐民俗活动，棋类是这种娱乐民俗的典型代表。民间有田间地头随时可以开展技艺交流的方块石子棋，有五子儿、摆方、狼吃羊等，高档的棋艺则有围棋、象棋等，麻将和牌九也是这种技艺型娱乐民俗之一。对这种技艺型的娱乐民俗活动，人们除了从中获得娱乐之外，重要的是每一次技艺的较量，都必须决出胜负。

由于各种竞技娱乐民俗在竞技之外，还有丰富的娱乐性，因此深受民众的喜爱，成为日常生活和节日活动中非常受欢迎的传统娱乐活动。

四、杂耍娱乐民俗

杂耍娱乐民俗古代称“百戏”，民间则称它为“把戏”，秦汉时即已产生，并一直在城乡流传。杂耍娱乐民俗是一种以杂耍技艺为主的娱乐民俗形式，完全以技巧取胜。

杂耍娱乐民俗内容非常丰富和庞杂，主要有杂技、戏法和一些动物表演等。

杂技是一种训练有素的技巧性杂耍，有些动作难度非常大，杂技演员往往在很小的年龄就开始进行规范的训练，而且在很早的时候，就已经成为一种由专业或半专业杂技演员去完成的一种专门的技艺。因此，杂技娱乐主要体现在杂技演员的高超技艺，包括一些惊险的动作和意想不到的效果，以此来取悦观众，观赏性是其主要特征。人们通过杂技来达到身心愉悦或获得刺激激动，并彻底地放松身心，达到娱乐的目的。

戏法也称魔术，是从古罗马传入的一种技艺，它用各种隐蔽或巧妙的手法，制造或变幻出奇妙的效果，让人觉得简直不可思议。因此，戏法的效果同样重在观赏性而并不要求人们的参与，人们从魔术师的高超技艺中，获得一种艺术的享受和身心的愉悦。

动物表演则是一种由各种经过特殊训练的动物在公开场合为观众作一些特定的表演娱乐形式，人们也称动物表演为禽兽之戏，至今我们在城乡还可以看到的有马戏、虎戏、猴戏、象戏、禽戏等。艺人们通过指挥那些特殊训练的动物做出各种或模仿人的行为方式，或滑稽可笑的动作，或高难度的技艺来博得观众，尤其是青少年儿童观众的喜爱。动物表演主要是观赏性的，除了驯兽师，并不需要人们的参与。但有一类动物表演颇为奇特，它需要人们的直接参与，这就是动物相斗。如斗鸡、斗鸭、斗蟋蟀、斗羊、斗牛等，这种动物相斗的表演，还常常伴随着一些赌博行为。斗鸡、斗鸭、斗蟋蟀、斗羊在全国各地的许多地方都有存在，较为普遍。斗牛则以浙江金华的黄牛相斗和苗族的水牛相斗为典型代表，常常借娱神以达观赏和输赢之目的，这种斗牛至今还在民间存在。

第三节　娱乐民俗文化的功能和特征

娱乐民俗文化是一种特殊的民俗文化形式，说它特殊，就在于不管是对于参与者还是观赏者，娱乐民俗文化总是能给人以享受——给人以性情的陶冶、情感的净化和身心的愉悦。而在享受的同时，族群文化的认同和传播也同步地完成。因此，娱乐民俗文化不仅功能显著，而且特征突出，具有很强的生存个性。

一、娱乐民俗文化的功能

娱乐民俗文化之所以在历史上长久传承和在民众中广泛传播,不仅在于娱乐民俗文化是一种让人愉快的文化样式,更在于娱乐民俗文化拥有适宜于各阶层和各种人员的多种功能,能让不同的人所接受、观赏和参与。娱乐民俗文化的功能具体表现在下面几个方面。

(一)开启心智

在对儿童的教育中,我们常说要做到"寓教于乐",原因就在于娱乐之中能更好地调动儿童的积极性,使儿童的心性得到最大限度的开发。其实,寓教于乐适宜所有的人,只不过儿童和青少年在这方面的效果表现得特别明显而已。而娱乐民俗在开启儿童的心智,其中也包括对成人唤起青春的热情和潜能方面,也同样具有积极的意义。

儿歌加游戏的儿童娱乐方式可以开发儿童的语言表达能力,使他们获得语言表达的训练;数字歌和拍手游戏,可以加强儿童的计算能力;猜谜和石头剪刀布之类的游戏,可以提高儿童的应变和想象能力。因此,娱乐民俗既在轻松愉快中传授知识,又在娱乐中开启了人们的心智,是一种娱乐和学习兼顾的好方法。

相对于成人来说,寓教于乐,则主要体现在通过一种娱乐来培养一种族群的认同精神——一种集体主义或专心致志或从娱乐当中体现出来的信仰归化精神。如拔河、竞龙舟、开闭孔明锁、解九连环等,都能从娱乐中培养一种精神或开启一种智慧。

(二)塑造人格

人格的培养是通过多方面的途径获得的,其中娱乐民俗文化是它的一个非常有效的方法。

第一,娱乐民俗文化可以培养人们勇敢坚强的心理素质。许多游戏活动是勇敢者的运动,它可以培养人的冒险和创造精神,从而对人生充满信心,勇敢地去面对人生过程中一切挑战。如金华斗牛中的拆牛手,就需要有高超的技艺和勇敢的冒险精神。当两头发怒的牛在生死相搏,以角相抵难解难分之际,勇敢的拆牛手会冲上前去,将两头抵在一起的牛用孔武之力拆开。傈僳族刀竿节中的爬竿者,面对20多米高,插着30多把长刀的长竿,必须光足且一步一步地踩着刀刃往上爬,需要有何等的勇气和力量!因此,当爬竿者下来后,人们会纷纷向他敬献美酒。另外,像"跳火海"、荡秋千等也都是勇敢者的运动。

第二，娱乐民俗是一种竞争的运动，它不仅要求参与者全力以赴地投入，而且也要求参与者公平对待所参与的娱乐民俗项目。因此，人们可以通过娱乐民俗的竞争和公正性，建立诚实和公正的处世态度和正义感。这种人格的塑造，不管是对于即将加入成人社会行列的儿童，还是对于成人来说，都是非常重要的，它能使人正确对待社会，也正确对待所面临的竞争。如围棋、象棋、赛马、骑射等都是需要竞争和公正性的娱乐民俗文化。

第三，可以增加人们的集体意识。许多娱乐民俗是集体项目，它要求参与者齐心协力共同去完成，这就锻炼了参与者的集体协作精神和合作的观念。如划龙舟、舞龙灯或舞狮子、摇快船、拔河等娱乐民俗义项，便都需集体合作大家一起共同完成。因此，这些娱乐项目，常常有鼓点和引舞人，来协调集体的节奏和动作，以便集中最大力量，达到最佳的效果。而人们也就在这种协作中，使集体主义的观念得到一次展现和升华。这种人格的塑造对于现代独生子女家庭的子女来说，显得尤为重要。

正是基于上面的认识，我们认为，娱乐民俗文化是一种塑造人格的好方法，在民俗文化传播和潜在民俗文化意义的凸现方面，具有其他民俗文化义项难以替代的作用和价值。

(三)增强体质

娱乐民俗文化的大部分义项都是需要参加者拥有充沛的体力作为保证的。这些竞争性极强的娱乐活动，反过来又促使参与者的体力得到进一步的加强，从而达到锻炼身体、增强体力的目的。而一些技艺性的娱乐民俗，也可以促使人的脑力活动的加强，从某一个侧面，达到增强体质的效果。具体来说有这么几点，第一是锻炼身体，这一点是非常容易理解的；第二是增加体力，如拔河、竞龙舟、赛马、骑术、舞龙灯、舞狮子等，便可以通过一种民俗娱乐义项，来增加参与者的体力；第三是发展技巧，增强对抗性。一些杂技性、技艺性和对抗性的娱乐活动，便是在人们的不断参与下得到发展并逐渐地成熟起来的，它在某种程度上开发了人的体能潜质，并使人们不断地向新的顶点挑战，从而增强了人的体质。

(四)调剂生活

人们在紧张的工作之余需要休息，这是一个人所共知的道理。娱乐是一种最好的放松身心的休息。在快乐的活动中，人们的精神和体力不仅得到了放松，而且得到了休整。古人在安排节日等民俗文化义项时，就已经注意到了张弛有致的原则。节日都是错开的，很少集中在一起全部过完了事的。一月、二月、三月，常常是按月份分布，错落有致地安排节日。而每个节日，不仅意味着休息，也意味着人们可以尽情地娱乐。娱乐民俗文化是否根据这种张弛有致的原则而创造，我们不得而知，但娱乐民俗在生活中能极大地调剂人们的生活，使人们在紧张的劳动之余，获得身心的愉悦，则是不可否认的。尤其是在经历一些严肃、紧张而又虔诚的民俗文化内容之后，加入一些快乐的或放松身心或发泄情绪的娱乐民俗义项，则调节生活的趣向更为积极和明显。如在经过一系列的仪式之后，婚礼则有闹洞房这一谐趣横生的娱乐义项，丧礼则有不时之哭来调节或发泄情绪，过年则由元宵节这一快乐的形式加以结束等，它们都对调节生活起了不可替代的作用。

娱乐还可以转移人们的紧张情绪，达到心理的平衡。尤其是一些传统的大规模的民俗游乐活动，如大型的歌会、庙会等形式，还在很大程度上起到人们之间的情感交流和沟通的作用，对男女两性情爱的交流和社会的和谐稳定，都有积极的作用。

二、娱乐民俗文化的特征

娱乐民俗作为民俗文化的一个有机组成部分，在民众的生活中占有很重要的位置，是一种人们共同需要的精神表达。娱乐民俗文化在具有自己独特功能的同时，也具有鲜明的特征，这就是娱乐性、竞技性、普遍性和民族性。

(一)娱乐性

娱乐性是娱乐民俗文化最重要的特征。我们并不否认娱乐民俗文化在产生之初，拥有实际的功用或隐含某种深刻的文化意义。但随着社会的发展，文化的流变和旧的传统的逐渐异化，原始的民俗文化功用在逐渐淡化，但它的娱乐形式则得到了完整的保留。如端午节的竞龙舟，原初是为了拯救屈原(也有说是为了拯救曹娥)，但发展到后来，仅仅剩下了龙舟竞渡比赛，成为一种竞技娱乐，而且是中华民族具有代表性的竞技娱乐民俗。

金华斗牛也是这样，早期是为了祈求神灵保佑人们能够风调雨顺、五谷丰登和感谢获得丰收，因此是一种祭祀和娱神相结合的民俗活动，但发展到后来，则纯粹成了一种农民在春耕开始前和收获之后的娱乐活动。人们举行斗牛比赛，除了养牛户是为了出名和获利之外，民众则纯粹是为了获得一种观感上的快意。娱乐占了绝对的位置。

没有娱乐性，不能使人们的身心得到愉悦和陶冶，娱乐民俗文化也就失去了存在的价值。

(二)竞技性

如果说娱乐性是娱乐民俗文化的灵魂的话,那么竞技性就是娱乐民俗文化的根本所在。大家都知道,竞技是人们试图从身体上和心理上压倒对手的一种最好的表达方式,人们在竞技中获得快乐,也在竞技中获得心理平衡。娱乐民俗文化要是失去了竞技性,将显得毫无生气和枯燥乏味。因此,从根本上说,任何娱乐民俗,都包含有竞技的成分或竞技的心理。儿童的跳绳是这样,成人的下棋是这样,龙舟竞渡和摔跤更是这样。

娱乐的竞技性增加了娱乐的可观赏性和对人的吸引程度,使娱乐民俗活动充满了生机和活力。

(三)普遍性

这是针对存在某种娱乐民俗文化的地区和民族而言。民俗娱乐是一种民众的娱乐活动形式,它是一种全民的娱乐。这种娱乐即使不强求每个人都直接参与,但它却是适宜于每个人的。因此,它的普遍性可以从三个方面去认识:一是它是一种人人都会的娱乐民俗;二是它是一种获得普遍认同的娱乐方式;三是它是一种有人直接参与,有人从观赏中获得愉悦的娱乐方式。比如,元宵节的灯会,每一个人既可以参与制造和点挂灯笼,也可以观赏灯会并从中获得愉悦,两者都是民众普遍认同的行为方式。其中,最重要的是,元宵是民众认同的普遍娱乐方式。

娱乐民俗的普遍性,使它拥有广泛的群众基础,具有旺盛的生命力。

(四)民族性

这主要是针对娱乐民俗文化具有鲜明的民族个性而言。比如,大理白族的“绕三林”,苗族的三月三歌会,白族、彝族和普米族等民族盛行的火把节,傣族的泼水节等,它们都是民族间的特别节日和娱乐活动。而这种民族个性又来源于他们的独特的民族地理环境、生活方式和文化传统。娱乐民俗文化的民族性,使我国的娱乐民俗表现出内容丰富、样式新颖和色彩斑斓的特色。

从民族性当中,我们还需要注意的是,娱乐民俗的地域性特征。这主要决定于我国辽阔的地域,生活于不同地区的同民族的人们,常常根据自己的生活环境和生产方式需要而对某些娱乐民俗进行吸收改造或创造,从而形成了各地不同的娱乐民俗文化。如元宵节或地方特别节日中所点的灯,浙江黄岩人点橘灯;渔岛玉环点的则是渔灯;平湖有著名的西瓜,所以点的是西瓜灯;而北方的哈尔滨等地点的则是冰灯。江浙一带兴舞龙,广东则兴舞狮等,它们都是因不同的地域或不同的环境或不同的文化传统而造成。因此,娱乐民俗文化的地域性,也是娱乐民俗的显明特征之一。

(五)对象性

对象性是指娱乐民俗文化有着不同的阶层和年龄层次的对象区分,并不是所有的民俗娱乐内容都适用于每一个族群中的个体。如幼儿歌谣和协调它的一些游戏,就在幼儿当中流行;摔跤则在成人,尤其是在成年男性当中流行;乞巧、数九连环、荡秋千等则基本上在女性当中流行。当然也有适宜全体人的娱乐活动,如元宵点灯、重阳登高、清明踏青等等。

娱乐民俗文化的对象性还表现在,不同阶层的人,在选择娱乐民俗时,也表现出不同的嗜好,如农民所选择的娱乐民俗文化内容,常常具有乡土气息并与自己的生产生活相关联。比如,适宜于集体进行的舞龙,体现出力量的摔跤以及表达热闹的打太平鼓、踩高跷和抬台阁等。市民则往往选择具有刺激和令人满足好奇心的杂耍性娱乐民俗,包括一些具有赌博投机行为的娱乐方式,如斗鸡、斗蟋蟀、踢球等。而文人们,则常常选择一些比较文雅的娱乐民俗,如投壶、棋类和一些以智力见长的文字游戏等。

娱乐民俗文化的对象性使娱乐民俗具有丰富的层次感和多样性,并使它在保持生机和适宜于不同人参与方面,起了最好的缓释作用。

后 记

笔者自从大学毕业后，就一直在从事民俗学和民间文学的教学和研究工作。十几年来民俗学成了自己所喜爱的专业，为此付出了很多汗水和劳动，有收获也有遗憾；而教学和研究民俗学则成了自己赖以生存的一种职业，一种与生活和生命结合在一起的职业。我严肃也认真地对待这份职业，就像对待自己的庄稼一样，一丝不苟、全身心地投入。因为我觉得，民俗不仅是一个族群的文化表象，同时也是一个族群的生存方式，一种深层的文化经典。当一个人把获得自己的民俗文化认同作为一种幸福时，虔诚就来自于对自己文化的归属感。一种由衷的故乡情感，并不来自于政治的召唤、崇高的道德感，而是对流淌着的血缘的执着，对一种豆制品、一种小点心、一个小制作、一句百听不厌的乡音的渴求。这种梦魂萦绕的故乡情结，说白了就来自于对故乡民俗文化的终身归化。

确实，自从 1985 年在大学本科开设民间文学与民俗学专题课，1987 年开设“民俗学与传统文化”课之后，我就更加严肃也更加认真地对待自己的职业，我一直觉得，民俗是一种族群间的“集体无意识”。就像当一位朋友生了孩子而你还并不知道他所生的是男孩还是女孩时，你的提问，就是这样一种模式：“男孩还是女孩?”而当朋友说是男孩时，你说：“男孩好。”而当朋友说是女孩时，你说：“女孩也好。”这是一种不经意的问答，所有历史上重男轻女的积淀，都被表达在这种轻描淡写的问答之中。你无须思考，你也不会去思考，你根本用不着去思考。因为这一切已经融入了你的生活，成了你的一部分——作为一种族群个性的一部分。你属于这儿，因为你浸染了这儿的民俗文化——一种支配你的生活、思维、道德、情感、行为和解释这一切的文化。

一种生活方式也就是一种独特的系统,一种具有个性的文化模式,因此,把民俗作为一种文化来看待是理所当然,也应该是天经地义的事。我这本《民俗文化学》就是在"民俗学与传统文化"课讲义的基础上,通过十几年来的讲授和自己对民俗文化的领悟和虔诚的"进入"而完成的。其中,既有许多个人的观点,也吸收了许多民俗学者的研究成果。我希望它有系统性,也希望它有个人的特色。前者是理论的需要,后者是学者或研究的需要。我希望我的《民俗文化学》能对民俗的研究,尤其是能对作为一种独特生存方式的民俗研究,走向更具文化高度,起一个台阶的作用。我用我的虔诚对待这种具有族群"血缘"意义的民俗,并希望她在中国的研究具有更加辉煌的未来。

最后需要说的是,作为偏重文化方面研究的民俗,与文学具有相当的距离(虽然我也从事民间文学的研究和教学),但有着学者深邃眼光的王嘉良教授,却一直鼓励并督促我完成这一研究,因为他相信,文化的研究,无论如何都将浸入或有益于文学的研究。正是王嘉良教授的鼓励和督促,最终使《民俗文化学》奉献在读者的面前。

相信学术和读者会对它做出判断。

陈华文

1998年10月于浙江师范大学

再版后记

大约是文化传统和思维方式的原因，中国人一直不太擅长构建学理性的学科体系理论，原因可能是逻辑思维和思辨能力大都比较欠缺。人们更看重的是对具体事物做出道德伦理方面的判断和评价，我们的社会重视人伦亲情，整个社会结构依然是差序格局和熟人网络。这对我们的法制社会建设，对于我们社会的诚信制度建设，对现代社会的培育和发展，都有着极大的负面影响。

民俗文化是传统社会中重要的组成部分，是中国民间生活方式中最具代表性和核心本质的内容，通过对中国民俗文化的了解，可以更深切地解读中国或特定地方的文化个性和特色，以及它们背后所蕴含的深层的文化精神。因此，有的学者称这种文化为传统社会中的深层文化，是地方文化中的集体无意识的积淀。但对于这种文化的研究，还远远不够，形成体系的知识结构，就更是缺乏。本人的《民俗文化学》就是在这样的背景和认知基础上形成的一本具有一定理论体系性的著作。1998 年 11 月出版后，著名民俗学家乌丙安认为，它是当时最具理论特色的著作，萧放博士认为它是整体民俗文化学理论体系的基础性著作。著作出版后，曾先后获得浙江省哲学社会科学优秀成果奖、浙江省高校科研成果三等奖等多种奖项，获得学术界的好评。

由于当时著作出版形式的限制，发行量和发行面都非常狭小，本人也一直想进行修订。为此，近些年来，断断续续地又添写了两章内容，部分内容还在刊物上发表过。但由于各种工作非常繁忙，从 2009 年后，修订工作几乎处于停顿状态。当中，有过几个出版社与我接触，希望让他们重新出版，最后都没有付诸实施。这次，浙江工商大学出版社的郑建先生，特别热情，几度催促，所以就下决心，在修订增加了两章的基础上，出个新版本。

除了“民俗的解释”和“民俗文化的多元一体与区域性”两章外，其他只做文字上的修改，没有大的变动。

本书的新修订出版，除了感谢浙江工商大学出版社及其郑建、梁春晓编辑外，还要感谢学校将它列入校级重点教材建设，感谢使用过本教材的学生们给我提出的一些宝贵意见和建议。虽然这些意见和建议有些可能在这次修订中没有完全吸收，但他们为我的工作和继续完善这一学科体系，提供了动力。最后，要感谢我家人的支持，是他们的工作和奉献，让我全身心地投入科研和行政工作之中，没有他们的付出，就不会有我的成就。

陈华文

2013 年 4 月于浙江师范大学